Stephan Orth

Absolutely ausgesp

CW01467864

STEPHAN ORTH

ABSOLUTELY AUSGESPERRT

Wie ich 700 Kilometer durch England reiste und immer draußen blieb

Mit 47 farbigen Fotos,
37 Schwarz-Weiß-Abbildungen
und einer Karte

MALIK

Mehr über unsere Autorinnen, Autoren und Bücher:
www.malik.de

Wenn Ihnen dieses Buch gefallen hat, schreiben Sie uns unter Nennung des Titels »Absolutely ausgesperrt« an empfehlungen@piper.de, und wir empfehlen Ihnen gerne vergleichbare Bücher.

Von Stephan Orth liegen bei Malik National Geographic/Piper vor:
Opas Eisberg
Couchsurfing im Iran
Couchsurfing in Russland
Couchsurfing in China
Couchsurfing in Saudi-Arabien

Inhalte fremder Webseiten, auf die in diesem Buch (etwa durch Links) hingewiesen wird, macht sich der Verlag nicht zu eigen. Eine Haftung dafür übernimmt der Verlag nicht.

Unser Versprechen
für mehr
Nachhaltigkeit
Klimaneutrales Produkt
FSC®-zertifiziertes Papier
Hergestellt in Europa

FSC
www.fsc.org
MIX
Papier aus ver-
antwortungsvollen
Quellen
FSC® C083411

ISBN 978-3-89029-567-1
© Piper Verlag GmbH, München 2022
Fotos: Stephan Orth; mit Ausnahme der Fotos
im Bildteil auf S. 1, 2, 3, 5, 6 oben, 7 oben, 8, 9, 10, 11, 13 oben, 14, 15,
16 unten, 18, 19, 20 oben, 21, 22 unten, 23 oben, im Innenteil auf
S. 131, 136, 142, 152, 157 sowie in der hinteren Innenklappe 3. Reihe von
oben, 1. Bild von links und 4. Reihe von oben, 2. Bild von links: Oli Scarff
Karte: Birgit Kohlhaas
Illustrationen Kasten: Vecteezy.com/Lincung Studio
Satz: Satz für Satz, Wangen im Allgäu
Gesetzt aus der Scala Pro und der Almaq Rough
Litho: Lorenz & Zeller, Inning am Ammersee
Druck und Bindung: CPI books GmbH, Leck
Printed in the EU

Maybe ten truly interesting things happen per year.
None of them in your apartment.
Fran Lebowitz

Inhalt

5. August 2021

Noch nie habe ich mich in einem Flughafen so wohlgefühlt. Das ist bemerkenswert, denn ich kann Flughäfen normalerweise nicht ausstehen, und das Terminal 2 von London Heathrow wirkt mit seinen Chrom- und Beigetönen etwa so gemütlich wie ein mikrobiologisches Hochsicherheitslabor, nur mit höheren Decken.

Aber da fängt es schon an: Decken sind was Feines. Außerdem ist es warm, und die Ressourcenlage ist gut. Eis-Automaten, Schokoriegel-Automaten und SIM-Karten-Automaten, dazu gibt es Trinkwasserspender und USB-Steckdosen für Handys und sogar diese kabellosen Ladeflächen, die aussehen wie Herdplatten. Theoretisch könnte man hier wochenlang überleben.

Mein Rucksack wird hereingefahren wie ein roter Käfer in Rückenlage, ein organischer Fremdkörper auf dem steril sauberen *baggage carousel* Nummer 4. Ich habe keine Eile und lasse meine 11,8 Kilo Besitz noch eine Ehrenrunde drehen, während die letzten zwei Passagiere aus meinem Flugzeug ihre Rollkoffer zum Ausgang ziehen. Dann bin ich allein. Allein an einem Donnerstagmorgen um zehn Uhr in der Gepäckhalle des Flughafens, der bis vor einem Jahr der meistbesuchte Europas war.

Meine orangefarbene Goretex-Jacke ist neben dem Rucksack der zweite Farbtupfer in dieser beige-silbernen Maschinenwelt. Sieht sicher gut aus auf den Überwachungsbildschirmen, wie im Intro eines Endzeitfilms. 1800 Kameras sichern jeden Winkel von Terminal 2. Falls mich ein Security-Mitarbeiter beobachtet, irgendwo in einem fensterlosen Raum voller Monitore, muss ich auf ihn wirken wie ein Teilnehmer eines Live-Escape-Games, dem keiner erklärt hat, dass es dabei ums zügige Rauskommen geht.

Denn eigentlich sind Gepäckausgaben Transitzonen, Nicht-Orte zwischen Passkontrolle und Arrivals, Schleusen für Menschenmassen: Passagiere ohne Zeug rein, Passagiere mit Zeug raus. Ein Nervositätsort, ein Ungeduldsort. Die Einreise ist geschafft, jede weitere Verzögerung nervt. Mit jeder zusätzlichen Warteminute wächst die Angst, Lieblingsjeans und Lieblingsparfüm könnten versehentlich in Manila oder Burkina Faso gelandet sein.

Stellt sich die Befürchtung dann als unbegründet heraus, wandeln die Passagiere die Erleichterungsenergie in Bewegungsenergie um und hetzen im Eiltempo zum »Nothing to declare«-Gang. Niemand hält sich länger als unbedingt notwendig in einer Gepäckbandhalle auf. Niemand außer mir.

Zunächst inspiziere ich das Fressalienangebot. Sechs Chipsvariationen, neun Ben & Jerry's-Eissorten, zwölf Arten Schokoriegel. Viel Fett und Zucker, wenig Vitamine. Nun, bei dem, was ich vorhabe, darf ich nicht wählerisch sein. Mithilfe meiner Kreditkarte lasse ich die Maschine Produkte namens Starburst, Mars und Galaxy über Schwellen namens E 5, D 8 und D 1 schubsen. Ein kleiner Vorrat kann nicht schaden, später wird es schwierig mit der Versorgung.

Das Klo ist sauber und das Musikprogramm aus unsichtbaren Lautsprechern sensationell. »Wonderwall«. »Wannabe«. »Angels«. Ich kann mich nicht daran erinnern, auf irgendeinem Klo der Welt bessere Musik gehört zu haben. Da haben wir es, gleich am Anfang, das beste England überhaupt: 90er-Jahre-England, Musik-England, Kreativ-England. Das England, das ich einmal geliebt habe.

»How was your washroom experience?«, fragt ein silberner Aufkleber am Spiegel über dem Waschbecken. Darunter sind Spuren von Klebstoff erkennbar, hier hing mal ein Monitor mit ☺☺☹. Vermutlich wurde er aus Hygienegründen abmontiert. Segen der Seuche: Touchscreens in öffentlichen Toiletten waren noch nie eine gute Idee.

Herrlich nutzlos ist die Aufkleberfrage ohne Antwortmöglichkeit. Wie viele Besucher wohl in eine Konversation mit dem Spiegel einsteigen, wenn keiner zuhört? Besucher wie ich: »Excellent, thank you!«, antworte ich halblaut, bevor ich zum leiser werdenden Soundtrack meiner Jugend zurück in die Halle schlendere.

Ich nehme die FFP2-Maske ab und atme trockene Klimaanlagenluft. Es riecht nach Desinfektionsmittel und Gepäckbandgummi. Karussell Nummer 4 läuft immer noch, obwohl kein Koffer mehr drauffliegt. Als müsste es sich und der Welt durch sinnlose Mehrarbeit beweisen, dass es ein gutes, ein nützliches, ein essenzielles Gepäckband ist. *Keep calm and carry on.*

Als das Band endlich stoppt, ist die Stille herrlich. Kein Durchsagenknistern, kein Sohlenquietschen, kein Trolleyrattern. Die *global jetsetters, connected trendsetters* und *innovative tech pioneers*, die hier laut der Werbeagentur von London Heathrow gewöhnlich durchspazieren, scheinen alle im Homeoffice zu sein. So ruhig habe ich an einem Wochentag noch keinen Großflughafen erlebt. Ich beschließe, noch ein bisschen zu bleiben, fülle meinen Wasserschlauch, setze mich in eine der Sitzschalen und schalte das Handy ein.

»Bewölkt und 40 Prozent Regenwahrscheinlichkeit in der nächsten Stunde.« ☹.

»Willkommen in Großbritannien, in Ihrem Tarif zahlen Sie für Telefongespräche und SMS so viel wie in Ihrem Inlandstarif.« ☺.

»Buchen Sie Ihren Mietwagen & Hotel mit kostenloser Stornierung.« ☺.

Weiter in die Ankunftshalle. Dramaturgisch zu früh lässt die Mitarbeiterin am »Travel Support & Information«-Stand ihren Stapel Gratisstadtpläne auf den Boden fallen; nämlich schon während ich frage, ob ich ihr eine ungewöhnliche Frage stellen dürfe. Das sollte sie nun wirklich nicht aus der Fassung bringen, immerhin trägt sie einen Aufnäher mit dem Versprechen »WeKnow« über dem Herzen.

Sie sammelt die Broschüren auf, rückt sich die schwarze Oprah-Winfrey-Brille zurecht und sieht mich erwartungsvoll an. »Ja bitte?«

»Wie komme ich am besten zu Fuß ins Stadtzentrum?«

Kurzes Schweigen.

»Nun, es gibt Busse und die U-Bahn. Oder Sie können laufen, ja, in drei oder vier Stunden. Sie wollen das machen?« Den letzten Satz sagt sie im Tonfall einer Kellnerin, die sich erkundigt, ob man wirklich nur den Cheeseburger will, obwohl es heute zum gleichen Preis noch ein Kombiangebot mit Gratis-Softdrink, Pommes und Kinogutschein gibt.

Ich bejahe und erkläre, mein Ziel befinde sich in der Nähe des Primrose-Hill-Parks.

»O-kay.« Wie sie es schafft, nur durch die Dehnung des Vokals »o« ihre Zweifel an meiner Zurechnungsfähigkeit zu kommunizieren, ohne dabei professionelle Ernsthaftigkeit einzubüßen ... »Die Frage hat mir bisher noch niemand gestellt. Ich weiß nicht, wie man da läuft. Das ist ein langer Weg.«

Auf ihrem Computer gibt sie mein Ziel bei Google Maps ein.

»Seltsam. Die Online-Karte zeigt keine Route zu Fuß an.«

Sie empfiehlt mir, die Piccadilly Line zu nehmen und erst ab Leicester Square zu laufen. Das seien 47 Minuten mit der Underground und dann 49 Minuten zu Fuß, nur vier Kilometer. »Und Sie kommen an Madame Tussauds vorbei. Zur U-Bahn geradeaus durch den Ausgang und dann links runter mit dem Aufzug. Die Tickets bekommen Sie im Untergeschoss, aber ich kann Ihnen auch hier eine Oyster Card verkaufen.«

Mit jedem Wort wird ihre Rede routinierter, die Stimme fester, sie ist zurück in ihrem Element, gibt gute Ratschläge. Ein wundervoller Kompromiss, das muss der Kunde doch einsehen.

»Vielen Dank, ich gehe zu Fuß«, sage ich.

Aber vorher noch auf einen Cappuccino Grande ins Caffè Nero. Ist doch eigentlich ganz schön hier in diesem Flughafenmonster aus Beton, Glas und Metall. Ich setze mich in ein unverschämt gemütliches grau kariertes Sitzmöbel neben einer Bücherwand. Eine antik anmutende Charles-Dickens-Gesamtausgabe, ein Bildband über italienische Strände und sogar ein Buch auf Deutsch, »Die Zweisamkeit der Einzelgänger« von Joachim Meyerhoff.

Kann man Dinge vermissen, die sich noch direkt vor einem befinden? Vermissen im Futur? Man kann. Die Handy-App erhöht die Regenwahrscheinlichkeit in der nächsten Stunde auf 60 Prozent. Und plötzlich ist mir schleierhaft, warum Menschen überhaupt jemals Flughäfen verlassen, diese Festungen des Überflusses. So träge bin ich geworden in den letzten Monaten. Mir fällt es schwer, wieder von der Couchkartoffel zum Reisenden zu werden.

Zumal mir die große Insel, die London Heathrow umgibt, im Vergleich zu meinen sonstigen Zielen ein bisschen gewöhnlich vorkommt. Zuletzt war ich für meine Bücher im Iran, in Russland und Saudi-Arabien, dagegen scheint mir England eine vergleichsweise unspektakuläre Destination zu sein. Obwohl die aktuelle Reisewarnung des Auswärtigen Amtes suggeriert, dass Englandreisen nie so gefährlich waren wie jetzt. Aber Reisewarnungen sind auch nicht mehr das, was sie mal waren, vor ein paar Monaten galt eine solche für Dänemark.

Andererseits: ein Volk, das zu den höflichsten der Welt gehört, aber eine Trinkkultur pflegt, die von den letzten sieben Jahrtausenden Zivilisationsgeschichte nicht behelligt wurde; Menschen, die ein völlig überschätztes Warmgetränk namens Tee für die Lösung aller Probleme halten und ein mit Kartoffelchips belegtes Sandwich für eine Mahlzeit; und ein Regierungschef, der Sachen sagt wie: »Ich war in einem Krankenhaus mit Corona-Patienten, und ich habe allen die Hand geschüttelt, und ich werde weiter Hände schütteln.« So normal ist das auch wieder nicht.

Ebendieser Premierminister verkündete vor gut zwei Wochen den »Freedom Day«, das Ende der meisten Corona-Einschränkungen. Trotz weiterhin bedenklich hoher Fallzahlen. Das ist einer der Gründe, warum ich dieses Reiseziel ausgewählt habe: Hohe Inzidenzen sind ein Muss. Ich bin eine Art pandemischer Katastrophentourist.

80 Prozent Regenwahrscheinlichkeit. Der Anfang von Meyerhoffs Buch enthält den Satz »Hast du vielleicht Lust, spazieren zu gehen?«, dann schlendern der Ich-Erzähler und seine Freundin-in-spe ein bisschen durch Bielefeld. Das ist tröstlich. Wenn selbst ein Bielefeld-Spaziergang Stoff für einen großen Roman liefern kann, dann werde ich mich doch langsam mal zu meinem London-Spaziergang aufraffen können. Zumal ich gerne vor Einbruch der Dunkelheit mein heutiges Ziel erreichen würde.

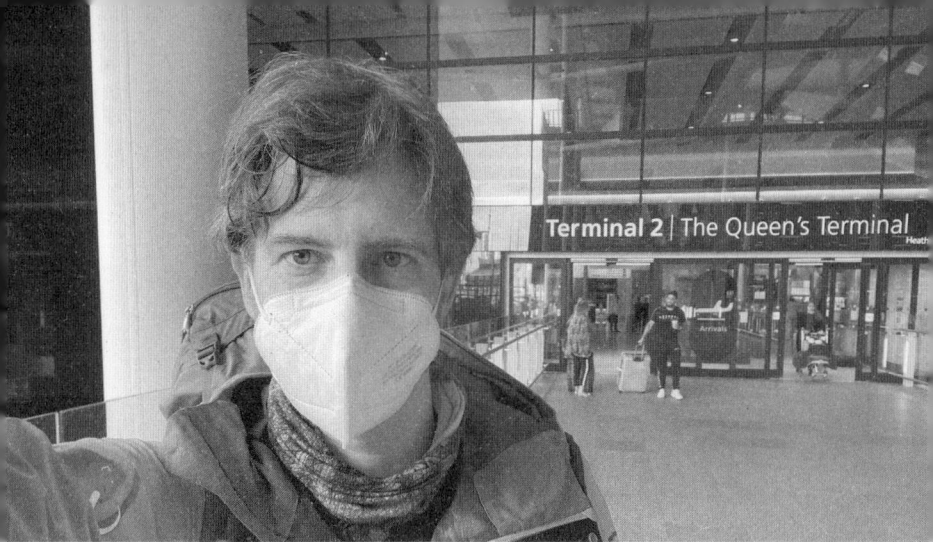

Schon im zweiten Versuch gelingt es mir, aus dem tiefen Sesselpolster in eine stehende Position zu gelangen. Ich kaufe bei WHSmith einen *Daily Express* und einen halben Liter Milch, dann passiere ich die Schiebetür, nicht ohne der WeKnow-Frau zum Abschied ein freundliches »Thank you!« zuzurufen. Ich spüre, wie sie mir nachblickt, als ich vor dem Aufzug zur U-Bahn kurz zögere, dann aber weiter zur Treppe gehe, die runter zur Straße führt. Ein wehmütiger Blick zurück auf das kalt-warme Flughafengebäude. Ich bin draußen. Das Experiment beginnt.

Ein Land. Das nicht.
Auf mich vorbereitet. Ist.

Als ich vor einiger Zeit morgens aus unruhigen Träumen erwachte, fand ich mich in eine digitale Kopie meiner selbst verwandelt. Ein Avatar, der in Zoom-Calls über seine Bücher spricht, auf Instagram Reisebilder postet, auf Twitter eine halbe Stunde über zwei Sätze nachdenkt, um dafür mit zwei Likes und einer Reichweite von 82 Lesern belohnt zu werden.

15 Monate nach Wuhan fand immer noch beinahe mein komplettes Leben zu Hause vor einem Bildschirm sitzend statt, schlimmer noch: dank Headset sogar isoliert vom Zuhause, nicht einmal dort war ich wirklich. Ich lebte im Digitalen, kam lediglich zur Nahrungsaufnahme, für Badezimmerverrichtungen und zum Schlafen kurz in der dinglichen Welt vorbei. Okay, ein paar Spaziergänge in der Umgebung gab es schon, aber bald verloren auch die ihren Reiz, nachdem ich jede Seitenstraße im Umkreis von zwei Kilometern besucht hatte. Wären diese Zoom-Meetings und Skype-Calls nur eine Illusion, eine Simulation mit Roboterwesen wie in der Serie »Westworld«, ich hätte den Unterschied nicht mehr bemerkt.

Eigentlich ist das total praktisch, keine Wege zur Arbeit, keine persönlichen Treffen mit Menschen, keine Reisen zu haben. Eine sensationelle Steigerung von Effizienz und Produktivität, man muss sich nicht mal vernünftig anziehen. Ich gewann so viel Zeit und hatte dennoch abends nach 14 Stunden Bildschirmleben das Gefühl, sie nicht so genutzt zu haben, dass irgendwas entstanden wäre, was später als Erinnerung taugt. Die ganze Zusatzzeit floss in »sozial« genannte Netzwerke, die relativ asozial unseren Hang zu Neurotizismus, Neid und Nachrichtensucht nutzen, um uns abzulenken und unser Geld und unsere Daten zusammenzurechen. Ich wurde zum Hundewelpenvideo-sedierten Opfer digitaler Aufmerksamkeitsfresser.

Und irgendwann, als mich der Rechner wieder einmal bat zu beweisen, keine Maschine zu sein, gab ich die Buchstabenzahlenfolge falsch ein und übersah eines der Bilder mit Ampel und war mir plötzlich nicht mehr sicher.

Ich habe Reisen nie als Heilung, Achtsamkeitsübung oder Flucht gesehen. Aber diesmal war das anders. Ich wollte mich gegen die Eintönigkeit und Pandemiemüdigkeit aufbäumen, mich der Draußenwelt neu aussetzen. Mich im Realen langweilen, Bäume berühren und belanglos smalltalken mit Menschen, die ich nie wiedersehen würde. Ohne davon live auf Instagram oder Facebook zu berichten, ohne Opfergaben an die Götzen der Aufmerksamkeitsökonomie. »I look around here, I just want something real to happen. Just once«, sagt der Charakter Bingham Madsen in einer Folge der britischen Serie »Black Mirror«. Sie spielt in einer voll digitalisierten Zukunftswelt, die während der Pandemie gar nicht mehr so zukunftsfern wirkt.

Es war Zeit für einen Ausbruch. Ich begann, mich durch ein komplexes Regelwerk auf einer Webseite zu arbeiten, auf der früher nichts weiter gestanden hätte als: Benötigt wird ein Personalausweis oder Reisepass, der noch mindestens sechs Monate gültig ist.

Für Einreisekandidaten stellte die britische Regierung eine Liste von Covid-19-Testanbietern bereit, die allein für den Großraum London 295 Labore enthielt. Zum Glück schieden einige namensbedingt aus. Weil sie anbiedernd trösten (Breathe Assured) oder subtil ängstigen (Better2Know), weil sie nach Hochstapler klingen (Effect Doctors), nach schmerzhaften Testverfahren (Excalibur Diagnostics Ltd.), nach fehlendem Respekt für schulmedizinische Standards (Fakir Chemist) oder esoterischen Auswertungsmethoden (Halo Verify).

Doch auch die restlichen 289 hatten so ihre Tücken. Zunächst lockten sie mit 20-Pfund-Sonderangeboten, die sich, nachdem man mehrere Bildschirmseiten durchgeklickt und Name, Adresse, Geburtsdatum, Passnummer, Flugzeit und Flugnummer eingetippt hatte, als längst ausgebucht herausstellten. Schade und Ätsch, nur noch Angebote für 90 oder 120 Pfund verfügbar. Dem Wucher zu entkommen ist unmöglich, denn jeder England-Einreisende musste belegen können, für den zweiten Tag nach Ankunft einen Corona-Check gebucht zu haben. Je nach gewünschter Investitionssumme gab es Selbsttests zum Einschicken, einen Krankenschwester-Heimservice oder Tests im Labor.

Ich entschied mich für einen Anbieter, dessen Name mir gefiel: »Nomadtravel«. Für 55 Pfund bestellte ich ein »Day 2«-Testkit für zu Hause per Post, c/o Herrn Yong in London NW33DR.

Die Heathrow-Draußenwelt besteht aus Beton. Graue Säulen, graue Wände, graue Straßen. Nichts ist darauf ausgerichtet, vom menschlichen Auge als schön wahrgenommen zu werden, nur robuste Nützlichkeit zählt.

Was nachvollziehbar ist, denn Fußgänger sind außer mir nicht unterwegs, obwohl der angekündigte Regen noch nicht fällt. Mit meiner App-Karte suche ich nach einem Weg, das Flughafengelände zu verlassen. Google Maps zeigt eine Fehlermeldung an, aber Maps.me schlägt eine verdächtig kurvenreiche Route vor, die sich etwa alle 100 Meter ändert, je nachdem, wo ich gerade stehe. Zwischen kantigen Gebäuden, Metallzäunen und Straßen ohne Bürgersteig, die zu Schlagbäumen führen, probiere ich diverse Abzweigungen, bis mich in der Nähe von Terminal 3 ein rundlicher Mann im Anzug zurückruft:

»Entschuldigung, wo soll's denn hingehen?«

»Ich suche nach dem Ausgang.«

»Zu Fuß? Heathrow ist wie eine Insel – du kannst so nicht raus. Wenn du noch ein paar Schritte in die Richtung weitergehst, nehmen sie dich fest.«

»Die würden mich verhaften, weil ich einen Spaziergang mache?«

»Es gibt doch genug öffentliche Verkehrsmittel. Nimm einen von den Bussen, den Heathrow Express, die Tube. Als ›Tube‹ bezeichnen wir hier die U-Bahn.« Er spricht nun langsamer, als hätte er Angst, ich würde ihn sonst nicht verstehen.

»Ich würde aber lieber zu Fuß gehen«, sage ich.

Er reduziert sein Sprechtempo noch stärker. »Dieses Land. Ist. Nicht vorbereitet. Auf Menschen. Die. Diese Art von Dingen. Tun. Speziell. Wenn sie. Von woanders. Herkommen«, belehrt er mich. Sensationell, wie er in einem Atemzug gleich zwei fundamentale Probleme der Gegenwart thematisiert, die Forderung nach Konformismus und die Angst vor Fremden. Wer als mittelalter weißer Deutscher erleben will, was es bedeutet, marginalisiert zu werden, muss anscheinend einfach nach England reisen und ein bisschen zu Fuß gehen. Ich erwäge, mir die Domain Diskriminierungsselbsterfahrungstourismus.de zu sichern und eine Reiseagentur zu gründen, aber vielleicht ist der Begriff ein bisschen sperrig. Dennoch: Wenn das hier der Weg wäre zu solch essenziellen Erlebnissen, sollten die ganzen Globetrotter-Goldkartenbesitzer mal ihre Reiseziele überdenken.

Der Mann erklärt mir in freundlichem Tonfall den Weg zur Bushaltestelle. Geradeaus, über die Ampel, am Zaun entlang und dann links. Okay? Und noch mal: »Über die Ampel und am Ende des Zauns links.«

Als ich loslaufe, spüre ich seinen Blick im Rücken, er traut mir nicht. Ich erreiche die Haltestelle, steige in Bus 285, einen roten Doppeldecker, und kaufe beim Fahrer per Kreditkarte ein Ticket zur nächsten Haltestelle Newport Road. Der Bus fährt in einen grauen Tunnel, vor dessen Eingang ein rotes »No Pedestrians«-Schild steht. Mein Projekt ist nach 25 Minuten Außenwelt gescheitert. Oder sagen wir: verschoben. Dann fange ich eben hinter dem Tunnel noch einmal von vorne an.

Erfolgreiche Zu-Fuß-Reisebücher beginnen meist mit einer tragischen persönlichen Geschichte des Wandernden. Das können Schicksalsschläge und Suchtkrankheiten sein, die durch das Abenteuer überwunden werden sollen (»Der große Trip« von Cheryl Strayed). Oder plötzliche Obdachlosigkeit, verbunden mit einer tödlichen Krankheit eines der beiden Protagonisten (»Der Salzpfad« von Raynor Winn). Oder zumindest ein fataler Fehler bei der Auswahl des Mitwanderers, der sich als schlecht vorbereitet und miserabel ausgerüstet herausstellt (»Picknick mit Bären« von Bill Bryson).

Ich habe nichts dergleichen im Angebot, nur das, was gerade alle haben: eine tiefe Ermüdung nach vielen Monaten im Pandemie-Ausnahmezustand. Frust über verlorene Lebenszeit, Wohnungskoller, Bildschirmerschöpfung. Ein vergleichsweise geringes Übel? Vielleicht. Jedenfalls eines, das jeder kennt, mit dem jeder zu kämpfen hat, die erste universale Krise des 21. Jahrhunderts. Letztens war ich in einer Fernsehsendung zu Gast, danach schrieb mir eine Bekannte, ob alles okay sei, ich sähe so fertig aus. Häh, ich fand mich ganz normal, antwortete ich. Manchmal merkt man selbst nicht, wie nahe am Limit man angekommen ist.

Nach einer Überdosis Zuhause suche ich als Ausgleich eine Überdosis Draußen. Nach einem Übermaß an Trägheit verschreibe ich mir ein Übermaß an Aktivität. Und vielleicht steht am Ende ein Vorschlag. Denn die Tourismusindustrie wirkt ein wenig ratlos und sucht nach Ideen. Wie wäre es also mit einer Reise, deren Covid-Risiko nahezu null beträgt, egal, ob die Inzidenz im Zielland bei 40 oder 4000 liegt? Das wäre doch was. Auch für die Pandemien der Zukunft, denn die kommen bestimmt.

Zunächst einmal: Gegenwart. Den Kreisverkehr am Tunnelausgang bewacht das 24 Meter lange Modell eines Airbus A 380 von Emirates, Maßstab 1:3. Seit 2008 steht die Skulptur, damals wurde sie als Ersatz für ein Concorde-Modell der British Airways installiert. Als Nachmieter sozusagen, die attraktive Werbefläche vor dem Anti-Fußgänger-Tunnel kostet jährlich einen siebenstelligen Betrag.

Die Flugzeuglackierung zeigt Bilder von Elefanten, einem Nashorn und einem Braunbären und den eigenartigen Satz »United for Wildlife«. Metallsäulen unter den Flügeln erzeugen eine Schrägstellung, die nach dynamisch startendem Jet aussieht. Aber hier bewegt sich nichts, keinen Zentimeter.

Vor Kurzem hat der Flugzeughersteller Airbus entschieden, keine A380 mehr zu produzieren, und dadurch wird die ruhende Londoner Modellmaschine unabsichtlich zu einem Kunstereignis ersten Ranges: Ein besseres Symbol »for wildlife« hätte sich kein Umweltaktivist ausdenken können.

Die Bath Road, die nach Osten in Richtung Stadtzentrum führt, ist gesäumt von Quarantänehotels. Oder präziser: Quarantänegefängnissen. Wer aus einem Land einreist, das vom britischen Gesundheitsministerium als »rot« eingestuft wird, muss sich elf Tage lang wegschließen lassen und für diese historische Erfahrung 2285 britische Pfund (2700 Euro) bezahlen. Mehr Geld, als die meisten Urlaubsreisen kosten.

Ich passiere vier Hotels, die aktuell nur Isolationsgäste aufnehmen: Novotel, Renaissance, Best Western und Radisson Blu. Davor stehen Sicherheitsmänner in gelben Warnwesten, an den Eingängen wehen Flaggen mit dem Union Jack. Festsitzen für die Nation, als ob das die Stimmung der Insassen verbessern würde.

Viele Briten kennen das Radisson Blu dank einer nicht besonders sehenswerten Fotoserie der Nachrichtenagentur Reuters mit Bildunterschriften wie »A man waves from a window at the Radisson Blu Hotel at Heathrow Airport«, »People gesture from a window at the Radisson Blu Hotel at Heathrow Airport«, »A woman looks through a window at the Radisson Blu Hotel at Heathrow Airport«, »A person holds a sign from a window at the Radisson Blu Hotel at Heathrow Airport« und, Achtung, jetzt kommt's: »A person holds a Covid test kit at a window at the Radisson Blu Hotel at Heathrow Airport«. So undynamisch die Motive auch waren, die Bilder wurden in sämtlichen Medien gedruckt.

Pause in einem kleinen runden Park mit zwei Holzbänken. Auf der einen sitzt ein Mann im Trainingsanzug neben einer Bierdose, auf der anderen steht eine fast leere Flasche Smirnoff. Ich geselle mich zum Wodka und packe einen Schokoriegel und den *Daily Express* aus.

Ein Boulevardblatt als Momentaufnahme, Großbritannien heute. Auf der Titelseite steht »We got there! At last, summer is saved«, was die Winker, Gestikulierer und Zettelhalter in den Quarantänehotelfenstern vermutlich nicht unterschreiben würden. Im dazugehörigen Text steht, dass ab jetzt Frankreich-Rückkehrer nicht mehr in Quarantäne müssten und Spanien trotz hoher Inzidenz nicht in die Warnkategorie »rot« hochgestuft werde. »Ich weiß, wie wichtig den Menschen Urlaubsreisen sind«, wird Premierminister Boris Johnson zitiert.

Für meine eigene Urlaubsreise relevanter ist die Wettervorhersage für London: viel Regen in den nächsten Tagen. Daneben steht der Rückblick, »Britain yesterday«, mit Angaben der Temperaturen und Niederschlagsmengen für alle größeren Städte. Und ich dachte immer, die Deutschen hätten eine Wetterobsession.

Auf Seite vier wird ein Fitnessfan porträtiert, der sich nicht impfen lassen wollte, weil er an die »eigene Unsterblichkeit« glaubte. Die Fotos im Artikel zeigen ihn kraftstrotzend beim Gewichtheben und müde auf der Intensivstation mit Beatmungsgerät. Er starb mit 42 an Covid-19.

Auf Seite acht wirbt der »National Health Service« (NHS) dafür, sich draußen zu treffen, um zu helfen, das Virus loszuwerden. Das Foto dazu zeigt zwei junge Männer, einer weiß und dick, der andere schwarz und dünn, die sich auf einer Straße mit Handschlag begrüßen.

Auf Seite zwölf steht der Satz »Covid-19 is still with us«, bei einer dreistelligen Sieben-Tage-Inzidenz ein berechtigter Hinweis. Irgendetwas irritiert mich an den Corona-Berichten der Zeitung, aber ich komme zunächst nicht darauf, was.

Auf Seite 25 wird ein nationaler Fernsehrekord verkündet. Die Briten verbrachten demnach im Jahr 2020 mehr Zeit vor der Glotze als je zuvor, im Durchschnitt fünf Stunden und 40 Minuten pro Tag, 47 Minuten mehr als im Vorjahr. Zum Vergleich: In

Deutschland lag der Schnitt laut »Statista« im selben Jahr bei nur drei Stunden und 40 Minuten, neun Minuten mehr als 2019.

Manchmal sehe ich das Fernsehleuchten hinter den Fenstern der Doppelhaushälften. Kilometerweit Doppelhaushälften, identische Grundrisse, kleine Variationen in den Fassaden: runde Erker, eckige Erker, weiße Fensterrahmen, holzfarbene Fensterrahmen, mit Fachwerkelement oder ohne, roter Backstein oder weißer Putz. Oft hat eine Hälfte ein neueres Ziegeldach als die andere. Auf die Idee, sich abzusprechen und gemeinsam das gesamte Dach renovieren zu lassen, scheint keiner zu kommen.

Besonders abwechslungsreich ist die Umgebung nicht. Dass ich vorankomme, merke ich nur an den Flugzeugen im Landeanflug, die immer höher schweben, die kleiner und leiser werden.

Im Vorgarten einer Kirche steht die Skulptur eines Regenbogens mit dem Schriftzug »Thank you NHS«, als wäre sie ein religiöses Symbol. Man kann den Krankenpflegern und Ärztinnen eben nicht genug danken, auch in vielen Fenstern entdecke ich ähnliche Botschaften.

Es beginnt zu regnen, und ich beginne, eine ungewohnte Zuneigung zu Bushaltestellen zu empfinden. Die sind nämlich überdacht und haben Plastiksitzschalen zum Ausruhen. Am Wegesrand wuchern Holunder und Feldahorn, London riecht nach Abgasen und nassem Laub.

Bald ersetzen schmale Reihenhäuser die Doppelhaushälften. »Go on a journey that will change your world«, steht auf einem Werbeposter der University of Lincoln und darunter: »Start your adventure«, gemeint ist ein Studium. Rote Schilder mahnen zum Abstandhalten, gelbe Aufkleber fordern ein »Aufwachen« und schimpfen über die angebliche »Plandemic«.

Ständig werde ich von Bringdienstradlern überholt, Deliveroo, Just Eat, Getir, Gorillas. Gefühlt jeder zehnte Verkehrsteilnehmer transportiert einwegverpackte Mahlzeiten im eckigen Rucksack.

Selbst die Mülleimer scheinen zu ahnen, dass das ein bisschen zu viel geworden ist. »Another delivery? Leave the evidence in me«, steht kumpelhaft auf einer grünen Tonne. Bitte verstecke die

Beweise für dein ökologisches Fehlverhalten, damit Styropor und Plastik wenigstens nicht auf der Straße landen.

In Acton ist gerade Markt. An einem Imbissstand bestelle ich Lammköfte, die Sitzbänke sind unter grün-weißen Plastikpavillons vor dem Regen geschützt. Ein Dach und dennoch unbeschränkte Frischluftzufuhr, Pavillons sind toll.

»Du siehst so aus wie jemand auf einer langen Reise«, sagt der libanesische Verkäufer und deutet auf meinen Rucksack, den ich in eine schwarze Regenhülle gepackt habe.

»Ja, ich will nach Newcastle«, antworte ich.

»Zu Fuß?«

»Ich denke schon. Mal sehen, was sich ergibt.«

»Das ist ganz schön weit«, sagt er, mustert mich von oben bis unten und schenkt mir ein Falafel-Bällchen.

Tipps für draußen

Navigieren mit Offline-Landkarten: *Viele Karten-Apps (zum Beispiel maps.me oder Komoot) ermöglichen es, einzelne Regionen herunterzuladen, sodass die Karten ohne Internet nutzbar sind. Oft zeigen sie dank GPS selbst in Regionen ohne Handyempfang noch zuverlässig die eigene Position an. Die App mapy.cz hat für viele Regionen besonders gute Wanderkarten.*

Normalerweise reise ich als Couchsurfer. Ich übernachte in den Wohnungen gastfreundlicher Fremder, bleibe für zwei oder drei Tage, lerne sie und ihre Welt kennen. Und hoffe, dabei mehr über Land und Leute zu erfahren, als das auf den üblichen Touristenpfaden möglich wäre.

Diesmal mache ich es anders. Ich hatte im Forum der Couchsurfing-Webseite gepostet, dass ich, »ja, ich weiß, das klingt ein bisschen seltsam«, in London nach einem Platz zum Zelten in einem Garten suche. Darauf meldeten sich drei liebe Menschen, die mir ihre Sofas oder Gästezimmer anboten, das sei doch bequemer. Und einer mit Garten. Er wohnt in Camden, nördlich vom Primrose Hill Park. Champagnerfarbene Klinkerbauten mit hohen Schornsteinen, schwarze SUVs, Hundebesitzer in Barbour-Jacken. Just hört es auf zu nieseln, als ich nach sechs Stunden Fußmarsch ankomme. Bin ganz schön fertig von der Tagesetappe, ich scheine ein wenig eingerostet zu sein. Ren Yong begrüßt mich per Ellbogen-Bump an seinem metallenen Gartentor.

»Willkommen! Willst du wirklich bei dem Wetter draußen bleiben? Komm doch rein, ich habe eine gemütliche Schlafcouch.«

»Das ist sehr nett, aber ich würde gerne zelten wie ausgemacht.«

Yong hat ein rosiges Gesicht, trägt einen Kapuzenpulli und rote Socken mit Bärenmotiv, in denen die Hosenbeine stecken. Laut seinem Couchsurfing-Profil stammt er aus China, hat einen Doktortitel in Mathematik und arbeitet als Datenanalyst, gleich drei Attribute, die eher auf einen pragmatisch als träumerisch orientierten Menschen hindeuten.

»Warum tust du dir das an?«, fragt er, während er zwei Kissen auf die regenfeuchten Gartenstühle legt und mich mit einer Geste bittet, auf einem davon Platz zu nehmen.

»Ich mache ein Experiment. Eine Art covid-sichere Reise. Laut einer irischen Studie passieren mehr als 99 Prozent der Ansteckungen in Gebäuden, also bleibe ich einfach draußen. Keine Busse, keine Bahnen, keine Hotels.«

»O-kay.«

Da ist es wieder, das lang gezogene »o« in »okay«. Ein bisschen kann ich ihn verstehen, gewöhnlich benutze ich in den ersten drei Minuten Small Talk keine Sätze, die mit »Laut einer irischen Studie« beginnen. Aber wir leben in ungewöhnlichen Zeiten, also weiter mit den Erklärungen:

»Nun, eine Ausnahme gibt es: Öffentliche Toiletten sind erlaubt, wenn sie direkt von außen zugänglich sind – der Eingang darf sich nicht in einem Restaurant oder in einer Shoppingmall befinden.«

»Aber warum gehst du nicht einfach wandern in der Natur?«

»Das mache ich später auch noch. Aber ich will herausfinden, ob das auch in Städten funktioniert. Vielleicht gründe ich dann eine Sekte: ›Die Outsider‹ oder so was. Haha.«

Er verzieht keine Miene, aber an der Vehemenz, mit der seine rechte Hand die linke knetet, merke ich, wie es in ihm arbeitet.

»Interessant. Also ist alles, was ein Dach hat, für dich tabu?«

»Nicht unbedingt. Solange ich eindeutig an der frischen Luft bin, ist es okay. Tunnel oder Bushaltestellen sind erlaubt, und mein Zelt natürlich auch.«

»Hast du ein Ziel?«

»Ich habe ein Fährticket von Newcastle nach Amsterdam gebucht. Innenkabine mit Dusche. Am 10. September, in genau fünf Wochen. Irgendwie muss ich da hinkommen.«

»Das ist 500 Kilometer weit weg.«

»Vielleicht treffe ich ja unterwegs einen Cabriofahrer, der mich mitnimmt.«

»Aha.«

Um endlich eine emotionalere Reaktion seinerseits zu provozieren, versuche ich es mit Philosophie und Pathos: »Es ist doch so: In den letzten 10000 Jahren war es für die Menschheit normal, in Innenräumen Schutz zu suchen, sich in Höhlen, hinter Mauern und Wänden zu verschanzen. Mit der Pandemie ist nun erstmals in der Geschichte das Draußensein sicherer.«

Irgendwie klangen diese Sätze besser in meinem Kopf, als ich sie mir vor ein paar Tagen zurechtlegte. Yong ist nicht überzeugt: »Außer man bleibt allein zu Hause. Ich bin seit Monaten zu faul, um ins Büro zu fahren, weil ich jetzt im Homeoffice arbeiten kann. Was soll man auch bei dem Wetter draußen. Wollen wir Essen bestellen?«

Wir ordern per Handy Schweinebauch mit Reis beim Vietnamesen, in der Wartezeit baue ich zwischen einer Holzschaukel und einer Hortensie mein Zelt auf. Es ist 2,16 Meter lang und 76 Zentimeter breit, ich wohne ab heute auf 1,64 Quadratmetern Nylon, Polyurethan und Silikon.

Yong ist kein Motivationskünstler: Als ich das Überzelt beim ersten Versuch um 90 Grad falsch auflege, fragt er mich, ob ich schon öfter gezeltet hätte. Ich bejahe und weise auf erschwerte Bedingungen hin, da es schon dunkel sei.

Mit erschwerten Bedingungen kennt sich Yong aus. Viel besser als ich, so viel besser, dass ich mich bald schäme, von seiner ernsthaften Art irritiert gewesen zu sein. Beim Essen am Gartentisch erzählt er von seinem Großvater, der in Chinas großer Hungersnot Karotten stahl, dafür ins Gefängnis kam und sich dort das Leben nahm. Von seinem Vater, der nie Lesen und Schreiben lernte und als Lkw-Fahrer für die Müllabfuhr arbeitete. Von seiner Mutter, die aus einer reichen Familie stammte, mit 13 vergewaltigt wurde und gegen ihre posttraumatischen Tobsuchtsanfälle Lithium-Medikamente nahm, von denen sie Depressionen bekam. Ihre Eltern gaben sich wenig Mühe, ihr mit den Dämonen der Krankheit zu helfen. Stattdessen versuchten sie, ihre Wettbewerbsnachteile auf dem Heiratsmarkt auszugleichen, und ließen sich etwas einfallen: »Sie versprachen meinem Vater: Wenn du diese Verrückte heiratest, bekommst du viel Geld. Aber das war eine Lüge«, sagt Yong. Als einziges Kind der beiden musste er für Fehler büßen, die vor seiner Geburt gemacht wurden. Er wuchs in einer Familie auf, in der es an jeglicher Wärme fehlte. Mit einer Mutter, die nicht lieben konnte, und einem Vater, der seine Minderwertigkeitskomplexe nur vergaß, wenn er einen Stock in der Hand hielt.

»Wenn ich mit schlechten Noten nach Hause kam, hat er mich verprügelt. Aus Angst habe ich meine ganze Freizeit mit den Schulbüchern verbracht, wurde der Beste in der Klasse.«

Für ein Studium fehlte das Geld, doch er bekam ein Stipendium, Mathe an der Chengdu University. Nach dem Bachelor brach er aus. Er hörte von einem Freiwilligenprojekt nach dem Tsunami in der indonesischen Provinz Aceh, mit bezahlter Unterkunft und Taschengeld. Der One-Way-Flug kostete nur acht Euro mit Air Asia. »Da begann meine Reise. Ich blieb sechs Monate, half beim Wiederaufbau von Häusern. Ich fühlte mich so frei, weil ich weg von den Eltern war.«

Ich bin überrascht, wie offen er über seine persönliche Geschichte spricht, wir kennen uns ja erst seit einer Stunde. Aber es scheint ihm wichtig zu sein zu reden, endlich mal wieder, nach Monaten in der Isolation mit nur einem Minimum an Kontakten.

Nach der Zeit in Indonesien wollte Yong nicht mehr zurück nach China. Er zog dank Stipendien erst nach Slowenien und dann nach Saudi-Arabien. Und von dort wegen der Liebe in den Iran, zu einem Mann, der in der Nähe von Isfahan wohnte. Er begann, sich für die Bahá'i-Religion zu interessieren, die dort verboten ist, und lebte in ständiger Angst, entdeckt zu werden. Als schwuler Bahá'i war er doppelt unerwünscht im Mullah-Staat. Aber es war immer noch besser als zu Hause.

Doch die Beziehung ging in die Brüche. Yong zog nach Mailand, um einen Doktor zu machen, verliebte sich in einen Italiener. »Ich bin immer der Liebe oder dem Geld gefolgt, wegen Stipendien oder wegen Kerlen ins nächste Land gezogen.« Für drei Jahre ging er nach Estland. Als er von dort zu Hause anrief, fragte der geografisch unbewanderte Vater, was er denn in Äthiopien wolle, bei den ganzen Schwarzen.

Als es Zeit war, von Estland weiterzuziehen, bot ihm sein Arbeitgeber, das Fintech-Unternehmen Wise, einen Wechsel nach London an. Vor sechs Monaten landete er schließlich an dem Flughafen, an dem mir heute Mittag der Abschied so schwerfiel. Nun möchte er ankommen, Stabilität finden. Nicht länger Nomade sein, sich weniger um morgen sorgen. »Ich habe einen guten Job und eine schöne Wohnung. Jetzt muss ich mich nur wieder verlieben«, sagt Yong.

Ich mache einen Spaziergang und rufe die Webseite loocations. com auf. Die hieß bis vor Kurzem »Lockdown Loo« und entstand, als viele öffentliche Toiletten pandemiebedingt geschlossen wurden. Hier konnte jeder die Adressen funktionierender Klos auf einer Landkarte eintragen und dadurch Mitmenschen vor einer Art von Drama bewahren, wie es üblicherweise zwischen fünf und 75 kein Thema ist.

Die nächste öffentliche Toilette befindet sich demnach an der Albert Terrace einen Kilometer weiter südlich, einmal durch den Primrose Hill Park. In Relation zu den anderen Parkdurchquerern bin ich mittelschnell unterwegs: langsamer als die Labradorgespanne – eilige Tiere an Leinen, denen die Halter kaum folgen können, was nach einer Mischung aus Olympischem Geher-Wettbewerb und Ben Hur aussieht –, aber schneller als die Kiffergrüppchen in ihren dunklen Trainingsanzügen. Ich genieße flüchtig die

Aussicht auf die beleuchtete Riesenstadt und freue mich am Ziel über spiegelsaubere Anlagen mit großen Waschbecken. Purer Luxus, schnell noch ein bisschen Wasser an Gesicht und Oberkörper, dann zurück. Ein Warnschild weist darauf hin, dass der Park um 22 Uhr geschlossen werde wegen des »anti-social behaviour« einiger Besucher. Es ist schon kurz nach zehn, und tatsächlich versperrt an der Nordseite nun ein Maschendrahttor den Ausgang. Zu meinem Glück war einer der Antisozialen so sozial, ein Loch hineinzubiegen, gerade groß genug für mich, um durchzuklettern.

Zu Hause erwartet mich Yong mit leuchtendem Smartphone. »Mein Nachbar ist ein bisschen irritiert«, plaudert er und zeigt mir auf dem Bildschirm die WhatsApp-Konversation:

»Hallo, da steht ein Zelt bei dir im Garten. Ein Obdachloser, oder hast du Besuch?«

»Ein Gast. Sorry, ich hoffe, das stört euch nicht.«

»Gar nicht. Wir waren nur überrascht. Wirklich.«

Regen kann auf einem Zeltdach verschiedene Arten von Tönen erzeugen. Je nach Intensität und Wassermenge klingt das wie eine Maus, die über ein Schlauchboot flitzt, wie Zehnfingertippen auf einem 2017er-MacBook oder wie ein Wettkampf im Ausdrücken von Luftpolsterfolie mit 20 Teilnehmern gleichzeitig. London entscheidet sich heute für die Variante Luftpolsterfolie.

Ich liege in meiner 1,6-Quadratmeter-Unterkunft und beobachte im Gegenlicht einer Straßenlaterne das Schauspiel an der Außenhülle. Die Zelthaut ist durchzogen von einem Netzmuster, die Tropfen wirken dadurch wie Steine auf einem Spielbrett. Einzeln haften sie gut, doch sobald ein anderer Tropfen sie berührt, verlieren sie auf der steilen Polyurethanpiste den Halt, werden zu schwer und rasen wie suizidale Kaulquappen abwärts.

Zum Frühstück drapiert mir der gute Yong eine Thermoskanne mit eineinhalb Litern Schwarztee, eine Tasse mit Entenmotiv, eine Packung Haferkekse und eine Banane auf dem Gartentisch. »Du kannst auch in die Küche kommen, da ist es trocken«, sagt er. Als ich dankend ablehne, blickt er mit ernsten Augen auf mich, dann

auf mein durchnässtes Zelt und dann wieder auf mich, zeigt aber sonst keine Regung. »Okay, melde dich, wenn du was brauchst, ich muss jetzt am Laptop arbeiten.«

Ich brauche nichts, ich gehe in die Stadt. Zunächst durch den Park zum Klo. Wasser ins Gesicht, Zähne putzen. Toiletten gewinnen eine strategisch wichtigere Bedeutung, wenn sie nicht selbstverständlich zur Verfügung stehen. Ich beginne, eine tiefe Abneigung gegen »To Let«-Schilder vor Häusern zu entwickeln, weil ich immer zuerst »Toilet« lese.

Draußen ist hinter einer Hecke eine Stimme zu hören. Ein kräftiger männlicher Tenor, der etwas außer Atem zu sein scheint und sich wie folgt äußert: »Yeah! Yes, yes, yes! Lovin' this!«, »You are the best! You are the best!« und »Come on, get in there! Look at me, look at me!«

Ich erwäge, einfach weiterzugehen, besinne mich dann aber auf meine journalistische Pflicht, über die Geschehnisse in Londons Parks in all ihren Facetten zu berichten. Auf der anderen Seite des Gebüschs bietet sich folgendes Bild: Ein dunkelhäutiger Mann kniet auf dem Boden, die Stirn berührt fast die Erde, der Hintern ist weit nach oben gestreckt. Vor ihm, am Fuß einer Bank, lehnt ein iPhone, über das er per Zoom mit einer Frau kommuniziert. »Push! Push! Good work here. Give me a dozen of those!«, fordert er sie auf. Dann wechselt er in die Yogaposition »Hund«, dehnt die Arme und streckt ein Bein gerade nach oben. »Easier than you think!«, ruft er in Richtung Handy.

Schon irgendwie lässig, ein Fitnesscoach, der sein Homeoffice in die Natur verlegt hat. Die Dinge verändern sich. »Yeah! Yeah! Lovely!«, höre ich noch, als ich den Park in Richtung Süden verlasse.

London »hat was für jeden«, schreibt Internetnutzerin LadySabrina und vergibt fünf Sterne, während Internetnutzerin Isabelmar vom »schlimmsten Urlaub meines Lebens in 50 Jahren« berichtet und nur einen Stern angemessen findet.

Ich empfinde London zunächst hauptsächlich als ziemlich groß. Ein bisschen mehr Tempo wäre gut, also lade ich mir an einer Dockstation für Stadträder die dazugehörige App herunter. Zwei Pfund für 24 Stunden. Wenn man sein »Boris-Bike« innerhalb von 30 Minuten wieder abgibt, kostet es nichts extra. Der Spitzname Boris-Bike hat sich bis heute gehalten, obwohl die Idee gar nicht von Londons ehemaligem Bürgermeister Boris Johnson stammte, sondern von seinem Vorgänger. Aber es schadet in der Politik nicht, die Fakten ein wenig dem Eigeninteresse anzupassen, wie man am weiteren Werdegang Johnsons sieht.

Mein Sightseeing-Programm ist ohne Innenräume ein wenig eingeschränkt. Ich schaue der Queen's Guard am Buckingham Palace zu, die haben es unter ihren warmen Bärenfellmützen auch nicht leicht. Während ihrer zwei Stunden dauernden Schicht dürfen sie nicht sitzen, liegen oder sich anlehnen. Ein Gitterzaun schützt sie vor aufdringlichen Touristen, die durch die Metallstäbe ihre Fotos machen, als stünden sie vor einem Gehege mit seltenen schwarz-roten Paradiesvögeln.

Vor einer Skulptur des Polarforschers Robert Falcon Scott am Waterloo Place relativiere ich innerlich den Schwierigkeitsgrad meines Vorhabens. Auf dem Trafalgar Square betrachte ich eine neun Meter hohe Sahnehaube mit Kirsche obendrauf, die auf einem Sockel vor der National Gallery thront. Das »The End« benannte Kunstwerk von Heather Phillipson scheint kurz vor dem Kollaps zu stehen und wirkt auf den ersten Blick wie eine konsumkritische Pop-Art-Skulptur. Doch an die Seite der Süßigkeit klammert sich eine schwarze Drohne, die mit ihrer Kamera die Passanten filmt. Das Ergebnis wird live auf der Webseite theend.today gezeigt, was eine besonders eindrückliche Erfahrung ist, wenn man gerade selbst mit seinem Leihfahrrad vor dem Kunstwerk steht. Ich beobachte mich dabei, wie ich mich auf meinem Handy dabei beobachte, mich selbst zu beobachten, ein Spiel mit der Unendlichkeit.

Und ein Hinweis darauf, dass sich Menschen auf Londons Straßen nie unbeobachtet fühlen können. Schilder mit der Aufschrift »CCTV in operation« erinnern daran, dass man sich in der bestüberwachten Stadt Europas befindet, mit fast 700 000 Kameras insgesamt, das entspricht 73,3 Kameras pro 1000 Einwohner (zum Vergleich: Berlin, die zweitbestüberwachte Stadt Europas, hat 6,3 Kameras pro 1000 Einwohner).

Weil auf dem Trafalgar Square häufig Demonstrationen stattfinden, wird hier besonders lückenlos gefilmt. Ich staune darüber, dass die Stadt zugestimmt hat, »The End« ausgerechnet an diesem Ort zu zeigen. Vielleicht ahnte man, dass die meisten Passanten nur den dekorativen Sahnehaufen mit Kirsche sehen würden, ohne die versteckte Kamera zu bemerken.

Die Apokalypse scheint die Londoner zu beschäftigen. World's End heißt ein Pub, der sich direkt gegenüber der Tube-Haltestelle Camden Town befindet. Von außen blicke ich in die Fenster. Jeder Tisch ist besetzt, die Scheiben sind beschlagen, und es gilt 0G, niemand muss geimpft, getestet oder genesen sein, um hier sein Hells Lager oder eine Steinofenpizza zu bestellen. Über dem Eingang hängen zwei Glühbirnen, eine davon hat einen Wackelkontakt und blinkt die ganze Zeit über dem Gesicht des riesenhaften Türstehers, der dadurch noch bedrohlicher wirkt. Ein heraustorkelnder Gast trägt ein T-Shirt aus dem Merchandising-Programm der Kneipe, das einen grünen Totenkopf zeigt.

So sieht es aus seit dem »Freedom Day«. Für mich als Festlandeuropäer, wo noch überall Maskenpflicht gilt, ist es ein ungewohntes Bild, eine volle Kneipe zu sehen. Und gleichzeitig ein Sehnsuchtsmoment: Wie absurd, durch England zu reisen und keine Pubs zu besuchen, zumindest nicht die Innenräume.

Ich gehe näher ans Fenster und beobachte Menschen beim Reden, Trinken und Lachen hinter Glas, als wäre das eine Vorführung lokalen Brauchtums, ähnlich sehenswert wie die Rituale der Queen's Guard. Aber wer bestimmt eigentlich, was betrachtenswert ist und was nicht, man kann doch den Fokus auch mal anders setzen als gewohnt.

Schnell verändert sich die Wahrnehmung einer Stadt, wenn man sich zum Draußenbleiben zwingt. Busse: nutzlos. Autos: nutzlos. Wohnungen: nutzlos. U-Bahn-Stationen und Züge: nutzlos. Restaurants ohne Außenbereich: nutzlos. Supermärkte: nutzlos. Modegeschäfte: nutzlos. Autogeschäfte: nutzlos hoch zwei. Asphalt: nutzlos bis schmerzhaft. Interessant sind dagegen: Märkte, Foodtrucks, Sitzbänke, Parks, Elektro-Scooter, Leihfahrräder, Street-Art, Aufkleber an Lampenmasten, andere Fußgänger, ein herrenloser Einkaufswagen (ich lasse ihn aber stehen). Und Szeneviertel. Szeneviertel wie Camden sind Orte, an denen man sich gerne draußen aufhält. Ganz anders als der Rest der Stadt, alles nur Passagen, Zwischenstationen für den Weg von einem Raum zum anderen. Bitte nicht zu lange verweilen, scheinen die Bürgersteige der Wohnviertel den Flanierwilligen entgegenzurufen.

Am Rand der Gesellschaft
ist alles gratis

Am Morgen regnet es, ich bleibe noch ein bisschen im Zelt und studiere Online-Landkarten. 454 Kilometer sind es von London bis Newcastle auf dem direktesten Straßenweg, laut meiner App wären das 94 Stunden zu Fuß. Dafür bleiben mir nach dem London-Aufenthalt noch 32 Tage, das klingt einigermaßen entspannt.

Nun geht es mir nicht um eine sportliche Höchstleistung oder einen Geschwindigkeitsrekord, damit würde ich mich im Vergleich zu all den Trailrunnern, Achttausender-Bergsteigern und Ultramarathonläufern fürchterlich blamieren. Ich bin kein Leistungssportler, nur ein normaler Typ, der nicht mehr pandemüde sein will.

Außerdem reizen mich Begegnungen, Gespräche, Müßiggang. Auch mal zwei Tage an einem Ort bleiben. Wenn es schon so selten vernünftige Duschen gibt, möchte ich wenigstens die Route ein bisschen genießen. Nicht den direktesten Weg nehmen, sondern in den Cotswolds grüne Landschaften durchwandern, in Stratford-upon-Avon ein Shakespeare-Stück angucken und in Manchester ein Fußballspiel. Mit den dafür nötigen Umwegen komme ich laut Online-Landkarte auf 620 Kilometer und 128 Stunden zu Fuß, also durchschnittlich vier Stunden pro Tag. Sollte zu schaffen sein.

Als der Regen nachlässt, gehe ich schwimmen. Im Serpentine, einem künstlichen See im Hyde Park, kann man gegen Online-Registrierung für fünf Pfund 45 Minuten ins Wasser. Leider befindet sich die Rezeption in einem Innenraum. Von der Türschwelle aus rufe ich der Angestellten meinen Anmeldungscode zu.

»Kommen Sie doch rein«, sagt sie.

»Ich möchte lieber nicht.«

»Die Umkleiden sind hier drin, und Sie brauchen einen Stempel.«

»Ich ziehe mich am Strand um. Können Sie mir den Stempel auch an der Tür geben?«

»Normalerweise nicht, aber wenn Sie das unbedingt möchten.«

Sie kommt zur Tür und stempelt mein Handgelenk. Ich muss mir dringend bessere Gründe einfallen lassen, warum ich nicht in Gebäude will.

Ein Eisentor führt zu einem abgetrennten Uferabschnitt mit einem rechteckigen Schwimmbereich, den eine Kette aus Bojen umzäunt. Mehr Enten als Menschen baden hier, allzu sauber wirkt das Wasser nicht. Interessanter finde ich sowieso die beiden Außenduschen, die silberglänzend am Ufer locken. Mit meiner Jacke als Feigenblatt zwänge ich mich umständlich in die Shorts (das mitgebrachte Handtuch ist zu klein für diesen Zweck). Dann schwimme ich doch ein paar Bahnen. Die Dusche ist eiskalt, und als ich darunter stehe, fängt es wieder an zu regnen. Aber ich bereue nichts, wer weiß, wann ich das nächste Mal baden kann.

Ein Boris-Bike trägt mich an der Themse entlang nach Osten. Am Westminster Pier stoppe ich kurz, um nach möglichen Bootsverbindungen für die Weiterreise zu suchen – Boote mit offenem Deck, versteht sich. Aber wegen Corona machen die Linienschiffe gerade Pause.

Ich entdecke bei mir ein verstärktes Interesse für Skulpturen. Wenn Museen unerreichbar sind, wird Kunst in Parks und Straßen doppelt interessant. Zum Beispiel in den Victoria Embankment Gardens, wo ein metallener John Stuart Mill sitzt und über die Freiheit nachdenkt. Glaube ich zumindest, denn die war sein großes Thema.

Keinem Regierenden sollte eine Einschränkung der individuellen Freiheit der Bürger erlaubt sein, so lautete vor 150 Jahren seine Idee, mit eineinhalb Ausnahmen: Wenn einer durch sein freies Handeln anderen schade, könne der Staat das mit Zwang unterbinden. Außerdem könne er die Bürger dazu verpflichten, einen Beitrag zum Allgemeinwohl zu leisten. Doch in allen anderen Fällen sollte die Freiheit des Individuums das höchste Gut sein. Auch, weil darin eine Chance auf Kreativität liegt: Für Mill war menschlicher Fortschritt nur im Widerstand gegen die »Tyrannei der Gewohnheit« möglich. Guter Typ, der Mill.

Vor der U-Bahn-Station Limehouse bin ich mit dem Street-Art-Künstler, Fassadenkletterer und Deliveroo-Fahrer Qwert verabredet. Ich habe ihn über die Couchsurfing-Plattform angeschrieben, weil ich seine Kombination aus Draußen-Jobs interessant fand. Einer, der auf den Straßen Londons zu Hause ist.

Seinen richtigen Namen will er nicht gedruckt sehen, Qwert ist der Künstlername, mit dem er seine Werke unterschreibt. Vor sieben Jahren kam er aus seinem Heimatland Ungarn nach London. »Keine so glorreiche Geschichte – ich wollte einfach weniger arbeiten und ein leichteres Leben haben«, sagt er. Ausgerechnet in einer der teuersten Städte Europas? »Nun, wenn du allen Regeln folgst, brauchst du viel Geld. Aber wenn du am Rand der Gesellschaft lebst, ist alles kostenlos. Bis auf die Miete.«

Es gebe so viele Möglichkeiten, um gratis an Klamotten, Möbel oder Nahrung zu kommen. Die Freecyle-App, »Zu verschenken«-Gruppen auf Facebook, Sperrmüll, die Heilsarmee. Oder containern gehen. Er bedient sich an dem, was Supermärkte als Müll deklarieren. Bei unserem Spaziergang zeigt er mir den Hinterhof einer Filiale der Waitrose-Kette, mit einem drei Meter hohen Schiebetor aus Metall und Mauern aus Beton. Da klettert er nachts drüber. »Die haben alles. Bananen, Schokolade. Lauter Produkte, deren Mindesthaltbarkeitsdatum abgelaufen ist. So ein Irrsinn. Die verpacken acht Orangen in Plastik, und wenn dann eine davon schlecht wird, müssen sie die anderen sieben auch wegschmeißen. Was ist nur los mit der Welt?«

Qwert trägt eine Regenjacke, eine schwarze Jogginghose und graublaue Sneakers, er hat einen kahl rasierten Kopf und zwei schwarze Streifen als Tattoo unter dem linken Ohr. Seine Kunstwerke zeigen Cartoon-Charaktere mit unnatürlich großen Augen, viele Figuren sind kulturellen Ikonen nachempfunden. Uncle Sam, Tutenchamun, die Freiheitsstatue, Jesus, alle mit diesen Riesenaugen, als könnten sie nicht glauben, was sie auf der Straße se-

hen. Sie werden immer mehr, bevölkern Hauswände in über zehn Ländern und propagieren mit Herzsymbolen mehr Liebe und weniger Gier und Verschwendung.

»Bei Street-Art geht es um Bezüge zur Umgebung. Zu Türen, Bögen, Straßenschildern. Und sie ist ein gesellschaftlicher Kommentar, ein nichtelitärer Kommentar, Kunst für alle«, so sieht er das.

Wir gehen zum Ufer der Themse, halten an einem Steinstrand mit Blick auf das Hochhausviertel Canary Wharf. Citigroup, Morgan Stanley, Texaco, Monumentalbauten mächtiger Konzerne aus Glas und Stahl. »Vor ein paar Monaten war das eine Geisterstadt. Wie in ›I Am Legend‹ mit Will Smith. Man durfte nur zum Einkaufen raus oder zur Arbeit, wenn man einen essenziellen Job hatte. Ich war trotzdem ständig unterwegs, keiner hat mich aufgehalten.«

Ein apokalyptisches London, die Symbole des ihm so verhassten Kapitalismus verwaist. Inspirierende Rundgänge müssen das gewesen sein.

Doch auch Qwert muss Geld verdienen. Er verkauft Bilder über Galerien, jobbt als Lieferdienstradler und Fassadenreiniger. Ausgerechnet er hängt dann in einem Metallkran an diesen Hochhäusern und macht die Fenster sauber, damit die Banker und Ölmagnaten komfortabler auf die Welt herabblicken können.

Wir laufen über die Tower Bridge, dann durch enge Gassen zwischen alten Lagerhäusern, bis eine rutschige Treppe zu einem weiteren Ufer aus Geröll führt. Die Mauern sind mit grünen Algen bewachsen, verrostete Metallstangen ragen aus altem Backstein. Der Künstler streicht liebevoll mit der Hand darüber. »Ich mag es, wenn die Natur sich Teile von der Zivilisation zurückholt«, sagt er.

Am Ende unserer Runde zeigt er mir noch sein Zuhause, zumindest die bunt bemalte Tür, durch die ich in einen düsteren Raum voller Farbsprühdosen, Schwarz-Weiß-Fotos und Staffeleien blicke. Er wohnt in den Cable Street Studios, einer ehemaligen Zuckerfabrik in einem viktorianischen Gebäude, wo sich nun Ateliers angesiedelt haben, eine Bar und ein Tanzklub.

Ein paar Hundert Menschen, »hauptsächlich Kreative und Junkies«, leben hier. Das ist eigentlich illegal, weil Brandschutzauflagen nicht erfüllt werden und sanitäre Anlagen fehlen. Gelegentlich finden halbherzige Razzien statt. »Ich glaube, wir werden geduldet, weil man denkt, das ist immer noch besser, als wenn wir woanders rumhängen«, sagt Qwert.

Es ist spät geworden, und bei der Rückfahrt mit einem weiteren Mietrad habe ich ein Abendessensproblem. Wo draußen noch was bekommen nach 22 Uhr? Weder Three Lions noch Honest Burgers noch Chicken Cottage haben Sitzplätze vor der Tür, auch der mit bunten Snackpackungen lockende Eingang von Tesco Express ist tabu. Am Ende rettet mich Herr Singh, der turbantragende Kellner von Taste of India. Er lässt mich auf der Terrasse sitzen und serviert mir das letzte Tikka-Masala-Huhn, bevor die Küche schließt. Kurz vor Mitternacht erreiche ich mit sattem Bauch das heimatliche Gartenzelt. Im Eingang liegt Post für mich, ein Päckchen mit dem Absender »Nomadtravel«.

Darin befinden sich einige Utensilien, mit denen ich noch vor wenigen Monaten nichts anzufangen gewusst hätte. »Wenn es richtig gemacht wird, werden Sie würgen«, steht in der Testanleitung. Darauf folgt die Aufforderung, sich vor einen Spiegel zu stellen, den Mund zu öffnen und die Zunge herauszustrecken (nun, für mich muss es ohne Spiegel gehen, schließlich hocke ich in einem Zelt).

Mit dem Wattestäbchen links und rechts vom Gaumenzäpfchen je fünfmal kratzen. Anschließend hintereinander in beide Nasenlöcher bis zum Anschlag einführen, fünfmal kreisen. »Dies könnte Tränen in Ihren Augen verursachen« klingt nach schlechtem Online-Marketing (»Beim dritten Bild wirst du weinen«), aber in diesem Fall ist es wahr. So geht ehrliche PCR, das ist keiner dieser Wohlfühl-Schnelltests, bei denen es genügt, sich ein bisschen in der Nasenspitze zu kitzeln.

Ein Röhrchen enthält laut Aufschrift flüssiges »COVIDSafe virus inactivation medium«, aber, um keine falschen Hoffnungen aufkommen zu lassen, auch den Hinweis, bei Verschlucken sofort den Giftnotruf zu kontaktieren.

Ich entferne die Kappe des Röhrchens, tauche das Wattestäbchen in die Flüssigkeit, verschließe das Röhrchen. Die Probe kommt in einen bis 95 Kilopascal druckresistenten Sicherheitsbeutel und dann in eine Schachtel, die mit dem Warnhinweis »Biologische Substanz der Kategorie B« versehen ist.

Die Box ist vorfrankiert, man bringt sie einfach zum Briefkasten.

Tipps für draußen

Ausrüstungs-Hacks: *Kleine Verbesserungen machen Freude. Ein Wasserschlauch statt der üblichen Wasserflasche hat weniger Leergewicht und ein kleineres Packmaß. Ein Quilt ist leichter als ein Schlafsack und dient abends als wärmender Umhang. Kleine Plastikbehälter ersetzen Zahnpastatube und Duschgelbehälter. Und ein Spork (Mischung aus Löffel und Gabel) sorgt dafür, dass man beim Take-away niemals Plastikbesteck braucht – übrigens auch im Alltag zu Hause.*

Bikegate

Ich bin noch am Anfang, also mache ich Anfängerfehler. Baue das Zelt im Regen ab, anstatt die 20 Minuten zu warten, bis es laut Wettervorhersage eine Regenpause geben wird, und werde nass. Und ich vergesse, Yong zu bitten, mein Handy oder zumindest meine leere Powerbank über Nacht in der Wohnung aufzuladen. Mein Abschied vom Überfluss ist noch zu nahe, um schon jetzt vorausschauend mit Ressourcen umzugehen. Und noch ein Fehler: Ich habe weder einen Plan für die heutige Reiseroute noch eine Unterkunft für die nächste Nacht.

Das Universum gibt mir ein Zeichen, jemand hat ein orange-farbenes Leih-Elektrofahrrad von Lime direkt vor Yongs Gartenzaun abgestellt. Ich lade mir die dazugehörige App herunter und studiere die Karte. Die E-Bikes können nur in einigen Bezirken Londons benutzt werden. Der am weitesten westlich gelegene Rückgabeort heißt Twickenham und liegt 23 Kilometer entfernt. Unweit davon entdecke ich einen Campingplatz namens Chertsey, der aber auf seiner Webseite eine Mindestverweildauer von zwei Nächten vorschreibt und dafür 61,70 Pfund haben will, umgerechnet 73,50 Euro. Mein kleines Zelt würde das Gleiche kosten wie ein Wohnmobil. Verzichte. Mehr Glück habe ich in Laleham, einem Ort direkt an der Themse. Zwölf Pfund für die Nacht verlangt die Campingplatz-Betreiberin am Telefon, aber ich müsse bis 19 Uhr da sein, sonst sei die Rezeption geschlossen. Laut Karten-App brauche ich bis Twickenham mit dem Rad eineinhalb Stunden, bis Laleham sind es dann noch 17 Kilometer zu Fuß, weitere dreieinhalb Stunden. Ich verabschiede mich von Yong und fahre los.

Strampeln mit Elektro-Booster ist purer Genuss, ich schwebe zwischen den Reihenhausfestungen, parkenden Autos und Hundegassigehern über den nassen Asphalt. Anstiege sind ein Klacks, das Gewicht des Rucksacks auf meinem Rücken stört nicht sehr. Doch plötzlich gehen die Pedale schwer. In Notting Hill ist der Akku leer, nach gerade mal viereinhalb Kilometern, obwohl die App die vierfache Reichweite angezeigt hatte. Ich muss absteigen.

Das Schönste an Notting Hill ist der Portobello Market. Hauptsächlich Klamotten und Antiquitäten, aber auch ein paar Fressbuden. Internetnutzer Daniel vergibt dafür einen Stern (»Paradies für Drogendealer«), Internetnutzer Henning fünf Sterne (»Köstlichkeiten aus aller Welt«). Ich kaufe zwei Pies, die angeblich nach australischer Art zubereitet sind, und einen frischen Orangensaft und dann noch einen. Nicht gerade günstig, aber wenn es schon mal Vitamine gibt, muss man zugreifen als Straßenmensch. Zumal ich mir damit eine gute Verhandlungsposition erarbeite, um mein Handy 20 Minuten lang laden zu dürfen und einen Liter Leitungswasser zu bekommen.

Das nächste E-Bike steht vor dem Gebäude der Heilsarmee, Radius angeblich 71 Kilometer. Damit fahre ich auf der abgasreichen Hauptstraße A4 zur nach Hopfen miefenden Fuller's Brewery, dann an der Kew Bridge über die Themse. Vor einem Industriegebäude steht eine blaue Mülltonne zwischen zwei Klimaanlagen-Außenmodulen, die aussehen wie Verstärkerboxen. Man könnte meinen, die Tonne wolle der Welt etwas mitteilen.

Trinkpause am Twickenham Stadium, es wirkt robust, bunkerähnlich, einschüchternd. Wäre ich Rugbyfan oder Zeuge Jehovas,

ich würde ehrfürchtig davor verharren. Mit 82 000 Plätzen und dem Spitznamen »Kohlacker« ist es das größte Rugbystadion des Planeten und außerdem Veranstaltungsort für die Jahreskongresse biblischer Fundamentalisten.

Die Twickenhamer müssen die rugby-verrücktesten Menschen der Welt sein, denn ein paar Hundert Meter weiter steht das Stoop Stadium mit knapp 15 000 Plätzen. Neben einem Wegweiser zum Covid-Impfzentrum hängt der stolze Hinweis »Home of the double English champions«. Die Heimmannschaft mit dem vergleichsweise unbedrohlichen Namen Harlequins setzte sich gegen die Wasps und Tigers und Bears und Sharks und Falcons ihrer Liga durch und wurde gerade zum zweiten Mal englischer Meister.

Wobei Harlekine keine harmlosen Narren sind, sondern zur Gaunerei neigen. Das bewies das Rugbyteam 2009, als ihr Spieler Tom Williams im Match gegen Leinster auf eine Kunstblutkapsel biss, um als angeblich Schwerverletzter eine sonst nicht zulässige Auswechslung zu ermöglichen. Die schelmischen Harlequins verloren trotzdem und mussten eine hohe Geldstrafe zahlen. Noch Monate später kamen Besucher in Vampirkostümen ins Stadion, um an »Bloodgate« zu erinnern, den größten Skandal der britischen Rugby-Liga.

Nicht weit vom Stadion erlebe ich Bikegate. Am Bahnhof von Twickenham weigert sich das Rad, sich abstellen zu lassen. Das ist interessant, denn bisher kannte ich nur Fahrräder, die nicht fuhren. Rumstehen ging immer, aber der technische Fortschritt macht Dinge möglich, die vorher undenkbar waren. »Verlasse diese Zone, um die Fahrt zu beenden«, verlangt die Lime-App. Plötzlich liegt die nächste Zone, in der eine Rückgabe möglich ist, drei Kilometer hinter mir. Vermutlich ein Fehler in der Landkartenansicht.

Also zurück, bis zu einem Parkplatz hinter der Twickenham Bridge, wo das Fahrrad sich kurzerhand abschaltet. Wer noch daran zweifelt, ob die Übernahme der Weltherrschaft durch Maschinen schon begonnen hat, sollte sich mal ein E-Bike in London mieten. »Wir haben festgestellt, dass deine Fahrt ungewöhnlich lange andauerte, und haben sie zu deinem Vorteil beendet«, heißt es auf dem Display.

Ich muss nun zu Fuß weiter, 19 Kilometer bis zum Ziel, drei Stunden 55 Minuten. Es ist gleich 15 Uhr, ich habe es nun ein bisschen eilig. Danke Lime, danke schelmisches Twickenham.

Mit Wut im Bauch läuft es sich schneller, und da die graue Tristesse der A 316 wenig Gründe zum Trödeln bietet, komme ich bis Sunbury gut voran. Die Sonne zeigt sich, also hänge ich mein Solarpanel außen an den Rucksack, woraufhin zehn Minuten später wieder Regen einsetzt. Ich packe das Ding wieder weg.

Das Navi zählt die Zeit herunter, die noch vor mir liegt. Was für ein unmotivierender Fokus auf das, was noch geschafft werden muss, anstatt das bereits Geleistete zu betonen. »Sie haben schon 20 Kilometer in einem hervorragenden Durchschnittstempo geschafft«, das wäre ein Navi, das ich mir kaufen würde. Stattdessen ein Countdown: Noch zwei Stunden 16 Minuten, 10,2 Kilometer. Noch zwei Stunden elf Minuten, 9,8 Kilometer. Als wäre die Zeit unterwegs eine Last, die es abzuarbeiten gilt, und das Ziel das dreifache Nichts, 0:00, geschafft, angekommen.

Tipps für draußen

Müll sammeln: *Ich habe mir angewöhnt, bei jeder Wanderung in der Natur in einer Plastiktüte ein paar Stücke Abfall vom Boden einzusammeln. Damit werde ich nicht die Welt retten, aber ein gutes Gefühl bleibt: Ich verlasse jeden Park oder Wald ein kleines bisschen schöner, als ich ihn vorgefunden habe.*

Am Straßenrand liegen Vinylschallplatten neben ihren Pappschubern. Camel, Steppenwolf, Yes. Sie liegen nicht auf einem Haufen, sondern mit Abstand dazwischen, als hätte sie jemand nacheinander aus einem fahrenden Auto geworfen. Ich habe schon viel Müll gesehen auf dem Weg, Zigarettenschachteln, Fast-Food-Verpackungen, Schokoriegelpapiere, medizinische Masken, Plastiktüten. Aber wer schmeißt Schallplatten aus einem Autofenster und warum? Die Menschen und ihre Torheiten sind unergründlich.

Dafür habe ich jetzt einen Ohrwurm von »Born to Be Wild« von Steppenwolf. *Head out on the highway, looking for adventure.* Das bin ja ich. Musik im Hirn ist gut für den Laufrhythmus.

Wegen der Musik wurde ich als Teenager zum größten denkbaren England-Fan. Mitte der 90er-Jahre liebte ich das Land wie kein anderes davor oder danach. Auf den Monat genau kann ich Beginn und Ende dieser leidenschaftlichen Fernbeziehung beziffern, sie ging von April 1994 (»Parklife« von Blur) bis Mai 1997 (»OK Computer« von Radiohead). In diesen drei Jahren erschienen Meisterwerke wie »Definitely Maybe« von Oasis (August 1994), »Dog Man Star« von Suede (Oktober 1994), »The Great Escape« von Blur (September 1995), »Different Class« von Pulp (Oktober 1995) und »Coming Up« von Suede (September 1996). Nach »OK Computer« ging es abwärts, da waren es nur noch wenige Monate bis zu »Be Here Now« von Oasis (August 1997), einem uninspiriertem Album müder Popstar-Millionäre, denen übergroße Mengen Koks und Erfolg nicht gut bekommen waren.

Es war die Zeit des Aufstiegs von Tony Blair, der mit 43 Premierminister wurde und viele tolle Ideen hatte (aber später viele Wähler schwer enttäuschte, als er 46 000 Soldaten in den Irakkrieg schickte). Sein Wahlslogan hieß »Cool Britannia«, und tatsächlich schien mir England für drei Jahre der lässigste, kreativste, wundervollste Ort der Welt zu sein. Ich trug Ben-Sherman-Hemden, träumte von einer Epiphone-Gitarre in Union-Jack-Lackierung, wie sie Noel Gallagher spielte, und nahm meiner ersten Freundin Kassetten mit »Saturday Night« von Suede und »Champagne Supernova« von Oasis auf. »Corona« war eine Biermarke, »Zoom« ein Rädchen am Kameraobjektiv und »Booster« ein Schalter am Discman, der für mehr Bass sorgte.

20 Jahre später kam der Brexit, und ich war selbst überrascht, wie wütend und enttäuscht ich darüber war. Die endgültige Entzauberung meines einst Gelobten Landes. Außerdem wurde das Ergebnis des Volksentscheids an meinem letzten Arbeitstag beim *Spiegel* verkündet, sodass kaum jemand zu meiner Abschiedsfeier in der Cafeteria kam. Die halbe Redaktion musste Brexit-Texte produzieren, Vorgeschriebenes umschreiben, sich neu sortieren.

Okay, es kann auch andere Gründe haben, wenn wenige Leute zur Abschiedsfeier kommen. Aber für mich ist der Brexit schuld, und den nehme ich bis heute persönlich.

Der Rucksack wird nachmittags leichter, weil ich Wasser verbrauche. Wer glaubt, dass man ein Kilo Unterschied auf dem Rücken nicht spürt, war noch nie länger zu Fuß unterwegs. Meine liebste Wasserquelle sind Friedhöfe, weil dort häufig Wasserhähne für die Gießkannen montiert sind.

Ich kenne Leichtgewichtsfanatiker, die Zahnbürsten durchsägen, Rucksackregencover durch Müllsäcke ersetzen und nur eine Rasierklinge statt eines Taschenmessers mitnehmen. Es gibt Rucksacksysteme, bei denen die Isomatte als Rückenpolster zum Einsatz kommt; Zelte, die sich mit Trekkingstöcken statt Zeltstangen aufbauen lassen; Biwaksäcke, die als Mischung aus Schlafsack und Zelt fungieren und beides ersetzen. Es gibt vermutlich Menschen, die sich fragen, ob ein vollständig geladener Handyakku mehr wiegt als ein leerer. Ganz so weit bin ich noch nicht, aber auch ich wiege mein Zeug mit der Küchenwaage ab und beherzige die Regel, bei den schwersten drei Ausrüstungsgegenständen (Zelt, Schlafsack, Rucksack) relativ leichte Varianten zu wählen. Statt eines Schlafsacks habe ich ein Quilt dabei, eine einfache, seitlich zuknöpfbare Decke. Meine Luftmatratze ist kürzer als ich, als Unterlage für die Beine dient der leere Rucksack. Anstelle von Mütze und Schal habe ich ein Schlauchtuch dabei, aus den Kleidungsstücken habe ich die Etiketten geschnitten und vom Rucksack überflüssige Riemen. Mein größter Luxus ist ein aufblasbares Kopfkissen (69 Gramm), denn wer ständig schlecht schläft, wird wenig Freude am leichten Rucksack haben. Die größten Gewichtssünden sind meine Kamera (860 Gramm), das Solarpanel (371 Gramm) und ein gedruckter Reiseführer (576 Gramm). Letzteren habe ich dabei, weil ich ungern PDFs auf dem Handy lese. Aber nächstes Mal bleibt er zu Hause, mir tun jetzt schon die Füße weh vom Gehen auf Asphalt.

Der Campingplatz von Laleham beeindruckt mit einer perfekt gemähten Rasenfläche, auf der in akkuratem Sicherheitsabstand saubere Wohnmobile stehen wie grasende Riesenschafe aus Metall. Die Rezeption befindet sich im Vorzelt eines Caravans. Eine streng dreinblickende Dame mit kurzen braunen Haaren, die ein bisschen aussieht wie Frances McDormand in »Nomadland«, nimmt meinen Pass und mein Geld entgegen.

»Zwölf Pfund. Noch Fragen?«

»Wo kann ich mein Zelt aufstellen?«

»Da hinten unter der Kastanie.«

»Wo finde ich Steckdosen?«

»In der Waschküche.«

»Das ist ein schöner Ort hier.«

»Es ist nett, wenn es trocken ist.«

Alles geklärt, ich baue mein Zelt auf. Etwas mickrig wirkt mein Eigenheim in dieser Umgebung aus strahlend beigefarbenen 7,5-Tonnern, in deren Vorzelten poloshirttragende Familien auf Klappstühlen mit Getränkehalterarmlehnen sitzen, Würstchen grillen und den fahrzeuglosen Neuankömmling misstrauisch mustern. Ich habe keinen Grill dabei, nicht mal einen Benzinkocher, weil die meisten damit zubereitbaren Speisen nur in Supermärkten verkauft werden und Brennstoff ebenfalls schwer zu kriegen wäre. Also bitte ich mein Handy um Restaurantvorschläge. Einen Kilometer entfernt befindet sich ein Pub namens Three Horseshoes, dessen Webseite Fotos von einem Biergarten zeigt.

Der Innenraum ist voller Menschen, ein Umweg über den Besucherparkplatz führt zum Außenbereich. Ein bereits sitzender Gast im Tweedpulli bittet mich, ihm die Karte zu bringen, doch ich muss ihn leider enttäuschen. Offenbar hält er meine Outdoorkleidung für ein Kellnerkostüm, was ich sowohl eigenartig als auch erfreulich finde: Ich scheine bislang mehr einer Servicefachkraft zu ähneln als einem Landstreicher.

»Please order at the bar«, steht auf einem Schild, aber unter Aufwendung all meines wandermüden Restcharmes kann ich eine Kellnerin überreden, dennoch meine Bestellung aufzunehmen. Als sie Rosmarin-Lammbraten, Kartoffeln und das typisch britische Soßenbüfett (Mayo, Ketchup, HP-Soße) auftischt, dazu ein Pint Guinness, fühlt sich das plötzlich ein bisschen wie Urlaub an.

Zumal Campingplätze natürlich der allergrößte denkbare Luxus sind: von außen zugängliche Toiletten, sogar mit Duschen daneben, Trinkwasser, Strom und ebene Stellplätze.

In der Waschküche wird es ein wenig albern, als ich mein Ladekabel in der türnahen Steckdose fixiere und dabei den Arm strecken muss wie Gott in Michelangelos »Erschaffung Adams«, nur um nicht die Schwelle in das Gebäude zu übertreten. Ein Zettel an der Wand verkündet: »Jeder, der dabei erwischt wird, diese Maschinen zu beschädigen, auf ihnen zu sitzen oder allgemein keinen Respekt für sie zu zeigen, wird angemessen zur Rechenschaft gezogen.« Ich gehorche. In der Tür stehend respektiere ich die Waschmaschinen.

Gutes Wetter für Enten

Die drittschlimmste neue Vokabel, die ich während der Pandemie gelernt habe, lautet »Doomscrolling« (Platz eins geht an »Impflücke«, Platz zwei an »Triage«). Der Doomscrollende sitzt träge vor einem Bildschirm und lässt mehr und mehr Horrornachrichten auf sich einströmen, und je schlimmer sich das alles anhört, desto mehr will er darüber wissen. Nur noch einen weiteren Take, noch einen YouTube-Film, huch, schon 17 Uhr. Zum ersten Mal im Leben war ich mir nicht mehr sicher, ob sehr viel Information wirklich besser ist als mittelviel Information.

Ganz ohne geht es aber auch nicht, also lese ich ein paar deutsche Nachrichtenseiten. Die Meldungen kommen mir austauschbar vor, sind verblüffend ähnlich zu dem, was man vor zwei Wochen oder sechs Monaten las und vermutlich auch in Zukunft lesen wird, Variationen über ein Thema, von dem man so gerne längst nichts mehr hören würde. Ein Experte hält die aktuellen Maßnahmen für zu schwach, um im Herbst gut durchzukommen. Mehr Kinder mit Covid-19 müssen ins Krankenhaus. Eine Ärztin hat mit Kochsalzlösung geimpft. Ein Staatschef hat gegen die Corona-Regeln verstoßen. Jemand fordert mehr Werbung für Impfungen. Ein Virologe warnt vor einer gefährlicheren Variante. Ein prominenter Impfgegner stirbt an Covid. Und die *Bild* fordert die Abschaffung diverser sinnvoller Maßnahmen und klingt dabei exakt wie die Plakate auf einer »Querdenker«-Demo.

Jetzt fällt mir endlich auf, was mir beim Lesen des *Daily Express* vor ein paar Tagen so seltsam vorkam: Das britische Boulevardblatt enthielt keinerlei Talking Points von Corona-Leugnern, keine Verhöhnung seriöser Wissenschaftler, keine »Warum ich mich nicht impfen lasse«-Porträts sympathischer Menschen. Die britischen

Tabloids sind allgemein eine Katastrophe, aber im Fall von Corona scheinen sie manches besser zu machen als das meistgelesene Schundblatt Deutschlands.

Eine empirische Auswertung bestätigt den Eindruck: Britische Boulevardmedien hätten bei aller Sensationsgier nach der Maxime »public safety first« gehandelt, fand der Kommunikationswissenschaftler Irfan Raja heraus. Warum die Fallzahlen in England trotzdem so hoch sind im Sommer? Möglicherweise hat die Johnson-Regierung mehr verbockt als andere Regierungen. Um die Loyalität der Revolverblätter muss sie dennoch nicht fürchten (zumindest jetzt noch nicht, die Sache mit den ganzen Partys während der Lockdowns ist noch nicht bekannt). Wenn es um Johnson-Kritik geht, sind die englischen Tabloids üblicherweise auffallend zahm, vielleicht wäre das exaktere Motto also: »Boris first, public safety second«.

Von den Nachrichten zu Warmshowers, einer App, die mir bei der Schlafplatzsuche helfen soll. Dort bieten Fahrradreise-Fans kostenlose Unterkünfte für andere Fahrradreise-Fans an, und weil ich in London schon ein bisschen geradelt bin und zu Hause ein Rad stehen habe, fühle ich mich qualifiziert, damit nach Gastgebern zu suchen. Der Vorteil im Vergleich zum mitgliederstärkeren Netzwerk Couchsurfing.com: Bei den Warmduschern bieten einige auch Zeltplätze im Garten an, weil das für Langstreckenradler interessant ist.

Ich erzähle also per Mail fremden Menschen von meiner Reiseidee und frage, ob sie mir leihweise ein Stück Garten zur Verfügung stellen würden, und manche sagen tatsächlich Ja.

Zum Beispiel Michael aus Maidenhead, meinem nächsten Ziel. In seinem Profil stellt er sich als sportlicher Mensch vor, der vorzugsweise Tagesetappen von mehr als 350 Kilometern radelt. Einfach so, zum Spaß. In einer Nachricht fragt er, ob ich irgendwelche »dietary restrictions« hätte, was ich verneine mit dem Hinweis, meine einzige Nahrungsmitteleinschränkung sei, ausschließlich draußen zu essen. »Enjoy the crazy weather«, schreibt er zum Abschluss.

Tatsächlich ist es nass am nächsten Tag, sehr nass.

Nun gibt es bekanntlich kein schlechtes Wetter, nur falsche Kleidung. In Regenhose, Gamaschen, Goretex-Schuhen und wasserdichter Jacke fühle ich mich gut vorbereitet, der Rucksack ist unter einem Regencover geschützt. Man ist ja nicht aus Zucker, denke ich mit der menschentypischen Arroganz, sich den Naturgewalten überlegen zu fühlen.

In den nächsten Stunden in strömendem Regen scheint sich das Universum über mich lustig zu machen. An der Themse stehen Motorboote namens *Dolce Vita II* und *Sundowner*, am Straßenrand wirbt ein Taxi mit Palmenfotos auf der Lackierung für einen Bahamas-Urlaub.

Dann erhalte ich auch noch eine E-Mail von Booking.com mit dem Betreff »Sommer, Sonne, Strand«, in der steht: »Sie haben lange genug auf den Sommer gewartet. Wählen Sie Unterkünfte mit Infinitypools oder fantastischen Ausblicken, um die Sonne zu genießen.«

Als ich Schloss Windsor erreiche, wird der Niederschlag brutal. Der wetterkundige Einheimische würde von einer Entwicklung von »drizzle« über »nice weather – for ducks« bis hin zu »it's bucketing down« sprechen (das bei uns so geläufige »it's raining cats and dogs« ist längst aus der Mode gekommen). Nein, die Briten haben nicht 1000 Begriffe für Regen. Aber mehr als 20.

Eine Touristengruppe mit bunten Regenschirmen nadelöhrt durch das graue Schlosstor, Wächter mit Maschinengewehren beobachten sie mit starren Aufpassergesichtern. Nichts in ihrer Mimik verrät, ob sie sich über die Besucher freuen. Anlass dazu hätten sie, denn ihr Land, das gewöhnlich einen Stammplatz unter den zehn meistbesuchten Reisezielen der Erde belegt, steckt in seiner tiefsten Tourismuskrise seit dem Zweiten Weltkrieg. Von Januar bis September 2021 besuchten laut »Visit Britain« gerade mal 218 000 ausländische Touristen Großbritannien, also weniger als 1000 pro Tag. Normalerweise sind es im selben Zeitraum mehr als zehn Millionen, das entspricht einem Rückgang von 98 Prozent. Die komplizierten Einreisebedingungen schrecken ebenso ab wie das wenig überzeugende Pandemiemanagement. Vor Kurzem formulierte die *New York Times* gar den Begriff »Pestinsel«, und CNN

sprach vom »kranken Mann des europäischen Tourismus«. Länder wie Spanien, Griechenland und Kroatien machen es besser, dort ging die Zahl der Besucher längst wieder steil nach oben.

An einigen Straßenlaternen sind menschengroße Pappfiguren in Queen's-Guard-Outfits befestigt, mit OP-Masken vor Mund und Nase. Auf ihren Fellmützen steht »Don't let your guard down«.

Ein paar Meter weiter beginnt die Fußgängerzone, ich stelle mich in einem Ladeneingang unter. Meine Jacke ist außen und innen komplett durchgeweicht und das Handy so feucht geworden, dass der Touchscreen nur noch nach dem Zufallsprinzip reagiert. Menschen hüpfen über Rinnsale im Kopfsteinpflaster, manche in vollem Ölzeug, manche in T-Shirt und kurzen Hosen, der hiesige Textilminimalismus bei adversen Wetterereignissen verdient Respekt. Auch zu Hause in Hamburg weiß ich immer gleich, dass jemand von der Insel kommt, wenn er (es ist meistens ein »er«) in einer Januarnacht im T-Shirt über die »Große Freiheit« schwankt.

Warten hilft nichts, der Regen lässt nicht nach, also weiter, *enjoy the crazy weather*. Die Schnellstraße A 308 ist dafür suboptimal, denn es gibt keine Möglichkeiten, sich unterzustellen. So sehnsüchtig wie vergeblich hoffe ich auf die Gnade einer Bushaltestelle. Am Eingang zum Sutherland Grange Park steht auf einem Schild, durch einen Rundgang komme man auf 2600 Schritte, »mehr als ein Viertel des empfohlenen Tagespensums von 10 000«. Meine »Health«-App und ich freuen uns, nicht über so mickrige Zahlen nachdenken zu müssen, wir kommen allein heute auf 31 000 Schritte.

Bevor ich mich dafür zu sehr als Sportskanone feiern kann, erreiche ich tropfnass mein Ziel und treffe auf Michael. Er ist Anfang 50, hat ein asketisches Gesicht und die auffallend stabile Körperspannung eines Menschen, der viele Stunden pro Woche mit Kraft- und Ausdauertraining verbringt. »I LOVE MY WIFE« steht auf seinem T-Shirt. Erst bei näherem Hinsehen entdecke ich noch ein paar kleiner gedruckte Wörter, mit denen sich der Satz »I LOVE when MY WIFE lets me buy another bike« ergibt. Michael ist Softwareingenieur und wohnt in einer Doppelhaushälfte mit Tesla davor, ein Holztor führt außenrum zum Garten. »Kleines Häuschen, aber teuer, weil es nur 22 Minuten dauert mit dem Zug nach London«, sagt er. 22 Minuten. So einfach könnte es sein. Und ich habe für die Strecke zwei Tage gebraucht.

»Ein Wintergarten mit großen offenen Fenstern ist okay für dich, oder?«

Gute Frage. Tatsächlich ist es ein hervorragend belüfteter Wintergarten, an einer Seite fast komplett offen, und tatsächlich regnet es immer noch.

»Ich denke schon«, antworte ich. Wie definiert man Draußensein? Reicht es, wenn beinahe 50 Prozent der umgebenden Wände offen sind? Ich weiß es nicht, will es auch für den Gastgeber nicht zu kompliziert machen. Also heute Wintergarten, ich rücke meinen Stuhl in den nach außen offenen Bereich.

Vicki, die auf Michaels T-Shirt so liebevoll erwähnte Frau, setzt sich dazu, aber eigentlich sind wir gefühlt zu viert. Ein weißes Triathlon-Bike namens NeilPryde Bayamo zieht mit seinem formschönen Karbonrahmen die Aufmerksamkeit auf sich und wird immer wieder zum Gesprächsthema.

Michael macht häufig bei Amateur-Fahrradwettkämpfen mit, zum Beispiel dem Rennen Brest–Paris. Außerdem mag er 24-Stunden-Challenges, also Versuche, in dieser Zeitspanne möglichst viel Strecke zurückzulegen. Sein Rekord liegt bei etwa 700 Kilometern. In dem Tempo würde er mein Ziel Newcastle in unter 18 Stunden erreichen. Wie schneckenhaft langsam ich dagegen unterwegs bin!

Doch wie kommt das nur, dass mein Hirn automatisch vergleicht, ein Ranking aufstellt, er ganz weit vorne, ich abgeschlagen dahinter? Wir haben nicht vor, ein Rennen zu veranstalten, und es ist doch ganz wunderbar, dass er in seinen Extrem-Radtouren Erfüllung findet. Ich dagegen werde niemals im Leben 700 Kilometer in 24 Stunden radeln, und Sie vermutlich auch nicht, aber das ist völlig in Ordnung. Vielleicht ist nicht meine Langsamkeit der Fehler, sondern meine Tendenz, ständig zu vergleichen und in so vielen Dingen automatisch einen Wettkampf zu wittern.

Michael bestätigt meine Gedanken, denn er dreht den Spieß mit einem einzigen Satz um: »Ich bin neidisch auf dich, du hast ein Abenteuer für dich gefunden.«

Er berichtet von einem Unfall vor zwei Jahren, von dem er sich bis heute nicht ganz erholt hat. An einer Ampel hielt ein Motorradfahrer neben ihm und seinem Biathlonrad und stieß ihn in den Straßengraben. Einfach so, ohne Grund, ohne vorherigen Streit. Er fiel zwei Meter tief und landete auf dem Schlüsselbein, wurde kurz bewusstlos, der Übeltäter knatterte davon. Es folgten eine komplizierte Operation und viele Monate Unbeweglichkeit und Physiotherapie. »Ich konnte ein Jahr lang kein Fahrrad fahren. Jetzt bereite ich mich wieder langsam auf das nächste Rennen vor. Aber die Metallplatte und ein paar Schrauben werden für immer in der Schulter bleiben.«

»Und den Täter hat man nie gefasst?«

»Nein. Ich habe bis heute keine Erklärung dafür, warum er das gemacht hat.«

Die weiteren Ereignisse des Abends: Der Sohn der beiden kocht Chili con Carne für alle, ein Rotmilan fliegt tief über den Garten, ich baue in einer Regenpause mein Zelt auf. Michael zeigt mir den Weg zum Klo: Durch eine Außentür müsste ich zunächst durch die Küche, um dorthin zu gelangen. Ich bedanke mich und verschwinde kurz darauf in Richtung Hauptstraße, wo ich nach einiger Zeit an einer Baustelle eine Polyethylenkabine finde, wie sie bei uns unter den Markennamen Dixi und Toi Toi bekannt ist. (Wie großartig ist bitte der Markenname Toi Toi? Sie müssen mal? Na, dann viel Glück.) Ich habe Glück, die Tür ist nicht abgeschlossen.

Der Kalenderspruch des nächsten Tages lautet: Wer neben Vogel-häusern zeltet, braucht keinen Wecker. Vor allem, wenn mehrere Exemplare der Gattung *Sturnus vulgaris* zum Frühstück daher-flattern und bei Kornkringel und Leitungswasser ein Gezwitscher und Getriller von sich geben, das sich mit »Ich bin ein Star, du schläfst nicht aus« übersetzen ließe.

Kurz darauf fühle ich mich selbst wie ein Star, als Michael Früh-stücksprodukte namens Rice Snaps, Strawberry Crisp und Malt Wheaties nach draußen bringt und auf dem Gartentisch drapiert. Vielleicht bin ich als Gartencamper eine Art Mischwesen aus ei-nem menschlichen Gast und einem der wilden Tiere, die hier mit großer Sorgfalt und jeder Menge Körnerfutter versorgt werden.

Während ich den Rucksack auf den Rücken wuchte und unter dem Gewicht sofort wieder Schmerzen in den Füßen spüre, sagt Michael zum Abschied: »Genieße die nächsten Tage, noch ist alles leicht – richtig mühsam wird es erst in zwei oder drei Wochen!«

Tipps für draußen

Musik mitnehmen: *Ein paar Britpop-Songs für die Groß-britannien-Reise mit dem Zelt: »Parklife« von Blur. »More Life in a Tramp's Vest« von den Stereophonics. »Wide Open Space« von Mansun. »Sun Hits the Sky« von Supergrass. »Travellers Tune« von Ocean Colour Scene. »The Last Living Rose« von PJ Harvey. »Separator« von Radiohead. »Bitter Sweet Symphony« von The Verve. »Walkaway« von Cast.*

Wildcampen für Anfänger

Beim Finale der Fußball-Europameisterschaft 2021 zwischen England und Italien war ich überrascht, mit welcher fiebrigen Wut ich mir einen Sieg der Italiener wünschte. Das war mehr als ein Spiel, da ging es um Gerechtigkeit, um die schöne gegen die hässliche Seite des Sports. Die Unterstützer der Briten hatten bei Nationalhymnen gepfiffen, Weltkriegslieder angestimmt, Torhüter mit Laserpointern geblendet und ein neunjähriges Mädchen ausgelacht, das über die Niederlage der Deutschen trauerte.

Ständig fielen englische Spieler mit phantomschmerzverzerrtem Gesicht hin, nachdem sie sich am Gegnerbein eingehakt hatten oder von einem Lufthauch gestreift worden waren. Im Achtelfinale besiegten sie Deutschland in einem Schlafhypnose-Wettstreit (Taktik beider Seiten: mit maximal langweiliger Spielweise den Gegner einschläfern – und sobald einem Abwehrspieler die Augen zufallen, vorbeilaufen und aufs Tor schießen), im Halbfinale schlugen sie den großen Sympathieträger Dänemark dank einer Elfmeter-Fehlentscheidung des Schiedsrichters. Zudem durften die Three Lions dank eines eigenartigen Spielplans sechs ihrer sieben Spiele im Londoner Wembley-Stadion austragen, hatten also im Gegensatz zu den anderen Teams ständig Heimvorteil – vor den schäbigsten Fans des gesamten Turniers.

Was habe ich gejubelt, als Italiens Torwart Donnarumma den entscheidenden Elfmeterschießenelfmeter hielt. Ein Ende wie im Disney-Film: Das Gute hatte in letzter Minute gesiegt, die Mannschaft, die eleganter und besser und mit mehr Herz spielte als alle anderen. Die britischen Hooligans setzten im Frust noch einen drauf und schütteten kübelweise Rassismus über ihre erfolglosen Schützen aus, die zufällig alle drei eine dunkle Hautfarbe hatten.

Als wäre ihr Versagen am Elfmeterpunkt nicht der beste Beweis, dass sie durch und durch Briten sind.

In den 90er-Jahren habe ich Aufkleberalben der Premier League gesammelt, ein Brieffreund in Edinburgh schickte mir die Stickerpackungen. Ich war Fan des FC Liverpool mit John Barnes und Ian Rush, bei der EM 1996 habe ich das englische National-team für seine energiegeladenen Auftritte bewundert und hielt »Football's Coming Home« für den besten Sportsong aller Zeiten. Musik und Fußball, dieses großartige 90er-Jahre-England existiert vermutlich nur noch in meinem Kopf. Aber vielleicht finde ich ja unterwegs etwas, das mich mit dem Land versöhnt.

In Hurley stoße ich wieder auf die Themse, ein schmales grasum-rahmtes Gewässerchen, das wenig mit dem eindrucksvollen Groß-stadtfluss in London gemein hat. An einer Schleuse probiere ich es per Anhalter. Wenn weiße Motorboote namens *Lady Elizabeth*, *Lady Lucy* oder *Lady Laverstoke* zwischen schweren Holzgattern im »Lock« gefangen sind und auf die Weiterfahrt warten, wende ich all meinen Charme auf, um die dazugehörigen Hobbykapitäne zu bezirzen, mich ein Stück mitzunehmen. Das ist aber ein schönes Boot. Hübsches Liverpool-Shirt. Wow, Ihre Reise ist luxuriöser als meine, ich gehe nämlich zu Fuß. Hilft alles nichts. Entweder sind die Boote zu voll, *social distancing* und so, oder man fährt sowieso nur noch »eine Meile weiter«, oder es heißt einfach »sorry, no passengers«. Kein Glück bei den Ladys.

Also zu Fuß. So viel langsamer als die PS-starken Vorzeige-boote bin ich eh nicht, weil hier aus Uferschutzgründen ein Tem-polimit von acht Stundenkilometern gilt. Es hat etwas Meditatives, diese Schleichfahrten zu beobachten, wie eine Ferrari-Prozession in der Tempo-30-Zone.

Doch manchmal verbergen sich hinter Einschränkungen un-erwartete Freiheiten. Zum Beispiel die Möglichkeit, auch mal die Hand vom Steuerrad zu nehmen. Im Führerhaus der *Molly Bad* tanzt ein junges Paar zu »Bohemian Rhapsody« und singt aus vol-lem Halse mit. »He's just a poor boy from a poor family«, genau der richtige Song für eine Superjacht.

Der lokale Tante-Emma-Laden führt mich in Versuchung. Kurz vor Ladenschluss um 17 Uhr stehe ich vor dem Eingang und glotze wie ein Kater vorm Aquarium auf Chipstüten, verpackte Nüsse, Schokolade und Bierdosen. »Willst du reinkommen oder nicht?«, fragt die Kassiererin. Ich verneine, und sie schließt den Laden um 16.56 Uhr.

Ich rufe beim nächsten Campingplatz an, aber dort will man 30 Pfund für mein mickriges Zelt. Ich bin kein Freund von Mietwucher, schließlich geht es hier um zehn Quadratmeter Gras, zwei Quadratmeter Wohnfläche und eine geteilte Dusche, auf den Monat gerechnet für 900 Pfund, was 1060 Euro entspricht, also 106 Euro Monatskaltmiete pro Quadratmeter für eine Übernachtung im selbst gekauften Zelt. Das erscheint mir noch unangemessener als die marktüblichen Preise für Hotelzimmer, die immerhin Bett und Dach und Zimmerservice enthalten, ein eigenes Bad und häufig ein Frühstück.

Also wild campen. Ich laufe am Ufer entlang, erbettle mir an einer Ferienhausveranda von einem lieben Rentnerpaar Trinkwasser und suche nach einem geeigneten Platz. Ein bisschen abseits des Wegs sollte er sein, gerne zwischen Bäumen, nicht von Weitem sichtbar und nicht zu nahe an Gebäuden.

Erlaubt ist das nämlich nicht. Aber solange man erst während der Dämmerung aufbaut und am nächsten Morgen früh aufbricht, keine Tiere aufscheucht und keine Spuren außer ein paar zerdrückten Grashalmen hinterlässt, erhebt mein Gewissen keinen Einspruch.

Eine Stunde vor Einbruch der Dunkelheit werde ich fündig, ein perfekter Zeitpunkt, der es erlaubt, sich an die Geräusche des Orts zu gewöhnen und die Umgebung abzulaufen. Der Platz liegt idyllisch zwischen Schilfgräsern und Schafskötel, etwa 200 Meter abseits des Wanderwegs. Die nächste Straße ist ebenfalls 200 Meter entfernt, dort steht ein Bauernhof, in zwei Fenstern brennt Licht.

Ich warte bis zur Dämmerung und baue das Zelt auf. Es hat eine dunkelgrüne Außenhülle, eine bewusste Entscheidung. Der Unterschied zu Besitzern roter oder gelber Zelte liegt darin, dass die offensichtlich nicht vorhaben, sich zu verstecken. Manchmal werfen sich Besitzer grüner Zelte verschwörerische Blicke zu und sagen »Soso, ein grünes Zelt«, und dann deuten beide ein Lächeln an und nicken wissend.

Das Motorknattern eines Fahrzeugs ist zu hören, Scheinwerferlicht im Schilf, vermutlich ein Traktor. Ich ducke mich hinter meine Unterkunft, kurz darauf dreht der Fahrer ab.

Abends hält mich das Krakeelen der Kanadagänse wach, nachts ein seltsames Rascheln am Eingang, vermutlich eine Ratte. Plötzlich ein Schrei, ein kräftiger Mann mit Stirnlampe reißt den Zeltverschluss auf, springt auf mich, er scheint einen Stock in der Hand zu halten. Ich reiße die Arme nach oben, um ihn abzuwehren, von der Bewegung wache ich auf. Nur ein Traum. Die Situation macht mich nervös, beim Wildcampen schaltet sich eine Art Überlebensinstinkt ein, der viel sensibler auf Geräusche reagiert. Ich brauche lange, bis ich wieder wegdöse.

Am Morgen lerne ich, dass die Idee vom Schafezählen als Einschlafstrategie weltfremder Quatsch ist. Das eignet sich besser zum Wachwerden. Mäh. Eins. Määääh. Zwei. Mö-höh. Drei. Mindestens sechs Schafaugenpaare beobachten mich, während ich mich aus dem Zelt schäle.

Dazu schnaubt ein Heißluftballon in der Luft. Ganz schön was los hier an der Themse.

Frühstück fällt aus, es ist nicht einfach, sich mit Snacks zu versorgen, wenn man nirgendwo reindarf. Ich beneide die zotteligen Vierbeiner, die zufrieden ihr Morgengras mümmeln, mit dieser ei-

genartigen Hektik beim Kauen bei gleichzeitig äußerst entspannter Haltung des restlichen Körpers. Als würden die Kiefer so viel Energie verbrauchen, dass für den Rumpf nichts mehr übrig ist.

Die ersten Laufkilometer führen mich ein Stück weg vom Fluss, es kommt zu mehreren Rasenmähersichtungen. Für Briten scheint die Linie zwischen Ordnung und Chaos irgendwo zwischen zwei und fünf Zentimetern Graslänge zu verlaufen, ich kenne keine Region auf der Erde mit mehr sauber gemähten Rasenflächen als England.

Ich persönlich vermute, dass Cricket, Fußball, Golf und Rugby von einem Geheimbund obsessiver Gärtner erfunden wurden, die möglichst viel Zeit mit der Rasenpflege verbringen wollten und clever genug waren, sich von Sportklubs dafür bezahlen zu lassen, schlicht ihrem Hobby nachzugehen.

Ich begegne mitten in einem Park einem motorisierten Gärtner, der eine runde Rasenfläche so säuberlich im Streifenmuster bearbeitet, als würde morgen die Queen für einen Spaziergang vorbeikommen. Kurz darauf ist auf einem Cricketfeld der nächste Mähwagen unterwegs, und im Garten einer Villa wird ebenfalls gerade der Rasen getrimmt. Was wären das alles für hervorragende Zeltplätze.

Die meisten englischen Reihenhäuser haben einen gut sichtbaren »front garden« und einen vor Blicken geschützten »back garden«. Ersterer dient, wie die Anthropologin Kate Fox herausfand, ausschließlich repräsentativen Zwecken und außer für nötige Pflegearbeiten nie als Aufenthaltsort, mit einer einzigen Ausnahme: Manchmal stellen laut Fox Althippies oder andere Esoteriker eine Couch vors Haus (immer eine Couch, niemals Gartentisch und Gartenstühle) und wagen es sogar, sich daraufzusetzen, als eine Art Protest gegen die Spießigkeit ungeschriebener gesellschaftlicher Regeln. Herrlich, wie leicht es einem die Verbohrten machen, sie zu irritieren.

Apropos verbohrt: Im Sommer 2021 verkündete Steve Redgrave in einer BBC-Radiosendung, es sei nun an der Zeit, dass Frauen Hosen tragen dürften. Man darf wohlwollend annehmen, dass die BBC normalerweise weder im Sommer 2021 noch in den 30 bis

50 Sommern davor einen Mann eingeladen hätte, der einen solchen Satz von sich gibt. Aber Redgrave ist Vorsitzender der Henley Royal Regatta, und seine Worte bezogen sich auf den Dresscode in der Stewards' Enclosure, dem elitärsten Ort des zweitelitärsten Ruderrennens in England (hinter dem jährlich stattfindenden Oxford-Cambridge-Zweikampf). Darum schaffte es seine trivial klingende Aussage landesweit in die Abendnachrichten.

Frauen in Hosen, ein Novum in der 182-jährigen Tradition der Regatta. Und ich darf diesen historischen Moment miterleben, zufällig ist heute der erste von fünf Tagen Henley-Ausnahmezustand.

Der erste Ruderachter, den ich sehe, wirkt so, als würde er geradewegs über den Rasen vor mir schweben, dabei bin ich noch einen Kilometer vom Fluss entfernt. So flach ist der Boden. Am Ufer tummeln sich Männer mit Strohhüten, gestreiften Krawatten und übertrieben bunten Anzügen und scheitelfrisierte Teenager in Privatschuluniformen. Frauen in vielfarbigen Designerkleidern und ausufernden Hüten balancieren in High Heels über den Erdweg. Elegante Lebewesen aus einer anderen Welt, parfümierte High Society. Und dazwischen ein ungeduschter Backpacker in Hardshell-Jacke, der sich zunächst nicht für die Ruderer interessiert, sondern nach Brot statt Spielen sucht. Viele der Restaurants und Ruderklubs sind nur für Besucher mit VIP-Tickets zugänglich, aber zum Glück gibt es auch ein paar Foodtrucks für alle. Eine Bacon Roll mit Ketchup, das sind zwei trockene Brötchenhälften mit Speck dazwischen, schmeckt nach zwei Stunden frühstückslosem Fußmarsch wie die größte Delikatesse der Welt. Vielleicht müsste man schlicht ein bisschen mehr hungern, um die englische Kulinarik höher zu schätzen. Heute lasse ich es mir gut gehen, ich bestelle noch einen doppelten Cappuccino dazu.

Ich frage mich, ob die Menschen wegen der Corona-Regeln oder wegen meiner Aufmachung Abstand zu mir halten. Immerhin benehme ich mich halbwegs normal, ganz im Gegensatz zu einem Radfahrer, der in vollem Tempo über den schmalen Uferpfad rast und »give way« brüllt. Die hektisch Ausweichenden rümpfen die Nase und sagen »oh dear«, was wie ein Klischee klingt, aber tatsächlich: Sie rümpfen die Nase und sagen »oh dear«.

Ich mache einen Spaziergang zum Startpunkt der 2112 Meter langen Rennstrecke. Kein anderer Ruderwettkampf geht über diese Distanz, aber in Henley müssen es eben exakt eine Meile und 550 Yards sein, weil das schon immer so war. Vermutlich sind aus hiesiger Sicht all die anderen Veranstalter komisch, die auf 1000- oder 2000-Meter-Distanzen beharren. Komisch sind immer die anderen.

Strammschultrige Ruderinnen und Ruderer hacken ihre Blätter in den Fluss, auf Zweiern, Vierern und Achtern, doppelt oder einfach, mit und ohne Steuerperson. Immer kämpfen zwei Teams im K.-o.-Modus gegeneinander. Dahinter folgt auf einem offenen Fiberglas-Holzimitat-Motorboot stehend der »Umpire«, mit Flüstertüte und einem ganzen Team von Assistenten, die darauf achten, dass niemand seine Fahrspur verlässt oder den Gegner mit dem Ruder attackiert.

Die Schiedsrichterboote sind nach Helden der griechischen Mythologie benannt, *Ulysses, Herakles* und *Argonaut*, was ich ein bisschen übertrieben finde, denn so heldenhaft ist es nun auch wieder nicht, im Stehen Motorboot zu fahren und gelegentlich korrigierende Anweisungen per Megafon zu geben.

Die Henley Regatta bewertet Internetnutzer Miles mit fünf Sternen (»Rudern und Pimms ... was könnte besser sein«), die Internetnutzerin Justina dagegen gibt einen Stern (»Alle sind vom frühen Morgen an betrunken«).

Die Rennen starten gegenüber von Temple Island, benannt nach einem sakral wirkenden weißen Gebäude, das wie eine Mischung aus Pentagon und Leuchtturm aussieht. Auf einem Ponton liegende Jünglinge halten die Bootsspitzen gerade, und wenn alle Beteiligten »straight« und »ready« sind, kommt mit »Attention! Go!« das Startsignal.

Ich setze mich hin und wundere mich, von wenigen weiteren Schaulustigen umgeben zu sein. Aber klar, die meisten interessieren sich mehr für das VIP-Getöse im Zielbereich und haben sowieso nicht die richtigen Schuhe an, um zweimal zwei Kilometer zurückzulegen.

Vesta RC gegen Norwich RC. King's College School gegen Nottingham University. Isis BC gegen Cambridge University. *Atten-*

tion! und *Go!*. Insgesamt gibt es 26 Disziplinen, in denen 26 Trophäen zu gewinnen sind. Der Erbsenzähler in mir stellt fest, dass in jedem Rennen die zulässige Themsen-Höchstgeschwindigkeit überschritten wird: 2112 Meter in weniger als acht Minuten, das entspricht etwa 15 Stundenkilometern.

Schade, dass so ein schmales Sportruderboot nicht als Transportmittel für mich samt Rucksack taugt. Dafür entdecke ich online ein paar Kajakverleihe in der Region. Einer ist ausgebucht, einer wegen Corona geschlossen, doch der dritte reserviert mir tatsächlich ein Boot für den nächsten Tag.

Tipps für draußen

Wilde Zeltplätze finden: *Die Satellitenansicht der Online-Karte leistet gute Dienste, um Gegenden mit viel Grün und wenigen Häusern zu identifizieren. Wenn die nächste größere Straße ein Stück entfernt ist, stehen die Chancen gut, an solchen Orten ein geeignetes Camp zu finden. Generell gilt: Wer bei Einbruch der Dunkelheit aufbaut und in der Morgendämmerung wieder geht, wird viel seltener als gedacht Aufmerksamkeit erregen.*

Noch einmal laufe ich den Fluss entlang bis zum Zielbereich, um am zeltartigen Eingang zur Stewards' Enclosure Zeuge zu werden, wie tatsächlich zwei Damen in Hosenanzügen hereingelassen werden. Gänsehaut. Hier wird Regattageschichte geschrieben.

Etwas abseits steht ein Mann mit hellgrauem Schnurrbart, der eine weiße Anzughose, einen lilafarbenen Blazer und einen Strohhut trägt und in makellosem Oxford-Englisch in ein Klapphandy älterer Bauart spricht. Er scheint zum Organisationsteam zu gehören, und da er immer wieder »outrageous« und »unbelievable« sagt, höre ich ein bisschen mit. Seine Stimme zittert vor Empörung, als er von folgendem Skandal berichtet: Ein paar Damen in viel zu kurzen Röcken sei Zutritt gewährt worden, ein Unding, »das wäre früher undenkbar gewesen, in was für Zeiten leben wir nur«, es habe Beschwerden anderer Gäste gegeben, und die Kellner hätten nicht hart genug durchgegriffen. Röcke müssen nämlich weiterhin mindestens über die Knie gehen in der Stewards' Enclosure. Vielleicht ändert sich das ja auch noch irgendwann, in den nächsten 30 bis 50 Sommern.

Speck and Chips

Es ist nun Mittag, das Frühstück ist eineinhalb Stunden her, und ich könnte schon wieder einen Snack vertragen. Im Ortszentrum ist die Auswahl an Restaurants mit Außenbereichen gering, aber das Bijan's Kitchen hat ein paar Klappstühle und Klapptische aufgebaut. Ich bestelle ein »Full English Breakfast«.

Nationalgerichte dieses Bekanntheitsgrads haben in den meisten Ländern der Erde einen typischen Werdegang: vom Arme-Leute-Essen zur Gourmetspezialität. Nicht so die britische Hallo-wach-Mischung aus Bohnen, Spiegelei, Würstchen, Kartoffelecken, Tomaten, Pilzen, Toast, Speck und diversen Soßen. Die wurde so ähnlich schon im 14. Jahrhundert an den Adelshöfen serviert, aber erst viel später in der Arbeiterschicht populär.

Mein zweites Gericht mit Speck innerhalb weniger Stunden ist vermutlich aus ernährungsmedizinischer Sicht nicht die beste Idee, aber die Kalorien kann ich gebrauchen. Wie schwer es doch ist, mit meiner Draußenpflicht an gesunde Nahrungsmittel zu kommen. Märkte mit großen Obst- und Käseständen, die ich mir heimlich für jeden zweiten Tag ertagträumt habe, sind seltener als gedacht. Und Brot ist ein Problem, britische Bäcker verkaufen selten an der Straße.

Routinen spielen sich ein, Wahrnehmungen ändern sich, Prioritäten werden verschoben. In der Hierarchie eigener Lieblingskörperteile legen die Füße exponentiell zu. Unter anderem deshalb, weil sie die meisten Sorgen bereiten, diese unterschätzten Wunderzwillinge aus je 26 Knochen, ein paar Dutzend Muskeln, 107 Sehnen und Bändern und Tausenden Nervenendungen. Irgendwas davon tut immer weh, mal der kurze Großzehenbeuger rechts, mal die Ferse links, mal Außenband, mal Fußballen, man glaubt gar nicht, wie viele Fußstellen einzeln wehtun können. Wie wenig Aufmerksamkeit man als Nicht-Fußfetischist doch gewöhnlich den vom Hirn am weitesten entfernten Körperenden widmet und stattdessen so viel mehr um Herz, Lunge, Darm, Knie, Kreislauf oder Augen besorgt ist. Und nun, mein Wander-Ich, plötzlich komplett fußfixiert: Was habt ihr denn, ihr zwei? Was kann ich euch Gutes tun? Warum quengelt ihr schon wieder?

Kleine Glücksmomente: Wie viel Entlastung fünf Minuten Pause auf einer Holzbank bedeuten, welche Leichtigkeit ein halber Liter Wasser weniger im Rucksack bringt. Die Freude über ein paar Sonnenstrahlen, Laufen im T-Shirt. Mein Solarpanel hat drei farbige LEDs, rot, grün und hellblau, hellblau ist am besten, das bedeutet über 0,8 Ampere. Ich blicke auf die farbige Anzeige wie auf ein Tamagotchi und fiebere mit, doch heute schwankt sie meistens zwischen rot und Licht aus, was mich drei Dinge lehrt. A: Bunte Lämpchen reagieren nicht auf Anfeuerungsrufe. B: Es ist noch ein weiter Weg, bis wir uns komplett mit erneuerbaren Energien versorgen können. Und C: Wäre ich doch lieber nach Südspanien geflogen.

Highlight des Tages ist ein Wasserhahn. Eine Farmbesitzerin hat einfach so, draußen vor ihrem Zaun, einen gut ausgeschilderten »Water Tap« angebracht. Zur freien Verfügung für alle, die vorbeikommen. Man sollte sie heiligsprechen.

Ich bin in einem Augmented-Reality-Spiel mit dem Ziel, einen deltaförmigen Pfeil auf einer Landkarte bis nach Newcastle zu bringen. Viel zu oft schaue ich auf die Karte mit den Tagesetappen – noch drei Stunden, 42 Minuten; noch drei Stunden, 37 Minuten; noch drei Stunden, 31 Minuten. Und manchmal schaue ich in meine E-Mails. »Nomadtravel« teilt mir mit, mein Corona-Test im Zelt sei negativ gewesen. Weniger Glück hat meine Warmshowers-Gastgeberin Anne aus Oxford, sie sagt ab: Sie sei positiv getestet worden und müsse nun in Quarantäne.

Der *Guardian* berichtet über eine russische PR-Agentur namens Fazze, die über Dutzende Instagram- und Facebook-Accounts versuchte, Fehlinformationen über Impfstoffe von BioN-Tech und AstraZeneca zu verbreiten, und deshalb nun gesperrt wurde. Sogar einige Influencer hatte man kontaktiert – sie hätten dafür Geld bekommen, mit Hinweisen auf angeblich viele Impftote, die von »den Medien« verschwiegen würden, Ängste zu schüren. Da sind wird nun: Russland erfindet Impftote, damit es später in Europa und den USA mehr Corona-Tote gibt. Kann man sich nicht ausdenken.

In Großbritannien zumindest scheinen Nachrichten dieser Art nicht allzu viel Schaden anzurichten. Die Impfkampagne läuft, man war anfangs egoistischer und schneller als andere Länder und musste nicht so lange warten wie die Europäer, die sich um eine faire Verteilung in der EU bemühten. Das wurde gefeiert, speziell unter Brexit-Befürwortern, denen die Politik damit einen wundervollen »Beweis« vorlegen konnte, wie vorteilhaft es sei, nicht mehr in der EU zu sein. So hatte man von Anfang an potenzielle Wutbürger und Verschwörungsfantasiegläubige im Pro-Impfungs-Lager, ein unschätzbarer Kommunikationsvorteil. Gerade hat die Kampagne einen Meilenstein erreicht, drei Viertel aller Erwachsenen sind *double-jabbed*, doppelt geimpft. Bei jüngeren Menschen nimmt jedoch die Impfbereitschaft ab, man versucht, das mit Social-Media-Kampagnen und Rabattgutscheinen für Uber und Deliveroo zu ändern. In Deutschland fordert gleichzeitig die Regierung, man müsse mehr für die Impfungen werben, was dann auch geschieht. Halt nur nicht so, dass irgendwer davon etwas mitbekommt.

Heute wieder Campingplatz. Perfekt gemähter Rasen und strahlendes Wohnmobilweiß. Imposante Familienfahrzeuge, die Magnum, Ranger, Lunar oder Quasar heißen. Mir kommen die Dinger plump und riesig vor. Wie sie da in gleichmäßigen Abständen in einer Reihe parken, haben sie wenig mit dem gemein, was »Vanlife«-Influencer mit ihren Cappuccino-im-Sonnenaufgang-an-einsamer-Meeresklippe-Fotos suggerieren.

Jenseits einer Brücke liegt Wallingford, bekannt als Wohnort von Agatha Christie. Hier schrieb die Autorin ihre Miss-Marple-Bücher und »Die Mausefalle«, das am längsten gespielte Theaterstück der Welt. Seit November 1952 lief es jeden Tag in London, unglaubliche 28 201 Aufführungen lang. Erst Mitte März 2020 musste die Serie unterbrochen werden, der Grund dafür ist leichter zu erraten als der Mörder im Stück.

Mein eigenes detektivisches Interesse gilt in Wallingford hauptsächlich dem Biergarten der George Tavern: hervorragende Fish and Chips mit reichlich Remoulade, was in Relation zum morgendlichen Speckfestival das gesündeste Gericht des Tages ist. So geht das nicht weiter. Da die Zahl der Kardiologen, die Patienten auf offener Straße behandeln, vermutlich begrenzt ist, sollte ich dringend auf eine ausgewogenere Ernährung achten.

Oder es mit Intervallfasten versuchen. Dazu kommt es unfreiwillig am nächsten Tag. Obwohl ich zunächst einen Engel namens Ian treffe, Ian aus Reading, der mich spontan zu Tee und Cornflakes einlädt. Wir sitzen vor seinem Wohnmobilvorzelt und diskutieren fachkundig über das Wetter, während zwei Labrador Retriever namens Archic und Muffin ihre Achten um unsere wertvollen Klappstühle mit Getränkehalterung in der Armlehne ziehen. Wertvoll tatsächlich, denn die Dinger waren zeitweise in ganz England ausverkauft, weil alle Campingurlaub machen wollten, wie Ian berichtet. Er selbst habe noch nie so heimatnah Wohnmobilurlaub gemacht, Reading liegt 23 Kilometer entfernt. Ian ahnt gar nicht, wie glücklich er mich mit dem Frühstück macht, da ich keine Snacks mehr im Gepäck habe.

Der Kajakverleih befindet sich im Nachbarort Benson.

»Willst du ein schnelles oder ein stabiles Boot?«, fragt der Betreiber, ein schmaler Kerl mit auffallend muskulösen Armen und lauter Stimme.

»Vor allem brauche ich eins mit Platz für meinen Rucksack«, sage ich. Er bringt also die Variante »stabil«, ein hübsches rotgelbes Exemplar. »Immer rechts fahren, wenn Gegenverkehr kommt«, sagt er noch, auf Flüssen gelten andere Regeln als auf Straßen. »Bis sechs solltest du es nach Abingdon schaffen, das sind 19 Kilometer.«

Ich unterschreibe einen Vertrag, in dem ich unter anderem bestätige, das Boot nicht verkaufen zu wollen, und verstaue meine Sachen unter Spanngummis. Ein kleiner Schubser am Heck, und ich bin unterwegs im grünbraunen Wasser. *Attention!* und *Go!.*

Es tut gut, mit den Armen zu arbeiten und den geschundenen Füßen eine Ruhepause zu gönnen. Ich paddle gegen den Strom, vorbei an Motorbooten namens *Lazy Day*, *The Idle Hour*, *Rallentando* und *Why Worry*. Offensiv gelebte Entschleunigung. Einen *lazy day* kann ich nicht erwarten, mein Vehikel treibt rückwärts, sobald ich aufhöre zu paddeln. Es heißt *Feel Free*, was einen Fußgänger am Ufer zu einem Zuruf verleitet: »Hey, do you feel free?« »Yes, I do«, antworte ich.

Tatsächlich. Freiheit. Das meistmissbrauchte Wort unserer Zeit. Zu Hause in Deutschland kidnappen gerade ein paar Erzürnte den Freiheitsbegriff, um ein Verhalten zu legitimieren, mit dem sie das Leben vieler Mitmenschen in Gefahr bringen, das Gesundheitssystem an seine Grenzen bringen und dem eigenen Land wirtschaftliche Einbußen bescheren wegen unfassbarer Pandemiekosten. Der Test, ob jemand die Vokabel missbraucht, ist eigentlich ganz einfach: Wenn man in einem Satz das Wort »Freiheit« problemlos durch »Rücksichtslosigkeit« ersetzen kann, dann stimmt da was nicht.

Aber ja, ich fühle mich frei. Trotz Hausverbot, obwohl ich ausgesperrt bin, obwohl ich mich in den »Lock-Out« begeben habe. Das war ja meine Entscheidung. Und nun bin ich frei von der Gefahr durch das Virus, und ich kann ziemlich sicher sein, selbst nicht an seiner Verbreitung mitzuwirken.

Eine Frau im Wasser reißt mich aus meinen Gedanken. Nur ihr Kopf ist zu sehen, blaue Augen, blonde lange Haare. Wieso schwimmt die hier, an einem so diesigen Tag? Ich paddle näher

und merke, dass es sich um eine Skulptur handelt, eine Boje in Menschengestalt.

»Das ist Drowning Doris«, sagt ein Mann mit Hund, der in einem festgetauten Motorboot sitzt. »Doris hat nur eine Aufgabe: Verkehrsberuhigung.« Er macht eine Pause, um mir Gelegenheit für eine verdutzte Reaktion zu geben, ich frage also »What?«, was bestimmt total ungehobelt rüberkommt, denn der höfliche Brite würde natürlich so was sagen wie: »Excuse me, Sir, sounds splendid, but it seems to me I do not fully understand, I'm terribly sorry.«

Dem Mann scheint es nichts auszumachen. »Wir haben hier leider viele Raser. Aber wenn sie eine ertrinkende Frau sehen, fahren sie langsamer«, erklärt er.

Ein interessanter Ansatz, auch aus moralphilosophischer Sicht: Muss und darf man die Verantwortungslosen manchmal täuschen, um sie zu einem besseren Verhalten zu bewegen? Und wenn die Täuschungen so charmant sind wie so eine Doris-Puppe, nehmen sie es einem dann möglicherweise nicht einmal übel?

Die Wortkargheit meiner Antworten liegt übrigens nicht nur an schlechter Kinderstube, sondern primär an einem immer stärker werdenden Hungergefühl. Bisher war ich am Ufer der Themse immer alle paar Kilometer auf ein Restaurant gestoßen, doch hier sind kaum noch Häuser oder Ortschaften.

Tagträume von Speckbrötchen. Die zwei Schwäne, die mein Boot so aggressiv angrunzen, könnte man die eigentlich essen, so rein theoretisch? Seltsam, dass in keiner Kultur der Welt Schwäne gegessen werden, nicht mal in China oder Schottland, wo man doch sonst fast alles isst.

Die Strömung wird stärker, anschwellender Gegenwind bläst mir Nieselregen ins Gesicht. Das Boot läuft nicht mehr so ruhig wie bisher, sondern ruckelt über kleine Wellen, die überraschend heftig an den Rumpf schlagen, als wäre da Treibholz unter der Wasseroberfläche. Ein Hundebesitzer mit Regenschirm feuert mich an: »Keep going, man!« Laut Karte bin ich schneckenhaft langsam unterwegs, habe in der letzten Stunde nur gut zwei Kilometer geschafft.

Über eine Brücke donnert ein Zug, der von London nach Oxford exakt eine Stunde braucht.

Am späten Nachmittag schenkt mir das Universum einen Brombeerstrauch. Nein, nicht einen, Dutzende Brombeersträucher direkt am Ufer, mit den köstlichsten Früchten, die man sich vorstellen kann. Ich ernte das himmlische Obst, indem ich einfach mit der Bootsspitze in die Böschung stoße, dann landet es auf dem Kiel. Nach dem Genuss von etwa hundert Brombeeren, mehreren Kleinstinsekten und Spinnwebenfäden fühle ich mich gestärkt für den Rest der Strecke.

Plötzlich entdecke ich etwas bei mir, das ich lange nicht mehr erlebt habe: Kampfgeist. Zuletzt lag die größte gesellschaftliche Herausforderung für meine Berufsgruppe darin, sich auf seinen Hintern zu setzen, viel Zeit zu Hause zu verbringen und Kontakte mit Menschen zu meiden. Die drei Todsünden Trägheit, Häuslichkeit und Misanthropie als Akt der Vernunft und Nächstenliebe, wann hat es das schon gegeben? Mehr Freude bringen Herausforderungen, die man selbst durch Anstrengung und Aktivität überwinden kann. Eine Kajakfahrt bei Gegenwind in einem Zustand, den Einheimische mit »I could eat a horse« bezeichnen, fällt in diese Kategorie.

Eine solche Kraft, so viel Willen habe ich seit Monaten nicht gespürt. Und das liegt nicht an den Beeren, nach zehn Minuten wird mir schwindlig von dem ganzen Zucker. Ein paar Ruderboote kommen mir entgegen, ich scheine dem Ziel näher zu kommen. Auch ein junger Kajakfahrer paddelt auf mich zu und fragt nach meiner Route. »Ernsthaft? 20 Kilometer flussaufwärts bei dem Wetter? That's fucking mental – komplett durchgedreht!« Niemand kann so elegant Anerkennung als Affront verkleiden wie die Briten.

Nach einer gefühlten Ewigkeit erreiche ich den Anleger des Bootsverleihs, ein Mitarbeiter zieht mich an Land. An meinen Hüften und Beinen schlabbert die Wanderhose als nasser Sack, hinter einem Baum wechsle ich in meine Regen-Überhose.

Schon das zweite Restaurant an der Hauptstraße hat einen Außenbereich. Entschuldigen Sie, dass ich ständig von Mahlzeiten berichte, als wäre der Konsum von Nahrung ein historisches Ereignis. Aber so sind jetzt die Prioritäten, also: Ein Hoch auf das Crown and Thistle, seine Fish and Chips und sein London-Pride-Pint, von dem ich mangels Mageninhalt augenblicklich besoffen bin.

Genau der richtige Zustand für die Schlafplatzsuche. Der Ort zieht sich, zwei Kilometer nur Asphalt und Häuserreihen, dann Felder mit Stacheldrahtzäunen und undurchdringlichen Hecken neben dem Gehweg, nirgends Platz für ein Zelt. Ein Polizeiwagen fährt langsam auf dem Feldweg an mir vorbei, als hätten die Insassen eine Ahnung, was ich vorhabe. Sechseinhalb Kilometer nördlich von Abingdon endlich ein Wald, der Bagley Wood. Es wird schon dunkel, ein dicht gesponnenes Netz an Spazierwegen macht es schwierig, einen Ort mit genug Privatsphäre zu finden. Dann eben nur 30 Meter vom Weg entfernt. Ein Reh beobachtet aus der Ferne, wie ich ein paar stachlige Sträucher vom Boden entferne und mein Zelt im tiefen Laub aufbaue.

Der Ahorn nebenan scheint Schlafplatz einer ganzen Rabenkrähenkolonie zu sein. Gegen neun kommen Hunderte schwarze Vögel mit reichlich Gekrächze angeflogen und diskutieren laut, wer heute wo schlafen darf. Sie versammeln sich auf einem einzigen Baum, ich wüsste gerne, nach welchen Kriterien sie den ausgewählt haben. Fast eine halbe Stunde lang schallt das heisere »Kra-kra-kra« durch den Wald.

In der Mythologie gelten Krähen als Unglücksboten, passend dazu erhalte ich eine unerfreuliche E-Mail mit einer weiteren Absage aus Oxford: Auch der Journalist Simon, der mir einen Gartenplatz angeboten hatte, schreibt, er sei gestern positiv auf Corona getestet worden. Was für eine Seuchenstadt wartet da auf mich, nur fünf Kilometer von meinem Zeltplatz entfernt?

Wie schön, ihr kommt zurück

Ob es am Sportprogramm, dem Bier oder der Gewöhnung liegt, weiß ich nicht, jedenfalls schlafe ich erheblich besser als beim ersten Wildcamping vor zwei Tagen. Erholt spaziere ich in Richtung A 34, pflücke am Rand der Schnellstraße einen sauren Apfel und passiere in Hinksey ein verlockendes Freibad. Die Lust auf einen Kaffee ist größer als die auf eine Dusche, also gehe ich weiter.

Eine Chaussee zwischen ununterbrochenen Reihenhausreihen, die Marlborough Road, und die ersten Sonnenstrahlen. Von wegen Seuchenstadt. Vielmehr: ein Gefühl von Geborgenheit, obwohl doch diese ganzen Fassaden für mich nutzlos sind. Das überrascht mich, denn ich habe hundertmal die Erfahrung gemacht, die Natur mehr zu schätzen als die Stadt. Und doch komme ich mir nun vor wie ein Ritter im Mittelalter, der vom Ausritt in die sichere Burg zurückkehrt.

Eine etwas eigenartige Burg ist es dennoch. Am Rand der Themse hängen zwei orangefarbene Rettungsringe, auf die jemand »Media is the virus – Wake up, Covid is a scam« geschrieben hat und »Bill Gates is evil, TV is the virus«. Verschwörungsmärchen auf Notfallequipment, das ist bestimmt genau das, was man als Beinahe-Ertrunkener lesen will.

Eine Brücke führt in die Innenstadt, und beim Blick geradeaus macht der imposante Turm der Christ Church klar, was architektonisch Sache ist: Oxford besteht aus Harry-Potter-Zauberschulen, Kathedralen und Mittelalterfestungen. Und Uni-Gebäuden, die aussehen wie Harry-Potter-Zauberschulen, Kathedralen und Mittelalterfestungen. Am Straßenrand verkauft einer Tickets für Stadtrundfahrten im roten Doppeldeckerbus, 24 Stunden gültig, man

kann ein- und aussteigen, wo man will. Die oberen Sitze befinden sich im Freien, die Frage ist nur: Zählt die Treppe nach oben als Innenraum oder nicht? Wenn ich ganz schnell hochlaufe? Lassen wir es mal als Tunnel durchgehen. Ich kaufe ein Ticket für 14 Pfund. Endlich mal einfach Tourist sein, für Geld in einer harten Plastikschale sitzen, glotzen, nichts tun. In der Rückenlehne vor mir befinden sich zwei USB-Steckdosen, die sind schon den halben Fahrpreis wert.

Gewöhnlich bin ich kein Fan von Stadtrundfahrten, das ist mir zu passiv und distanziert. Ein Blick von oben herab auf eine Stadt. Warum Menschen freiwillig am motorisierten Stadtverkehr teilnehmen, ohne das Ziel, von A nach B zu kommen, erschließt sich mir nicht. Man steht im Stau, fährt im Kreis, beobachtet beim Rechtsabbiegen den Fast-Zusammenstoß mit einem Fahrradkurier, und eine voraufgezeichnete Werbespotstimme im Kopfhörer liest in einer von zwölf Sprachen den Wikipedia-Artikel über die Stadt vor. Manchmal steht auch ein Stadtführer vorne, dessen Witze so unlustig sind, dass selbst das Bordmikrofon mit Spiralkabel es nicht ertragen kann und versucht, mit Rückkopplungspfiffen die schlimmsten Pointen zu unterbinden, was aber nur dazu führt, dass die Sätze wiederholt werden und alle Beteiligten noch mehr leiden als nötig.

So weit die Theorie. Heute dagegen genieße ich die Stadtrundfahrt als Wellnessprogramm für die Füße und willkommene Gelegenheit, für ein paar Stunden das Gehirn auszuschalten. Der Guide verzichtet auf Kalauer und spricht von Lewis Carroll, der hier »Alice im Wunderland« schrieb, vom Spitznamen »Stadt der träumenden Türme« und vom ältesten College der berühmten

Uni, das schon 1249 gegründet wurde. Noch interessanter finde ich den Hinweis, das Oxford Castle habe in seiner Geschichte schon als Schloss, als Gefängnis und als Hotel gedient. Vielleicht haben diese drei Nutzungsarten mehr gemeinsam, als man üblicherweise annimmt.

Im Osten der Stadt passieren wir die Labore des Jenner Institute, die erst seit Kurzem bei der Stadtführung erwähnt werden: Hier stellten Forscher erstmals AZD1222 her, bei uns besser bekannt als AstraZeneca-Impfstoff. Seine Entwicklung war ein stolzer Moment für die Wissenschaft, auch wenn sich bald herausstellte, dass andere Präparate besser schützten.

Als wir an einer Ampel stehen und pro Grünphase immer nur zehn Meter vorwärtskriechen, fragt der Guide in die Runde, wo wir herkommen.

»London.«

»Coventry.«

»Eigentlich aus Indien, aber wir wohnen seit 15 Jahren in East London.«

»Bristol.«

»Hamburg, Germany.«

Als ich mein Herkunftsland nenne, hellt sich seine Miene auf.

»Oh, wie schön, ihr kommt zurück!«, ruft er.

Ich wundere mich ein wenig darüber, im Plural angesprochen zu werden, aber anscheinend sieht er in mir ein Symbol für irgendwas. Vielleicht bin ich das tatsächlich: Der einzige ausländische Tourist in Oxford ist ein Landstreicher.

Tipps für draußen

Mikroabenteuer: *Es muss nicht gleich eine fünfwöchige Reise sein, um Gefallen am Draußensein zu finden. Warum nicht mit einem Mikroabenteuer starten, von sieben bis sieben? Nach der Arbeit raus in die Natur, im Wald zelten und am nächsten Morgen erfrischt zurück ins Büro.*

Ein oft übersehener Faktor, warum Reisen in exotische Länder so reizvoll sind, ist eine Erfahrung des Andersseins, eine besondere Wachheit, die daraus entsteht, sich selbst als Individuum stärker wahrzunehmen, weil man Unterschiede, aber auch Gemeinsamkeiten mit den anderen intensiver erlebt. Vielleicht muss man bei weniger exotischen Reisen einfach an sich selbst arbeiten, das eigene Anderssein zu den Einheimischen verstärken, dann ist die Differenz wieder da. Das lässt sich zum Beispiel erreichen, wenn man sich weigert, Gebäude zu betreten.

Eigentlich stand England nicht auf meiner Top-10-Liste für das nächste Reiseziel. Vielleicht nicht einmal in der Top 20. Ich fühle mich besonders in meinem Element, wenn ich in Peru unter Sechstausendern zelte, in Ghana mit Teenagern Fußball spiele, in Tschetschenien mit Putin-Kritikern spreche, in Ostgrönland namenlose Gipfel besteige, in China beim Feuertopf-Dinner schwitze, in Neuseeland bei einer Maori-Familie den Haka lerne, in Nordindien auf Pilgerfahrt gehe, in einem japanischen Dorf als Englischlehrer jobbe, im Iran auf verbotenen Geheimpartys tanze. All diese Erinnerungen sind in meinem Kopf gespeichert, und doch wirken sie nun so weit weg, als wären sie auf einem anderen Planeten, in einem anderen Universum geschehen.

Nun stattdessen: Einreisebeschränkungen, Flugausfälle, Abstandsregeln. Es ist, als wolle uns ein mikroskopisch kleines Virus klarmachen, endlich mit den Makro-Reiseexzessen aufzuhören und einzusehen, dass es nicht normal ist, für ein Viertel oder Sechstel eines Monatsgehalts um die halbe Welt zu fliegen.

Und dennoch geht uns gerade etwas Wertvolles verloren. Ohne persönliche Begegnungen werden ferne Länder immer abstrakter, Konflikte geraten leichter außer Kontrolle, wir verlieren uns in einem Datenstrom aus Wut und Skurrilem und verknappten Detailaufnahmen. Uns kommen die Maßstäbe abhanden, und wir werden jeden Tag ein bisschen provinzieller. Eine nur noch mediale Erfahrung von weit entfernten Orten macht Fehlwahrnehmungen wahrscheinlicher, zumal sich Propagandisten aller Art bemühen, die »Wahrheit« zu ihrem Vorteil zu gestalten. Der Reiseschriftsteller Paul Theroux formulierte es so: »Bei so viel widersprüchlicher Information gibt es mehr Gründe zu reisen als jemals zuvor: um genauer hinzuschauen, tiefer zu graben, um das Authentische vom Fake zu unterscheiden; um zu verifizieren, riechen, berühren, schmecken, hören und manchmal – was wichtig ist – unter den Folgen dieser Neugier zu leiden.«

Mit dem Reisen aufzuhören ist auch keine Lösung. Wir müssen nur dringend über das »wie« nachdenken.

Ich verbringe drei Tage in Oxford. Einen Zeltplatz finde ich 20 Minuten südlich vom Zentrum in einem Park namens Hogacre Common unter ein paar Strommasten. Tagsüber erkunde ich zu Fuß die Straßen, sitze auf Treppen, drehe noch eine Runde im Sightseeingbus und trinke Milchkaffee beim Crêpes-Mann am Bonn Square, der mich auf meinen Rucksack anspricht und so begeistert von meiner Fernwanderungsidee ist, dass er mir nun regelmäßig mit Trinkwasser und einer Steckdose zum Powerbank-Laden aushilft.

Speziell Wasser wäre sonst ein Problem: Die sonst bewährten Friedhöfe sind in Oxford wenig hilfreich, viele sind so alt, dass dort seit Jahrzehnten niemand mehr Blumen gießt und dementsprechend keine Wasserhähne zur Verfügung stehen. Die öffentlichen Toiletten haben futuristische Waschbeckensysteme, die sich der Teufel persönlich ausgedacht haben muss. Man hält die Hände in ein rechteckiges Loch in der Wand, das zunächst grün aufleuchtet, um zu signalisieren, dass nun Seife auf die Finger tropft. Dann leuchtet es blau, wenn das Wasser kommt, und rot, wenn ein automatischer Föhn sich zum Trocknen einschaltet. Völlig unmöglich, hier seine Trinkflasche aufzufüllen ohne Angst vor einer Ladung Flüssigseife. Vom Haarewaschen ganz zu schweigen.

Dafür gehe ich ins Freibad. Freibäder sind der Hauptgewinn. Erst will mich der Pförtner nicht reinlassen, nur per Voranmeldung, doch zwei Leute von der Liste sind nicht gekommen. Wegen Corona ist die Zahl der Besucher weiterhin begrenzt. Es ist ein Trugschluss, dass durch den »Freedom Day« alle Maßnahmen beendet wurden, das hat nur die britische Regierung so verkauft.

An den Metallduschen steht die Aufforderung, die Nutzungsdauer auf zwei Minuten zu beschränken. Ich dusche viermal zwei Minuten, zum Glück ist der Andrang nicht so groß. Dann gehe ich schwimmen und dusche danach noch viermal zwei Minuten.

Auf dem Gloucester-Green-Platz ist gerade Markt, mit Dutzenden Fressbuden. Chinesische, äthiopische, thailändische und indische Gerichte, ein Schlaraffenland für den hungrigen Stadtvagabunden.

Mit vollem Magen erreiche ich die Kreuzung von Cornmarket Street und Ship Street, wo sich Straßenmusiker vor einer Kirche abwechseln. Zunächst ein Drehorgelspieler mit Hemd, Zylinder und Weihnachtsmann-Rauschebart. Er dreht und dreht, die eigentliche Arbeit macht das Instrument, an dem ein niedlicher Plüschaffe hängt. Zirkusmusik, fröhliche Walzerrhythmen, und zwischendurch scherzt der Mann mit dem Publikum und lässt Passanten seinen Hut aufsetzen.

Die Münzen sprudeln nur so in seinen Koffer, manche werfen sie hastig hin, als wollten sie es schnell hinter sich bringen, manche legen sie mit Muße ab und spendieren dem Musiker dazu noch ein anerkennendes Nicken.

Am nächsten Tag kauert an derselben Stelle ein dürrer Alter mit filzigen Haarsträhnen hinter seiner Gitarre und spielt herzzerreißend traurige Coverversionen von »Blowin' in the Wind« und »Imagine«. Er trifft nicht jeden Ton und singt zu leise, doch seine Darbietung ist rau und real, nichts daran ist aufgesetzt, noch nie haben mich die hundertmal gehörten Friedenssongs so berührt. Da breitet einer sein ganzes Leben aus, da wird jede Textzeile ein Stück eigenes Leid und eigene Sehnsucht. Niemand klatscht, als er zusammenpackt, seine Keksdose enthält nur eine Fünfzig-Pence-Münze, vermutlich hat er die selbst hineingetan als Anreiz. Ich gebe ihm fünf Pfund, er bedankt sich mit einem angedeuteten Lächeln mit schlimmen Zahnlücken. Was ist die Straße nur für ein undankbarer Ort, wo nur die leichte Muse Anerkennung findet.

Ein paar Wochen später entdecke ich den Musiker auf Google Street View. Exakt an der Stelle, wo ich ihn gesehen habe, keinen halben Meter weiter rechts oder links. Zwar ist sein Gesicht verpixelt, aber der ungewöhnliche Winkel, mit dem er die Gitarre schräg zum Körper hält, lässt keinen Zweifel an seiner Identität. Eine einzelne Münze ist in seinem Kästchen zu erkennen, so detailliert ist die digitale Abbildung. Wieder nichts verdient. Als würde da einer sitzen, bis in alle Ewigkeit, und »Imagine« spielen und hoffen, dass ihm doch noch ein Barmherziger ein zweites Geldstück hinwirft.

Die als hervorragend geltenden Museen der Stadt bleiben mir verschlossen, meine Museen sind die Schaufenster. Es läuft die Dauerausstellung »Entfesselter Konsumwahn im 21. Jahrhundert«. Bei Tesco stehen 20 Sorten Toast in einem Regal und Kartoffelchips in 17 Geschmacksrichtungen. Der Drogerieladen Boots bietet folgende Haarpflegeprodukte in Plastikbehältern an: Head & Shoulders Classic Clean, Head & Shoulders 2-in-1 Classic Clean, Head & Shoulders Smooth & Silky, Head & Shoulders Conditioner Classic, Head & Shoulders Daily Protect, Head & Shoulders Supreme Strength, Head & Shoulders Conditioner Smooth & Silky, Head & Shoulders Citrus Fresh, Head & Shoulders 2-in-1 Citrus Fresh, Head & Shoulders Apple Fresh, Head & Shoulders Supreme – Purify and Volume, Head & Shoulders 2-in-1 Men, Head & Shoulders Deep Hydration, Head & Shoulders Deep Hydration Conditioner, Head & Shoulders Supreme Anti-Frizz, Head & Shoulders Men Dandruff Protection. Und im nächsten Regal das gleiche Spiel mit Produkten von Elvive und im übernächsten Regal mit Pantene.

Erheblich verlockender ist der Eingangsbereich von Sainsbury's mit drei Apfelsorten, Bananen und Paketen voller Erdnüsse. Nur zwei Meter von der Straße weg und doch unerreichbar.

Besonders mag ich die Auslagen von Buchläden. Waterstones hat unter anderem einen Bestseller namens »Why the Germans Do it Better« im Angebot und widmet ein halbes Schaufenster

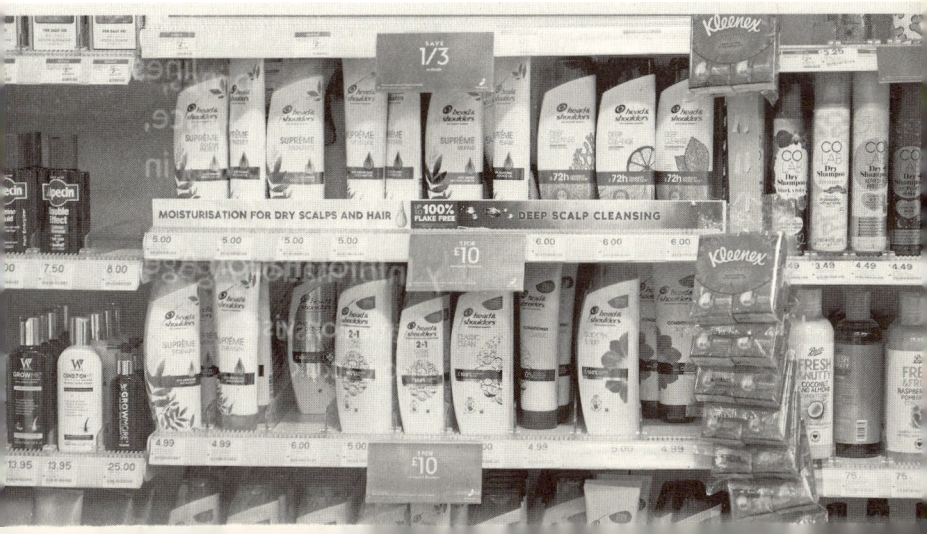

dem »Book of Trespass« von Nick Hayes. Darin stellt der Autor die Frage, warum sich in England 92 Prozent der Landflächen in Privatbesitz befinden, warum also ein riesiger Teil der Natur nicht für alle zugänglich ist. Das Buch ist ein Manifest dafür, sinnlose Grenzen nicht weiter hinzunehmen und mehr Teile des Landes für alle Menschen freizugeben, die es bewohnen.

Das einzige Printprodukt, das ich tatsächlich kaufe, ist das Obdachlosenmagazin *The Big Issue*. Es enthält einen interessanten Leserbrief mit der Frage, warum man nicht einfach ein paar Hundert ausrangierte Autos, die sonst auf Schrottplätzen landen würden, auf Parkplätze stellt, um dort als Obdachlosenunterkunft zu dienen. Viel besser als Pappkartonlager unter Brücken und quasi kostenlos (später könnte man ja immer noch das Metall recyceln). Eine simple, pragmatische Lösung eines Problems, die dennoch vermutlich nie Realität wird, weil die Autowracks ja irgendwo stehen müssten und keiner sie in der Nähe haben will. Schon gar nicht die Besitzer von 92 Prozent des Landes.

Am Abend sitze ich auf der Treppe des Infanteriedenkmals am Bonn Square und lasse das Spektakel »Samstagabend in einer englischen Studentenstadt« auf mich wirken. Wenn Schaufenster mein Ersatz für Museen sind, ist das hier mein Ersatz für Theater und Kinos.

Aus Oxford sind diverse Exzessgeschichten über spätere Spitzenpolitiker überliefert. Bill Clinton rauchte Joints, Tony Blair posierte mit einer obszönen Handgeste für ein Foto, und der spätere australische Premier Bob Hawke stellte einen Schnelltrink-Weltrekord auf: 1,4 Liter Bier in elf Sekunden.

Ich beobachte nun also angehende Premierminister und Bundesrichterinnen, wie sie in Mülleimer kotzen, auf Zwölf-Millimeter-Absätzen hinfallen, singen, tanzen und Ohrfeigen verteilen, wie sie Mitmenschen am Telefon als »fucking wanker« beschimpfen und mit der Menge an durcheinandergetrunkenen Jägerbombs und Pints prahlen, als sei das ein sportlicher Triumph. Überlegungen darüber, welche elitären Spitzenjobs die Partygänger wohl später ausführen werden, erhöhen den Unterhaltungswert des Schauspiels.

Ein junger Mann in Polohemd und Lackschuhen, der vermutlich in 20 Jahren Vorstandsvorsitzender von Morgan Stanley oder McKinsey sein wird, klammert sich mangels eigenen Gleichgewichtssinns an die Schulter eines Freundes, den ich mir als späteren Nobelpreisträger in Teilchenphysik vorstelle, und verkündet ihm seinen Plan »to shag your mum tonight«. Vorab erbittet er sich jedoch noch Informationen zu der Frage »does she take it up the arse?«. Sodom und Gomorrha, ein ganz normaler Partyabend auf die britische Art.

Kurz vor Mitternacht gehe ich nach Hause in meinen Park. Solange ich die Handylampe nicht anmache, fühle ich mich im Dunkeln sicher, unsichtbar. Ich überquere eine metallene Eisenbahnbrücke, auf der Treppe höre ich klackernde Schritte und laute Männerstimmen, sie klingen aggressiv und alkoholisiert. Sollte ich umkehren und mich verstecken? Zwecklos, sie sind zu nah. Also weiter, etwas schneller gehen, keine Unsicherheit anmerken lassen und zügig die Treppe runter. Ich biege um die Kurve und sehe mehrere Stirnlampen. Einer der Männer schreit auf, als er mich sieht: »Holy shit!«, die anderen verstummen. Jetzt keinen Fehler machen: kurz grüßen, entschlossen weitergehen. »Was zur Hölle war das, der hat mich total erschreckt«, höre ich noch, als sie sich entfernen.

Sie hatten tatsächlich Angst vor mir. Angst vor dem harmlosesten Landstreicher der Welt.

20 Sorten Baked Beans

Unter Literaten kursiert ein Running Gag, der sich um den Satz »Irgendwo bellte ein Hund« dreht. Weil der ein bisschen zu häufig in Romanen zum Einsatz kommt, um Atmosphäre zu erzeugen, doch zugleich so inhaltsleer und bedeutungslos ist. Was soll uns ein bellender Hund sagen? Wäre es nicht vielmehr eine Erwähnung wert, wenn ein Hund mal für ein paar Stunden keinen Ton von sich gibt? Jedenfalls soll es Autoren geben, die absichtlich Variationen des Satzes in ihre Bücher einbauen, um andere Autoren damit zu amüsieren. Als gründlicher Chronist könnte ich das jeden Tag drei- bis zehnmal tun oder Strichlisten an Kapitelenden einfügen, aber der Erkenntnisgewinn wäre gering. Sollten Sie das anders sehen, denken Sie sich doch einfach den Satz an geeigneten Stellen dazu, Sie dürfen ihn auch mit Bleistift am Rand einfügen. Von mir kommt er nur ein einziges Mal: Ich liege im Zelt im Hogacre Park südlich von Oxford, es ist sehr dunkel, und irgendwo bellt ein Hund.

Die Firma Donkey Republic vermietet in Oxford Fahrräder mit einer Besonderheit: Man kann sie bei Bedarf auch weit außerhalb der Stadt zurückgeben, zum Beispiel im 48 Kilometer entfernten Moreton-in-Marsh. Das passt zu meiner Route, also lade ich mir die App herunter und schließe im Stadtteil Jericho eines der Räder auf. 24 Stunden für 18 Pfund, 24 Stunden und eine Minute für 30 Pfund – weil dann der volle nächste Tag berechnet wird. Ich hoffe also, die Strecke bis morgen Mittag zu schaffen.

Donkey Republic, das klingt nach geringem Tempo, aber dafür nach einem guten Lastenträger. Leider ist nur Ersteres richtig. Unter meinem Gewicht inklusive Rucksack ächzt das Gefährt wie ein ziemlich alter und müder Drahtesel.

Simon, der Journalist mit der Covid-Erkrankung, schickt mir einen seiner Artikel und den Vorschlag, ich könne bei seinen Eltern im Garten zelten. Sie wohnen in einem winzigen Dorf namens Gagingwell, nur einen Sprung von meiner ursprünglich geplanten Route entfernt.

Ich sage zu und lese den Artikel, der im *Telegraph* erschienen ist. Die Überschrift lautet: »Ich habe mir Covid auf einem Festival eingefangen. War es das wert? Absolut.« Simon beschreibt darin, wie er nach dem viertägigen Wilderness-Musikfestival Husten und Fieber bekam und positiv getestet wurde. Dennoch bereue er nichts, denn er sei ja zu dem Event gefahren mit dem Wissen, eine Ansteckung zu riskieren. Der Drang, mal wieder richtig zu feiern, sei größer gewesen als die Angst. »Zum ersten Mal seit zwei Jahren fühlten sich meine Freunde und ich wirklich lebendig. Wir knutschten, tranken aus den Pint-Gläsern der anderen und tanzten in einer Masse von Tausenden Fremden. Wir lebten wieder, anstatt nur zu überleben. Wir hatten das verdient.«

Später schreibt er von seinen Reiseträumen, von denen er sich nicht mehr durch ein Virus abhalten lassen wolle. »Es gibt so viel mehr im Leben als nur die Vermeidung von Covid-19.«

Ich kann nachvollziehen, was er schreibt. Immerhin geht es um ganz elementare, menschliche Bedürfnisse. Und ich denke über den Text nach, als ich die Stadt immer weiter hinter mir lasse, mit zwölf Kilo auf dem Rücken auf einem behäbigen Stadtrad.

Es geht mir gut hier draußen. Auch ohne ein größeres Covid-Risiko einzugehen fühle ich mich lebendiger als in den letzten zwölf Monaten, habe einfache Ziele und die Motivation, diese zu erreichen. Was viel weniger erdrückend ist, als im Alltag zu funktionieren, in ständiger Angst vor der weiteren Pandemie-Entwicklung und den nächsten Fehlern der Politik im Umgang damit. Schlimm ist diese Machtlosigkeit, wenig ändern zu können an einer Krise, deren Ende man häufig herbeisehnte, aber immer noch nicht in Sicht ist. Nur noch reagieren statt agieren, mit der Gefahr, das Agieren dabei zu verlernen.

Eine Mischung aus starken Stressmomenten und ihrer baldigen Bewältigung, so beschreibt die Engländerin Belinda Kirk die Wirkung von Abenteuern auf die Psyche. Im Alltag dagegen sei man gefangen in einem chronischen Niedriglevel-Stress, der uns keine Pause gebe und viel ungesünder sei. Kirk hat Großbritannien im Ruderboot umrundet und ist zu Fuß durch Nicaragua gelaufen, vor Kurzem habe ich ihr Buch »Adventure Revolution« gelesen. Das fand ich so interessant, dass ich gerne ein Stück mit ihr wandern wollte, um mehr zu erfahren. Sie schlug eine Tagestour im Lake District vor, was ich aber leider nicht mit meiner Route vereinbaren konnte. Also telefonieren wir, während ich nördlich von Oxford auf einer Parkbank sitze.

»Abenteuer ist eine Art Meditation, eine Achtsamkeitsübung«, erklärt sie. »Die Stressmomente des Alltags lösen sich auf, statt 10 000 Problemen hat man nur noch zehn: Navigation, was essen, einen Zeltplatz finden. Eine völlig andere Art von Herausforderung, die einen komplett beansprucht. Das bringt Anspannung, aber auch immer wieder Momente von Freude und Erleichterung.«

Ich frage sie, was sie von Abenteuern hält, die vor allem eine Jagd nach Superlativen sind: der jüngste Mensch auf dem Everest, der erste Blinde auf allen Seven Summits, ein Barfußlauf quer durch England. Sieht sie darin einen Sinn?

»Viele sind zu stark darauf fixiert, Häkchen in Listen zu machen, Rekorde aufzustellen. Das passt zum Zeitgeist, bringt aber hauptsächlich externe Gratifikation, Anerkennung von außen. Viel wichtiger ist die persönliche Entwicklung, und die ist jedem möglich, egal in welchem Schwierigkeitsgrad.«

Vermutlich haben zuletzt viele durch die Corona-Krise eher ein paar Schritte zurückgemacht als nach vorn, sage ich.

»Was die mentale Gesundheit angeht, befinden wir uns in der größten globalen Krise unserer bisherigen Lebenszeit. Wir haben eine über Monate, nein, sogar Jahre ausgedehnte traumatische Situation erlebt. Bereits vorhandene Probleme wurden vergrößert, Bewältigungsstrategien verlernt. Rauszugehen in die Natur und sich einer Aufgabe zu stellen ist ideal, um neues Selbstvertrauen zu entwickeln.«

Kirk bietet Coachings an, in denen sie junge Menschen an Outdoor-Abenteuer heranführt. Vielleicht ist das eine Idee, die viel mehr gefördert werden sollte. Vielleicht sollten ein paar Tage Draußensein verpflichtender Teil des Lehrplans in allen Schulen der Welt werden.

Tipps für draußen

Outdoor University (1): *Wissen verändert die Wahrnehmung, warum also nicht jeden Tag ein bisschen dazulernen über die Umgebung? Man kann zum Beispiel versuchen, sich jeden Tag eine neue Pflanze zu merken, die man am Wegesrand entdeckt hat. Bei der Identifizierung helfen Apps wie PictureThis, die auf Handyfotos Bäume, Blumen und Pilze erkennen.*

Gagingwell zählt zu den Orten, in denen mehr Schafe als Menschen leben und Häuser mit »The Old Farm« und »Thatched Cottage« beschriftet sind. Mein Ziel für heute ist leicht zu finden, obwohl mir Simon keine Adresse genannt hat, sondern nur sagte, das Haus sei gelb. Von den exakt sechs Häusern, aus denen das Dorf besteht, hat nur eines diese Farbe.

Durch ein Holztor, an dem zwölf Kindergummistiefel hängen, die zu Blumenkübeln für Efeu und Elfenspiegel umfunktioniert wurden, radle ich auf das Grundstück. Mein Gastgeber Paul, ein kräftiger Mann Mitte 60 im blauen Overall, steht schon vor dem Eingang.

»Willkommen, willst du ein Bier?«, fragt er zur Begrüßung.

Er drückt mir eine Flasche Coors Light in die Hand, trinkt aber selbst keins, und führt mich in den Garten. Zur Ausstattung gehören ein Baumhaus, ein Hühnerstall, ein Gewächshaus, eine Holzschaukel und viele Dekofiguren, besonders hübsch sind drei Hasen aus Ton, die sich Augen, Nase und Mund zuhalten. Ein Lieblingsopa-Garten, an einer Hauswand hängt eine Schultafel, die von Kinderhänden mit Sonnen, einem Haus mit dampfendem Schornstein und der Rechenaufgabe »8 + 8 = 16« verschönert wurde.

»Simon hat auf seinen Reisen so oft Gastfreundlichkeit erlebt im Ausland – da wollen wir ein bisschen was zurückgeben«, sagt Paul, als müsste er sich dafür erklären, warum er mich aufnimmt. »Bist du sicher, dass du zelten willst? Wir haben auch ein Zimmer für dich.« Er zeigt mir den Gästeraum im Nebenhaus. Durch das Fenster sehe ich ein frisch bezogenes Doppelbett und ein verlockendes Badezimmer, sage dann aber, dass ich gerne wie verabredet im Garten bleiben würde.

Neben der Schaukel darf ich mein Zelt auf einem perfekt gemähten Rasen aufbauen, dann serviert Pauls Frau Maureen das Abendessen auf der Terrasse. Lammbraten, Kartoffeln, Möhren, Zucchini und Süßkartoffelstampf, das Gemüse kommt aus dem eigenen Garten. Die beiden betreiben ein Catering-Unternehmen für Altenheime. Paul ist gelernter Koch, entsprechend hervorragend schmeckt es.

Wir plaudern über Simons Reisen und über meine Reisen. »Ihr habt viel gemeinsam«, stellen sie fest. Simon hat gerade eine Radtour durch ganz England gemacht und schreibt ein Buch darüber. Das geht auch in Heim-Quarantäne. »Zum Glück ist Simon zweimal geimpft, darum sollte er gut durchkommen. Weißt du, warum bei uns so viele Menschen vor einem schlimmen Covid-Verlauf geschützt sind?«, fragt Paul, macht eine bedeutungsschwangere Pause und gibt dann die Antwort: »Weil wir nicht mehr in der EU sind. Wir mussten nicht fragen: ›Können wir

Ihren Impfstoff haben, Mister EU?‹ Nein, wir machen das jetzt selbst.« Das Thema scheint etwas auszulösen, er spricht nun lauter, leidenschaftlicher. »Darum heißen wir Great Britain. Weil wir großartig sind! Wir brauchen die EU nicht. 51 Prozent haben gesagt: Wir sind okay, wir wollen nicht von Brüssel regiert werden. Wir regieren unser eigenes Land aus unserem eigenen Land, mit Boris an der Spitze. Ich glaube, andere Länder werden davon inspiriert sein und ebenfalls austreten.«

Wenn er den britischen Premierminister erwähnt, nennt er ihn beim Vornamen. Er spricht davon, dass es der Wirtschaft eigentlich gut gehe, die Probleme kämen nur durch die Kosten der Pandemie. »Wir brauchen uns gegenseitig. Egal, ob wir Teil der EU sind oder nicht. Spanien zum Beispiel braucht England. Wegen der britischen Touristen.«

»Und Deutschland?«

»Okay, ich weiß nicht, was Deutschland braucht von uns, vermutlich nichts.«

»Willst du einen Rhabarberkuchen zum Nachtisch?«, fragt Maureen, um das Thema zu wechseln. Ich bejahe, und kurz reden wir über das Essen, doch auch das führt bald wieder zum Brexit. Als würde das Thema alle anderen Gesprächsfäden verdrängen und nur auf sein Stichwort warten, um wieder im Mittelpunkt zu stehen.

»Ja, die Supermarktregale sind teilweise leer. Weil die Trucker fehlen«, sagt Paul. »Aber wer braucht 20 Sorten Baked Beans? Die Leute geraten immer so schnell in Panik. Manche klagen, dass es jetzt keine spanischen Erdbeeren gibt. Dabei sind spanische Erdbeeren furchtbar, die schmecken nach nichts. Eigentlich müssten wir kein Obst und Gemüse aus dem Ausland importieren, wir können das selbst anpflanzen. Okay, keine Avocados, weil das Klima nicht passt. Aber wer braucht schon Avocados? Vor 50 Jahren ist auch niemand verhungert, weil wir damals keine grünen Bohnen aus Kenia hatten.«

»Erzähl doch mal was über deine Bücher«, bittet Maureen.

Ich berichte ein bisschen von Saudi-Arabien und Russland, aber es dauert nicht lange, bis wir über diesen Umweg beim Thema Immigration landen, für Paul der wichtigste Grund gegen den Verbleib in der EU. »Es kamen immer mehr. Aus EU-Ländern mit schwächerer Wirtschaft. Und sobald sie hier waren, musste England sie unterstützen. Sie zahlen nichts in unser Gesundheitssystem ein, profitieren aber davon. Einreise am Donnerstag, Herzinfarkt am Freitag, und schon übernehmen wir die Kosten für die OP, Hunderttausende Pfund. Und dazu kamen 1000 Flüchtlinge pro Tag.« Die Zahl ist nicht korrekt, laut offiziellen Angaben waren es in den Jahren vor dem Brexit im Tagesdurchschnitt erheblich weniger Asylsuchende.

»Aber jetzt fehlen Leute, die als Lkw-Fahrer oder Erntehelfer arbeiten«, sage ich.

»Ich verstehe nicht, was sie abhält. Es ist immer noch besser für einen Bulgaren oder Rumänen, hier zu jobben als im eigenen Land. Sonst wären sie ja bisher nicht gekommen. Warum kommen sie nun nicht mehr zu uns?«

»Möchte jemand einen Kaffee?«, fragt Maureen.

Simon ruft über Facetime an, wir gruppieren uns zu dritt um das MacBook seiner Eltern. Ich kannte ihn bislang nur von seinem Instagram-Profil, im Vergleich dazu wirkt er blasser und bärtiger, die Haare stehen in alle Himmelsrichtungen ab. »Heute geht es schon etwas besser als gestern«, sagt er mit heiserer, aber kräftiger Stimme. Doch er habe immer noch Fieber und fühle sich schwach. »Der Arzt hat gesagt, dass ich vielleicht noch wochenlang Husten haben werde. Aber ich plane schon die nächsten Reisen – bald bin ich doppelt geimpft plus genesen, sicherer geht es kaum.«

Er erzählt von seiner Großbritannien-Radtour und davon, wie gut es ihm getan habe, aus der Trägheit des Zuhausesitzens herauszukommen. Wie interessant es war, mal das eigene Land statt ferne Regionen zu erkunden. Wie gesund er sich durch das tägliche Sportpensum fühlte.

»Simon, du solltest sehen, mit was für einem Gefährt Stephan heute hier angekommen ist«, sagt Maureen. »Sieht aus wie das Fahrrad von Miss Marple. Oder das von Tante Trudy damals, erinnerst du dich? Und damit fährt er hier die Hügel auf und ab.«

Sorry, liebe Gründer von Donkey Republic, zu einer Werbeveranstaltung für euer Vermiet-Business wird das hier nicht mehr. Aber eure Räder sind für den Stadtverkehr sicher ganz toll.

Poop und Poesie

Am Morgen bin ich allein, weil Maureen und Paul früh zur Arbeit gefahren sind. So werden nur die drei Ton-Hasen Zeugen davon, wie ich mich mit dem Gartenschlauch wasche. Auf dem Terrassentisch steht ein Frühstück bereit: ein Corner-Joghurt von Müller, Geschmacksrichtung Banane-Schokoflakes, eine Tüte Capri-Sonne und Milch. Immerhin, die Milch ist »Made in Britain«, hergestellt von Cowbelle, erst bei genauerem Hinsehen entdecke ich ein Aldi-Logo auf der Packung. So viel zum gestrigen Thema, Supermärkte sollten mehr Wert auf einheimische Produkte legen. Ausgerechnet bei Brexit-Befürwortern erhalte ich das deutscheste Frühstück der gesamten Reise.

Mir selbst machen leere Supermarktregale wenig aus, weil ich keine Supermärkte besuche. Auch eine Benzinknappheit, wie sie in England wegen Lieferproblemen droht, ist mir reichlich egal, ich komme ohne Benzin vorwärts. Vielleicht ist meine Art zu reisen genau das Richtige, um Brexit-Folgen abzufedern. Aber vielleicht ist sie auch noch was ganz anderes: ein Symbol für die Ent-

fremdung zwischen Europa und England. Der Besucher vom Festland hält Abstand, geht nicht in die Häuser und verhält sich wie ein Expeditionsreisender.

Ich glaube übrigens nicht, dass die Entscheidung für den Brexit fiel, weil Nigel Farage so ein überzeugender Typ ist oder weil die Hälfte der Briten Rassisten sind. Nein, die Austrittsbefürworter hatten schlicht die bessere Geschichte.

Es ging gegen ein übermächtiges Europa, gegen das man sich wehren muss. Darum, nicht alles mitzumachen, was die Strippenzieher in Brüssel vorhaben. Um Freiheit, David gegen Goliath. Die Brexit-Gegner wiederum rebellierten nicht, wollten Kompromisse. »Es soll so bleiben, wie es ist« war noch nie ein guter Slogan für ein Wahlplakat. Und eine Gruppe, die sich »Remainer« nennt, was nach Zuhausebleiben, Unbeweglichkeit und einem Mangel an Engagement klingt, würde in keinem Land der Welt viele Anhänger gewinnen.

Man sollte niemals eine Bewegung unterschätzen, die eine bessere Story hat als die Gegenseite. Ob sie auch wahr ist, scheint weniger wichtig zu sein, als viele glauben. Hauptsache, sie packt einen emotional. Nur einen einzigen Satz brauchte der konservative Abgeordnete Michael Gove, um diese Realitätsermüdung zu beschreiben. »Die Menschen in diesem Land haben die Nase voll von Experten«, so fasste er die Stimmung kurz vor dem Brexit-Referendum zusammen.

Der TikTok-Kanal *throwbackfootage* veröffentlichte kürzlich ein Video eines unbekannten Mannes mit Bart und angedeuteter Irokesenfrisur, der an einer Straßenecke steht und erklärt, was für ihn seine Herkunft bedeutet: »Britisch sein heißt, in einem deutschen Auto zu einem irischen Pub zu fahren, um belgisches Bier zu trinken, auf dem Heimweg indisches Take-away zu kaufen, um auf einem schwedischen Sofa vor einem japanischen Fernseher zu sitzen und amerikanische Serien zu gucken und gleichzeitig alles Ausländische verdächtig zu finden.«

Die Straße ist unfair, zehn Minuten bergauf für eine Minute bergab. Und sie ist gefährlich. Innerhalb kurzer Zeit passiere ich auf dem Asphalt eine tote Taube, zwei tote Igel und einen toten

Hasen. Oder das, was von den Kadavern übrig ist, nachdem mehrere Autos über sie hinweggerollt sind.

Die App lotst mich auf einen Feldweg namens »Salt Way«, der sich gut zum Wandern eignen würde, aber auf dem Stadtrad zur ständigen Nahsturzerfahrung wird. Die Donkey-Republic-App scheint so was zu ahnen und schickt mir eine Nachricht, ob ich die Ausleihe fortsetzen möchte, ich sei ja nun schon seit 22 Stunden unterwegs. Noch zwei Stunden Zeit, um das Ziel zu erreichen, sonst wird es teuer. Ich hätte nicht erwartet, auf dieser Reise so häufig in Eile zu sein. Von wegen Entschleunigung, immer ist irgendwas. Die Suche nach einem Restaurant oder Klo. Der abendliche Zeltaufbau, bevor es dunkel wird. Der morgendliche Zeltabbau, bevor zu viele Leute vorbeikommen. Die Regenwarnung in der Wettervorhersage – möglichst weit kommen, solange es noch trocken ist. Dazu mein Ziel Newcastle, ich habe noch 24 Tage übrig und auf der geplanten Route 460 Kilometer vor mir. In den ersten elf Tagen habe ich wegen der Stopps in London und Oxford nur rund 160 geschafft. Eile, Eile, Eile.

Immerhin sind die Fußschmerzen besser, dank Kajak, Oxford-Pause und Umstieg aufs Rad. Dafür beschwert sich das rechte Knie und fragt, ob es wirklich nötig ist, mit so viel Kraft in die Pedale zu treten. Kurz vor Moreton-in-Marsh kommen noch einmal drei Kilometer bergauf, um es spannend zu machen. Exakt fünf Minuten vor Ablauf der 24 Stunden stelle ich das Rad an der dafür vorgesehenen Sammelstelle ab.

Vor einem Souvenirshop fällt mir eine Postkarte auf. »A most useful map for hiking and walking« steht darauf. Abgebildet ist eine Landkarte mit ein paar Pfaden sowie, in nicht maßstabsgetreuer Übergröße, fünf Pubs und zwei Teestuben. Weitere Sehenswürdigkeiten oder Details werden nicht gezeigt. Eine interessante Sichtweise, worauf es beim Wandern ankommt.

An einem Fenster hängt ein Werbeposter für einen Vogelscheuchenwettbewerb. Teilnahmegebühr fünf Pfund, für Kinder ein Pfund, Preisgeld 25 Pfund. Ob meine Verwahrlosung schon weit genug fortgeschritten ist, um eine Chance zu haben? Ich werde es nie erfahren, leider ist das Datum schon vorbei.

Ich bin nun in den Cotswolds, einer Ansammlung grüner Hügel, gelber Gerstenfelder und graubrauner Hobbitdörfer. Internetnutzer Klaus-Jürgen gibt der Region fünf Sterne (»Mit Abstand die schönste Gegend im Vereinigten Königreich«), während Internetnutzerin Arnnie einen Stern für angemessen hält (»Ein bisschen eintönig, all diese braunen Häuser mit braunen Dächern und braunen Gartenmauern«).

In Blockley steht am Straßenrand ein Korb Äpfel samt Spendenbox für ein Nepal-Projekt. Ich nehme acht Stück und werfe fünf Pfund ein.

Weniger willkommen fühle ich mich in Mickleton: An einem Spielplatz hängt ein Schild mit der Aufschrift »Say no to strangers«.

In regelmäßigen Abständen passiere ich Hundekackverbotsschilder. Hundekackverbotsschilder sind eine britische Kunstform, deren Vielfalt an sprachlichen und optischen Variationen in krassem Gegensatz zur Simplizität des angeprangerten Vorgangs steht. Mal lustig, mal drohend, mal verspielt, mal moralisierend. Hier lese ich, dass kleine Kinder Straßenmatsch und Hundekot nicht auseinanderhalten könnten, das Bild dazu zeigt ein niedliches Mädchen mit dunklem Schlamm an den Händen. Auf dem nächsten Schild wird das Nichtvorhandensein eines Fabelwesens namens »Kackfee« thematisiert: »There is no poop faerie – please clean up after your dog.« Andere schöne Beispiele fallen in die Kategorien Poesie (»Scoop the poop!«; »Kids at play! Keep poop away!«), Strafandrohung (»It is a criminal offence to not clean up

SAY NO TO STRANGERS

after your dog – CCTV in operation«) oder Multilingualität (»Attention dog owners: pick up after your dog. Attention dogs: grrrrr, bark, woof.«). Jeden Tag sehe ich solche Warnungen, ich glaube, in keinem Land der Erde stehen mehr Hundekackverbotsschilder als in England.

Free Spirit

Die letzten fünf Kilometer bis Stratford-upon-Avon verlaufen fast schnurgerade auf einer stillgelegten Bahntrasse, die zum Fuß- und Radweg umfunktioniert wurde. Ein paar alte Waggons dienen als Bistros, aber leider muss man drinnen bestellen. Zum Glück habe ich meine Äpfel.

Schon am Ortseingang lässt die Stadt keinen Zweifel daran, welches kulturhistorische Alleinstellungsmerkmal hier gefeiert wird. Häuser heißen »Twelfth Night« oder »Cymbeline«, ein Spirituosenladen verkauft Shakespeare-Gin mit Maulbeerengeschmack, und zwischen den Marktständen am Flussufer sagt ein Mann im Minnesängerkostüm Sonette auf: »When, in disgrace with fortune and men's eyes, I all alone beweep my outcast state.« Warum schaut er mich so an? Ich werfe eine Pfund-Münze in den Korb und schreibe meinem Gastgeber, dass ich angekommen bin.

Er antwortet, wir könnten uns in einer halben Stunde treffen, also höre ich mir noch ein paar Sonette an. Shakespeares erste Versdichtungen entstanden Ende des 16. Jahrhunderts wegen der Pest. Eine fürchterliche Epidemie suchte London heim, ein Zwölftel der Bewohner starb, und die Theater mussten geschlossen werden. Der damals 28-jährige Shakespeare entschied sich, statt Komödien und Tragödien erst mal ein paar Gedichte zu schreiben, und fand damit mehr Anklang bei den Kritikern als mit seinen vorherigen Theaterstücken. Als die Spielstätten wieder öffneten, war er ein anerkannter Autor und konnte nun auch auf den Bühnen große Erfolge feiern.

Ein paar Straßen weiter begrüßt mich Ben mit den Worten: »Du siehst ein bisschen verdreckt aus.« Vermutlich hat er nicht unrecht, meine Klamotten könnten mal eine Waschmaschine gebrauchen. Ben trägt Brille, Flanellhemd und einen opulenten rötlichen Rauschebart, aber keine Schuhe. Er hat mir einen Zeltplatz im Garten seines Nachbarn Mitch organisiert, weil er selbst keinen Rasen hat, nur Steinplatten, Gemüsebeete und einen Schuppen mit Werkzeug.

Am Tor zum Garten des Nachbarn steht: »No stupid people beyond this point.« Ich zögere nur kurz, bevor ich hindurchgehe und meine Kunststoffbehausung neben einem Trampolin aufbaue. Ben holt Tee, den er in einer Tasse mit der Aufschrift »Go green – fuck a vegetarian« serviert.

»Bist du Gärtner?«, will er von mir wissen.

»Nein.«

»Dann lernst du heute was. Kommst du rüber?«

Sein Rotkohlbeet hat ein Unkrautproblem. Genauer gesagt, ein Problem mit Vogelmiere (mittelschlimm) und Ackerwinde (Endgegner). »Du darfst sie nicht rausreißen, du musst sie herauslocken. Den Stängel so weit unten wie möglich packen und dann mit Kraft raus damit, inklusive Wurzel«, sagt Ben. »Hast du schon mal eine *hoe* benutzt?«

»Eine was?«

»Eine *hoe*, eine Unkrauthacke. Klingt wie *ho*, das Slang-Wort für Hure. Ich liebe Gartenarbeit.«

Er holt die *hoe*, wir bearbeiten das Beet, und er erzählt, wie er vor über 20 Jahren auf Fidschi seine Liebe zur Natur entdeckte. »Ich hatte nach der Schule ein Round-the-World-Ticket gebucht. Kennt man das heute noch? England – USA – ein paar Pazifikinseln – Australien. Mit 500 Pfund in der Tasche, ich wollte unterwegs arbeiten. Auf Fidschi konnte ich in einem traditionellen Dorf wohnen, lernte, wie man Gemüse anpflanzt und Fische mit dem Speer fängt. Ich verschenkte meine Schuhe an einen Dorfbewohner und lief nur noch barfuß herum. Für die Ernte und die Jagd ging nicht viel Zeit drauf, ein Großteil des Tages war Freizeit. Ein wunderbarer Lebensstil. Anfangs wollte ich nur zwei Wochen bleiben, dann für immer.«

Bens durchdringende Tenorstimme wird musikalisch begleitet von einem Elektrobass aus dem Dachfenster des Nachbarhauses.

In Endlosschleife spielt jemand »Another one bites the dust« von Queen als Requiem für das sterbende Unkraut.

»Und warum bist du dann doch abgereist?«, frage ich.

»Wir fuhren regelmäßig in die Stadt, nach Nadi, um auf dem Markt unsere Erträge zu verkaufen. Einmal kam ein Polizist vorbei, fragte nach meinen Papieren und stellte fest, dass mein Visum seit fünf Monaten abgelaufen war. Seine Kollegen nahmen mich mit, ich musste meine Sachen holen und direkt zum Flughafen. Sie zwangen die Frau am Schalter, mein längst abgelaufenes Flugticket nach Sydney zu akzeptieren. Aber dann wollten die Airline-Mitarbeiter mich nicht in den Flieger lassen, weil ich keine Schuhe anhatte. ›Hol sie doch kurz aus dem Rucksack, in der Kabine kannst du sie wieder ausziehen‹, hieß es. Die konnten nicht glauben, dass ich keine Schuhe mehr besaß. Und dann ließen sie mich doch durch, barfuß und mit einer Rohrzucker-Machete unterm Arm, die war mein einziges Souvenir.«

»Du bist ohne Schuhe, aber mit Waffe in ein Flugzeug spaziert?«

»Das war vor dem 11. September, da ging so was noch. Das Ding war in Zeitungspapier verpackt, und sie haben mich damit durch die Kontrolle gelassen. Die Stewardess bot direkt an, es in einem Schrank zu verstauen, und damit war alles in Ordnung. Nur die anderen Passagiere waren angepisst, weil das Flugzeug wegen mir erst mit Verspätung starten konnte.«

Nach der Reise entschied Ben, nicht wie geplant Philosophie und Filmwissenschaften zu studieren. Das kam ihm nun alles zu theorielastig vor, er wollte anpacken. Also machte er eine Fliesenlegerausbildung. Bis heute arbeitet er auf Baustellen und als Landschaftsgärtner. Jetzt schult er auf Lkw-Fahrer um, wegen der besseren Verdienstmöglichkeiten. Manche Firmen zahlen 1000 bis 2000 Pfund Einstiegsprämie, so groß ist der Personalmangel.

Das Beet ist nun fast unkrautfrei, Ben drückt mir einen Gartenschlauch in die Hand. »Lieber richtig viel Wasser als nur ein bisschen. Das muss bis zu den Wurzeln durchsickern, über zehn Zentimeter tief.«

Nun wird das Ganze zu einer Art Jamsession: Das Wasser plätschert, der Bass im Nachbarfenster wummert, und Ben sorgt für den Sprechgesang. Der Song handelt von seinen Lebensplänen und vom Ende der Welt:

»Lastwagenfahren hat was Romantisches für mich: das ständige Unterwegssein, Literaturklassiker als Hörbuch, Schlafen im Führerhaus, das Gemeinschaftsgefühl mit anderen Truckern. Aber irgendwann will ich ein Haus auf dem Land und als Selbstversorger leben. Vielleicht wird das schon in zehn oder 20 Jahren essenziell sein. Die westliche Zivilisation kollabiert.«

»Was meinst du damit?«

»Zum Beispiel die Flutkatastrophe bei euch in Deutschland. 49,8 Grad im Norden Kanadas. Rekordwaldbrände in der Türkei, in Kalifornien und Australien. Das Eis an den Polen schmilzt. Und die Emissionen steigen weiter an, die Weltbevölkerung wächst. Das kann nicht gut gehen. Vielleicht erleben wir bald eine Welt wie im Science-Fiction-Film. Vielleicht reisen wir bald alle wie du.«

Tipps für draußen

Outdoor University (2): *Wo steht heute die Venus? Wie sieht noch mal die Kassiopeia aus? Hunderte Sterne und Dutzende Sternbilder sind in einer klaren Nacht zu erkennen, die App SkyView Lite hilft dabei, sie zu identifizieren. Und zeigt an, ob gerade Satelliten wie ISS oder Hubble vorbeifliegen.*

Nach so viel Apokalypse hilft nur eine Shakespeare-Komödie zur Aufmunterung. Das Theater sieht aus wie eine rote Kathedrale und liegt direkt am Avon, wegen Corona war es zuletzt monatelang geschlossen. Doch in diesem Sommer stehen ein paar Open-Air-Aufführungen auf dem Programm, auf einer eigens dafür errichteten Ersatzbühne direkt nebenan.

Erst fürchte ich, am Haupteingang durch ein Gebäude gehen zu müssen, aber auf der anderen Seite kommt man über den Park rein, ich muss also nicht gegen meine Regeln verstoßen.

Ich sitze in Reihe 14 in einem dachlosen Amphitheater mit roten Plastiksitzen, mit 500 Zuschauern ist die Vorstellung ausverkauft. Bis zum Platz gilt Maskenpflicht, dann geht es ohne. Ein Ansager witzelt über die Lautsprecher, ob auch alle Sonnencreme aufgetragen hätten, und bittet darum, keine Regenschirme als Sonnenschutz zu verwenden. Die Sonne hat sich den ganzen Tag nicht blicken lassen, Wetterwitze ziehen immer in England.

Als es losgeht, bin ich ein bisschen aufgeregt, weil ich seit fast zwei Jahren in keinem Theater oder Kino war. Wobei »The Comedy of Errors« nicht das größte Meisterwerk Shakespeares ist und weniger durch seine Handlung als durch seinen Titel unsterblich wurde – der ist immer noch eine gerne genutzte Zeitungsüberschrift für Fehlerkaskaden aller Art, von Brexit bis Boris-Johnson-Reden.

Es geht um zwei Zwillingspaare, jeweils Herr und Sklave, die kurz nach der Geburt bei einem Schiffsunglück getrennt wurden. Nun sind erstmals alle vier in derselben Stadt, in Ephesus, was zu einer Verwechslung nach der anderen führt, bis alle Beteiligten an ihrem Verstand zweifeln.

Das Skript driftet häufig ins Alberne ab, zum Beispiel, als der Sklavenzwilling Dromio einen pointiert gemeinten Vergleich verschiedener Länder mit den Körperteilen einer dicken Frau bemüht und Irland als ihren Hintern bezeichnet, weil dort auch die Moore nicht weit seien. Der Schauspieler rettet es mit einem Satz ans Publikum, »Come on, das sind 400 Jahre alte Witze, gebt ihnen eine Chance«.

Überhaupt machen die fantastischen Schauspieler so einiges wett und haben offensichtlich den allergrößten Spaß an der Farce. Ein Schlüsseldialog der beiden weiblichen Hauptfiguren findet im Yogastudio mit Rastamann-Meditationslehrer statt, Stadtvorsteher tragen moderne Militäruniformen voller Abzeichen; und ein Darsteller reinigt sich mit Handdesinfektionsmittel, nachdem er einen unerwünschten Annäherungsversuch abgewehrt hat.

Am Ende klären sich alle Missverständnisse auf, weil endlich beide Zwillingspaare aufeinandertreffen. Wir lernen: Wenn Menschen voneinander isoliert sind, nur ihre eigene Version der Wahrheit glauben und die anderen für verrückt erklären, kommt man nicht weiter. Tröstlicher ist eine zweite Botschaft: Wenn die Welt, in der du lebst, vollkommen auseinanderfällt, hilft irgendwann

if I went again I'd love to see the station

nur noch eines – darüber zu lachen. Das tut das Publikum ausgiebig, es hat Nachholbedarf, monatelang aufgestaute Ernsthaftigkeit muss raus. Nicht alles, was ansteckend ist, ist gefährlich: Ich hatte ganz vergessen, wie gut es tut, sich gemeinsam mit vielen anderen wegzuschmeißen vor Lachen.

Von den meisten Passanten unbeachtet, erzählen einige Pflastersteine in der Innenstadt von Stratford-upon-Avon eine Geschichte. Eine Künstlerin lief einen Tag lang durch das Zentrum, hielt sich an ganz alltäglichen Orten auf, beim Bäcker, am Geldautomaten, und hörte einfach zu. Sie notierte, was die Leute sagten, ihre Alltagssätze und Handy-Gesprächsfetzen, und schrieb später die Zitate dort, wo sie geäußert wurden, auf Pflastersteine: »Ich kann auch einfach etwas mehr abheben«, »Das ist mir zu seltsam«, »Nein, das ist die Durchwahl von meinem Freund in der Schule«. Denkmäler für das Triviale, ausgerechnet in der Stadt, in der einige der berühmtesten Sätze der Menschheitsgeschichte entstanden. Ich glaube, Shakespeare hätte das gefallen.

Das Grab des Dichters befindet sich in der Holy Trinity Church. Ein Türsteher im Anzug wartet am Eingang, er grüßt mich freundlich, ich möge doch bitte hereinkommen.

»Danke, ich bleibe lieber draußen«, sage ich.

»Warum denn? Die Kirche ist wirklich sehenswert.«

»Lieber nicht, ich habe meine Maske vergessen«, behaupte ich, während ich gleichzeitig versuche, einen Blick durch die Tür in den Innenraum zu erhaschen. Sichtbar sind nur ein paar Bänke und ein Metallkasten mit der Aufschrift »Empfohlene Spende: fünf Pfund«.

98

»Das ist kein Problem, nur wir Angestellten müssen Masken tragen. Sie brauchen das nun nicht mehr.«

Mit einer abwehrenden Handbewegung bedanke ich mich erneut und drehe eine Runde über den Friedhof. Auf Instagram finde ich Bilder vom Grabstein und einer Shakespeare-Büste in der Wand, außerdem kleine Filmchen von einem Spaziergang durch die berühmte Kirche. Ich erinnere mich an die Sätze auf den Pflastersteinen und stelle mich an die Ausgangstür, um einfach mal zu lauschen. Kann ich aus den Gesprächen der Besucher einen Eindruck von der verpassten Sehenswürdigkeit gewinnen? Etwa alle zwei Minuten kommen Gruppen von zwei bis vier Leuten heraus, sie sagen Folgendes:

»Geradeaus oder rechts?«

»Wow.«

»Ja, mit einer kleinen Sache kannst du dir heute komplett deinen Ruf ruinieren.«

»Irgendwas mit ›Shakespeare‹ im Titel. Von Bill Bryson. Total gut geschrieben.«

»Er hat sein erstes Jahr an der University of Dundee hinter sich. Zahnmedizin.«

»Lass uns was essen gehen« (Kind), »Immer mit der Ruhe« (Vater).

»Die Skulptur in der Stadt ist schöner.«

»Wir sind diesen Weg gekommen, glaube ich. Am Fluss entlang. Nein, ich bin sogar sicher: da lang.«

»Das ist aus ›Hamlet‹, nicht aus ›Macbeth‹.«

Okay, so erfahre ich wenig über das Innere der Kirche. Die Bilder aus dem Internet müssen reichen. Ich kann ja auch einfach ein bisschen größer denken und die ganze Kirche als Shakespeare-Grab interpretieren, dann habe ich es trotzdem gesehen. An solchen Gedenkstätten spielt sich sowieso das meiste im Kopf ab: dieses eigenartige Gefühl, einer historischen Persönlichkeit physisch nah zu sein, obwohl von ihr kaum noch was übrig ist.

Der Türsteher kommt noch einmal um die Ecke und wundert sich, dass ich immer noch da bin. »Sie können wirklich hereinkommen. Die fünf Pfund Spende müssen Sie nicht zahlen, das ist kein Problem.« Er tut mir fast leid, als ich zum dritten Mal ablehne, ich glaube, er nimmt es persönlich.

Ben erzählt von einem ungewöhnlichen Fahrradprojekt in Stratford: Vor ein paar Jahren sammelten Stadtmitarbeiter herrenlose Räder ein, die unbenutzt herumstanden, reparierten sie, lackierten sie golden und setzten sie an verschiedenen Stellen aus. Alle Bürgerinnen und Bürger sollten sie nutzen dürfen, um ein Stück zu fahren, ohne App und kostenlos. Ergebnis: Nach nur einem Tag waren alle Goldräder verschwunden, weil ein paar Egoisten sie lieber für sich haben wollten als zu teilen. Eins hatte jemand in den Fluss geworfen. »Die Welt ist voller guter Ideen, aber die meisten scheitern an den Menschen«, sagt Ben.

Er fragt, ob ein Fahrrad meine Reise erleichtern würde.

»Auf jeden Fall, vielleicht versuche ich in den nächsten Tagen, eins zu kaufen.«

»Ich habe ein paar alte Schrotträder im Garten. Die habe ich auf dem Müll gefunden, wir könnten eins für dich herrichten. Hier stehen die sowieso nur im Weg rum.«

Er geht zum Zaun und zieht eine Plane beiseite, darunter kommen drei Räder zum Vorschein. Auf einem rostigen schwarzen Mountainbike mit zwei platten Reifen steht als Typenbezeichnung »Free Spirit«.

»Das nehmen wir, der Name passt zu dir«, sagt Ben. Er hat es auf dem Sperrmüll gefunden vor einer Villa in der Tavern Lane.

Den restlichen Nachmittag verbringen wir mit Reparaturen. Schläuche flicken, neue Bremsklötze und Bremskabel anbringen, Mantel austauschen, Gangschaltung justieren. Dazu jede Menge »Penetrating Oil«-Spray, der Name inspiriert Ben zu einem Feuerwerk schlüpfriger Witze.

Einer der Schläuche lässt sich nicht retten. Wir fahren mit zwei von Bens anderen Rädern eine Runde durch den Ort. In einem Sportgeschäft wird er fündig, während ich vor der Tür warte wie ein Haustier.

Als es schon dunkel wird und unsere Hände und Fingernägel mehr schwarze als helle Stellen aufweisen, ist es geschafft: *Free Spirit* fährt wieder. Mit nur drei funktionierenden Gängen, aber

immerhin. Ben hat sogar eine Tasche aufgetrieben für den Gepäckträger, was mir einiges Gewicht im Rucksack erspart. Das Zelt
kann ich im Rahmen fixieren, um noch ein Kilo weniger auf dem
Rücken zu haben.

»Damit wirst du ein bisschen schneller vorwärtskommen als
zu Fuß«, sagt mein Wohltäter.

Abends lade ich Ben zu Fish and Chips im Greene King ein. Er
trägt erneut weder Schuhe noch Socken und isst wie einer, der fünf
Tage keine Nahrung hatte. Eine extrovertierte ältere Dame namens
Tracy, die jeden dritten Satz mit »Darling« beendet, gesellt sich zu
uns und freut sich, als ich meine Herkunft erwähne. Just gestern
hätte sie einen alten Brief entdeckt von einem Jugendfreund aus
Deutschland, der wegen eines Schüleraustauschs nach England
kam, damals sei sie 16 gewesen. Ob ich eine Idee hätte, wie sie
auf Facebook Peter aus Leverkusen nach 43 Jahren wiederfinden
könnte? Nicht, dass sie etwas von ihm wolle, es wäre nur schön,
sich zu unterhalten und ein Bier zusammen zu trinken. Damals
sei er extra mit seinem Motorrad von Deutschland bis Evesham gefahren, um sie zu treffen. Doch sie habe einen Freund gehabt, und
er sei enttäuscht wieder abgereist.

O wundervolle Langzeitwirkung romantischer Torheit. Heute
grübelt Tracy über den Brief von Peter, der damalige Freund ist

längst vergessen. Mit Facebook kann ich ihr wenig Hoffnung machen, stattdessen empfehle ich ihr, den Namen seiner Schule herauszufinden und dort nach Namenslisten der Abschlussjahrgänge zu suchen.

Peter aus Leverkusen, falls du das liest, Tracy aus Evesham wohnt jetzt in Stratford und möchte ein Bier mit dir trinken. Sogar dann, wenn du inzwischen 25 Kinder hast oder nur noch ein Bein, sagt Tracy.

Sie verabschiedet sich, redet noch ein bisschen weiter, »sorry, dass ich euer Gespräch unterbrochen habe«, verabschiedet sich erneut, bleibt noch mal stehen und sagt, es sei wichtig, den Kontakt zu Menschen aufrechtzuerhalten, die einem wirklich was bedeuten.

Outsidern

Zwischen dem 26. September 1981 und dem 26. September 1982 ging der taiwanesisch-amerikanische Performance-Künstler Teh-ching Hsieh für exakt ein Jahr nach draußen. Keine Gebäude, keine öffentlichen Verkehrsmittel, nicht einmal ein Zelt war erlaubt. Er schlief in seinem Schlafsack in New Yorker Hauseingängen, wärmte sich an Feuern in Blechtonnen. Er war nicht ganz auf sich gestellt, Freunde versorgten ihn mit Geld und Nahrung. Viel Zeit verbrachte er damit, in Stadtplänen einzutragen, wo er unterwegs gewesen war. Am schlimmsten sei für ihn gewesen, sich nicht anständig waschen zu können und den Ekel der Menschen darüber zu spüren, sagte er später.

Der Brite Mark Boyle verbrachte ab Dezember 2016 ein Jahr ohne technische Hilfsmittel. Kein Elektrorasierer, keine Kamera, kein Handy. Er wollte nicht länger »mit dem Wi-Fi verbunden, aber getrennt vom Leben« sein. Am Ende dieser Zeit schickte er einen handgeschriebenen Artikel an den *Guardian*, der dort abgetippt und veröffentlicht wurde. Darin fordert Boyle den Widerstand gegen die Konsumgesellschaft und ihre Gadgets, eine Revolte gegen die Nutzung fossiler Brennstoffe, eine Renaturalisierung der Landschaften.

Der schwedische Wettkampfläufer Markus Torgeby ging nach einer Verletzung am Sprunggelenk für ein Jahr in den Wald und lebte in einem Tipi, wo er auf Tannenzweigen schlief. Er sammelte Beeren und Pilze, für einige Grundnahrungsmittel ging er einmal im Monat zum Einkaufen in ein Dorf. Dabei entdeckte er eine neue Freude am Laufen: nicht als Wettkampf, sondern um warm und in Form zu bleiben. Ihm gefiel das einfache Leben so gut, dass aus einem Jahr vier Jahre wurden.

Wer einmal mit so was anfängt, kann anscheinend nicht so leicht zurück.

Am Morgen bepacke ich *Free Spirit*, verabschiede mich von Ben und fahre voller Vorfreude ... auf die A 3400, ein abgasstinkendes, fahrradfeindliches, viel befahrenes Monstrum von einer Schmal-spur-Schnellstraße, ohne einen Zentimeter Platz neben dem Sei-tenstreifen. Ein Rückspiegel nach dem anderen streift beinahe meinen Arm, manchmal staut sich der Verkehr hinter mir, ein SUV-Fahrer hupt mehrfach, obwohl Fahrräder hier nicht verboten sind. Groß ist die Erleichterung, als ich endlich auf eine weniger befahrene Landstraße abbiegen kann.

Der Hinterreifen klingt nicht gut. Er schleift am Rahmen, pro-duziert je nach Fahrtempo schnelle hohe oder langsame tiefe Gummiviertelnoten. Ich halte an und verrücke mit dem Schnell-spanner die Aufhängung, dann geht es für eine halbe Stunde, bis der Reifen wieder schleift. Ansonsten: pures Genussradeln, but-terweicher Asphalt. Mit durchschnittlich 14 Stundenkilometern rase ich gen Kenilworth, bin dreimal so schnell wie zu Fuß. Auf einem Gefährt, das sein Besitzer auf den Müll geschmissen hatte, ein Fahrrad in zweiter Reinkarnation.

Eigentlich fehlt nur noch ein lifestyliger Name für diese Art zu reisen, um sie zur Trenddisziplin auszurufen, am besten was auf

-ing. Outlocking. Neo-Landstreiching. No-Roofing. Covid-Walking. Pandemic Camping. Isolation-Tramping. Outdoor-Quarantining. Draußening. Draußenbleibing. Auslocking. Frischluft-Diving. Extrem-Luftschnapping. Natural-Distancing. Ausbreching. Outsiding.

Ja, vielleicht Outsiding. Oder Outsidern.

Man könnte sich verschiedene Unterdisziplinen ausdenken, je nachdem, wie groß die Herausforderung sein soll:

Outsidern ohne Restaurants und Märkte, nur Nahrung aus der Natur ist erlaubt, inklusive Angeln und Jagen.

Outsidern ohne Geld.

Outsidern ohne Zelt (man schläft dann im Biwaksack, in der Hängematte oder unter einer Rettungsdecke aus PE-Folie. Wintervariante: Nur Iglus sind erlaubt).

Outsidern mit gedruckter Landkarte und Kompass, aber ohne Handy.

Outsidern in der Großstadt.

Five-to-nine-Outsidern – zwischen Feierabend und Arbeitsbeginn am nächsten Morgen.

Man könnte Wettkämpfe veranstalten: Wer schafft am schnellsten 200 Kilometer? Wer kommt in 24 Stunden am weitesten?

Oder eine Fernsehshow im »Dschungelcamp«-Stil, bei der jedem Teilnehmer anfangs 20 Ausrüstungsgegenstände nach Wahl erlaubt sind, von denen er täglich einen abgeben muss. Wer am längsten durchhält, gewinnt.

Man könnte Show-Kandidaten in der Wildnis aussetzen, ihnen ein Handy als einziges Überlebenswerkzeug in die Hand drücken und sie dann vor laufenden Kameras ein paar Wochen outsidern lassen.

Man könnte organisierte Reisen anbieten, Computerspiele programmieren, Selbstfindungsretreats organisieren, Sommercamps für Jugendliche veranstalten.

Man könnte so viel tun, um mehr Lebenszeit draußen zu verbringen.

Auf der Strecke nach Kenilworth gibt es keinen Fluss oder See, ein bisschen Körperhygiene wäre schön gewesen, fällt aber weiterhin aus. Nach einigen Kilometern auf Landstraßen erreiche ich hinter Hatton Park einen Feldweg, der geradeaus zwischen einem Waldstück und einem abgemähten Feld verläuft. Pause. Im Gras sitzen, an den Rucksack lehnen, Schmetterlinge und Feldlerchen und zwei Flugzeuge beobachten, ein bisschen zur Ruhe kommen. Keine spektakuläre Landschaft, keine Berge, Wasserfälle oder sonstige Naturwunder. Einfach nur Bäume, Äcker und kleine Tiere. Man könnte diesen Moment in 10 000 Waldstücken in Deutschland genauso erleben.

Oder auch nicht, denn Momente sind nicht die Art von isolierter Einheit, als die sie von so vielen »Lebe im Moment«-Coaches verkauft werden – einfach ein bisschen Jetztzeit wahrnehmen, auf die Atmung konzentrieren, und schon wird's toll. Nein, die besten Momente sind diejenigen mit Vergangenheit. Nach zwei Jahren Pandemie ein Sommerurlaub. Nach viel Müdigkeit eine plötzliche Wachheit. Nach langem Streit eine Versöhnung. Nach ewiger Sehnsucht ein Wiedersehen.

Dieser an sich unspektakuläre Moment unter Bäumen ist nur so, wie er ist, wegen der zwei Wochen, die ihm vorausgingen. Ich fühle mich in meinem Element, eine Komfortzonenverschiebung hat stattgefunden. Zunächst ging es raus aus der Wohnungs-Alltag-Komfortzone, raus in die Natur, mit vielen Ungewissheiten und Ängsten. Doch die Sache funktioniert, Schlafplätze und Nahrung finden sich, und das Wildcampen wird mit jeder Nacht entspannter. Irgendeinen Ort für das kleine Zelt gibt es immer, selbst in der Nähe einer Stadt, selbst, wenn es bereits dunkel ist. Vielleicht ist auch Gelassenheit nichts, was man ernsthaft mit ein paar Meditationsübungen erreichen kann, sondern das Ergebnis vom Lernen aus real erlebten Situationen. Diese Draußenwelt ist zu meiner Komfortzone geworden. Und nun verhalf mir der Zufall zu einem Fahrrad, was ganz neue Möglichkeiten eröffnet: Dank des zusätzlichen Tempos kann ich im Norden des Landes meine Route um einige schöne Etappen erweitern.

Im normalen Leben ist die gemütliche Wohnung ein stabiler Rückzugsort, und alles, was sich außerhalb davon abspielt, ist nur ein temporärer Übergang. Diese Wahrnehmung ändert sich auf einer Langzeittour: Nun ist das Vorwärtskommen der Normalzustand, und die wechselnden Nachtlager sind die Übergangsorte. Die fragmentierte Realität am Bildschirm zu Hause, die aus ständig wechselnden Reizen ständig wechselnder Herkunft bestand, ist der zusammenhängenden Realität des Unterwegsseins gewichen. Der Weg ist eine natürliche Einheit, bewältigt in langsamem Tempo, ohne Schnitte durch Auto- oder Zugfahrten.

Nach zwei Wochen habe ich meine selbst auferlegten Regeln so verinnerlicht, dass Innenräume einfach nicht mehr existieren für mich. Ist halt so und schon einige Zeit so gewesen.

Zumal meine Regeln mir neue Perspektiven ermöglichen. Zum Beispiel beim Besuch in den Gärten von Einheimischen, in einem Land, das für eine hohe Wertschätzung der Privatsphäre bekannt ist. Die Gärten übertreffen all meine Erwartungen und erweisen sich als großartige Schlafplätze. Wir sollten viel mehr in den Gärten anderer Leute campen, was für ein riesengroßes Potenzial hätte das als eigene Reiseform. Zwar gibt es schon Online-Portale dafür, zum Beispiel Campspace.com, wo immerhin einige Gärten im Angebot sind, oder initetent.com (leider nicht in England). Aber bislang werden sie nur wenig genutzt.

Man mag zu Recht sagen, wir hätten während einer Pandemie dringlichere Probleme als die Frage, wie wir unsere nächste Reise gestalten. Aber den Begriff »gestalten« finde ich wesentlich. Wir sind oft zu stark darauf fixiert, dass die Regierung was machen muss. Bei jeder Krise erwarten wir Staatshilfe. Wäre es nicht viel wichtiger, sich individuelle Strategien zu überlegen, wie man Krisen übersteht? Zumal – Stichwort Impfpflicht ab 60 – die Regierung nicht genug tut, um die Bürger vor der nächsten Welle zu schützen. Dann muss man sich eben selbst schützen.

Draußensein ist mehr als ein Freizeitspaß für vergnügte Hobbygeografen in Jack-Wolfskin-Jacken. Es ist das Ankommen in einer Realität, in der es denkbar ist, dass man kaputte Dinge nicht jederzeit nachkaufen kann, bei Gesundheitsproblemen nicht sofort ärztliche Behandlung bekommt, Ressourcen nicht mehr selbstverständlich sind. Es schadet nie, ein bisschen von der eigenen Vollkaskomentalität abzulegen.

Außerdem bedeutet eine solche Reise Ablenkung. Und zwar Ablenkung, die nicht vor einem Bildschirm stattfindet. Ablenkung, die für ein paar Stunden oder Tage hilft, nicht ständig an die große Krise zu denken. Ablenkung, deren Herausforderungen meistens fair sind: Je größer die Anstrengung, um ein Problem zu bewältigen, desto höher die Wahrscheinlichkeit, dass es gelingt.

Eine Pandemie dagegen ist ungerecht. Man kann selbst alles tun zu seinem Schutz und dem der anderen – und trotzdem daran sterben. Man kann sich jeden Tag verhalten wie ein Elefant ohne Maske im Porzellanladen, mit einem leichten Verlauf davonkommen, nebenbei die verhasste Großmutter per Ansteckung in den Sarg bringen und ein lang ersehntes Erbe antreten. Erinnern Sie sich an irgendeinen Fair-Play-Pokal, der an ein Virus verliehen wurde? Ich auch nicht.

Eine Frau vom Fach ist Emma, meine Warmshowers-Gastgeberin in Kenilworth, die in der Epidemieforschung als Modelliererin arbeitet. Im Garten ihrer Doppelhaushälfte darf ich mein Zelt aufbauen, während mich aus dem Wohnzimmerfenster Holly und Willow beobachten, zwei nicht besonders zwergenhaft wirkende Zwergkaninchen. Die Tiere haben ein ganzes Zimmer für sich, und ich bekomme ein Stück Rasen. Wäre ich Romanautor statt Journalist, würde ich in diesem Moment über ein Buch nachdenken, in dem Zwergkaninchen die Weltherrschaft an sich reißen und die Menschen aus den Häusern in die Natur vertreiben.

Wobei die Tiere dafür vermutlich nicht die nötige Skrupellosigkeit mitbrächten. »Sie haben einen Schutzinstinkt«, sagt Emma. »Wenn ich sie hochhebe oder streichle, bekommen sie Angst. Alles, was sich über ihnen bewegt, nehmen sie als Bedrohung wahr. Wenn ich mich dagegen auf den Boden lege und abwarte, beginnen sie, auf mich zu klettern.«

»Sobald du sie nicht mehr von oben herab, sondern auf Augenhöhe behandelst, mögen sie dich?«

»Könnte man so sagen, ja.«

Emma hat draußen vor dem Wohnzimmerfenster den Esstisch und drei Stühle aufgestellt, doch es beginnt zu regnen, also ziehen wir in den seitlich offenen Carport um.

Am Eingang zur Terrasse befindet sich eine der wundervollsten Toiletten der Welt, eine Schnapsidee des Architekten. Im Durchgang zwischen Küche und Garten ist eine schmale Kammer untergebracht, gerade breit genug für die Waschmaschine auf der einen Seite und das Klosett mit darüberhängendem Waschbecken auf der anderen. Der Raum ist direkt von außen zugänglich und damit »halal« für mich. »Du kannst sogar die Tür zum Garten offen lassen, dann bist du quasi immer noch an der frischen Luft«, sagt Emma. »Willst du ein paar Klamotten waschen?«

Dankend nehme ich an. Mit welcher Selbstverständlichkeit sie sich auf meine exzentrische Reiseidee einlässt! Aber warum eigentlich nicht? Der eine isst glutenfrei, die andere raucht Zigarillos, und ich bleibe halt draußen. Emma mag selbst Herausforderungen, sie reist häufig wochenlang mit dem Fahrrad und will im Herbst einen 80 Kilometer langen Ultramarathon laufen. Doch gerade erholt sie sich von einer Infektion und weiß noch nicht, ob sie rechtzeitig wieder trainieren kann. Passt zum Zeitgeist, dieses Dasein im Stand-by-Modus.

»Warum hast du dir England für diese Reise ausgesucht?«, will sie wissen. Unangenehme Frage. Eine mögliche Antwort wäre: »Weil England unter Boris Johnson gerade von allen europäischen Ländern am tiefsten im Corona-Wahnsinn steckt und die wenigsten Anstalten macht, daran etwas zu ändern. Wenn ich hier corona-frei durchkomme, dann schaffe ich das überall.« Mir kommt eine solche Aussage jedoch respektlos vor, also erwähne ich zwar die hohen Inzidenzen, aber auch meine frühere Britpop-Obsession und mein großes Interesse an der Stimmung im Land nach dem Brexit, da sich kein Land in Europa gerade weiter weg anfühle als England.

Zu dem Zeitpunkt ist die Inzidenz in England etwa 30-mal so hoch wie in Deutschland, ich ahne noch nicht, dass ein paar Monate später Deutschland die höheren Fallzahlen haben wird. Der Blick von oben herab ist unangebracht, das wissen selbst die Zwergkaninchen.

Emmas Job besteht darin, für ein Labor der University of Oxford auszurechnen, welche Faktoren wie stark zur Pandemie beitragen.

»Was sehr schwierig ist, da nie eine Maßnahme allein eingeführt wird. Wenn gleichzeitig die Pubs und die Schulen schließen, ist es kaum möglich zu sagen, was davon wie viel bringt.«

Ich frage, was sie für die größten Fehler hält bei der Pandemiebekämpfung.

»Die Entscheidungen kommen zu spät. Die Politik wartet so lange, bis die Lage derart dramatisch ist, dass es keine andere Möglichkeit mehr gibt als extrem harte Maßnahmen. Jedes verdammte Mal wieder. Und viele halten die Quarantäneregeln nicht ein. Nur zwölf Prozent der Engländer befolgen die angeordnete Selbstisolation korrekt. Zwölf Prozent. Weil es kaum kontrolliert wird. Und weil es für die Betroffenen schwer zu organisieren ist. Nicht jeder findet zum Beispiel jemanden, der für ihn einkaufen geht.«

Emmas Verlobter Tom kommt zum Abendessen nach Hause, es gibt Linsen, Brokkoli, Tofu und Samosas, für mich die gesündeste Mahlzeit seit Langem. Am Morgen lade ich die beiden zum Frühstück im Außenbereich eines Hipster-Cafés ein, danach kaufen sie mir zwei Packungen Nüsse (ohne Hilfe unerreichbar im Drogeriemarkt). Ich fahre los in Richtung Birmingham, mit Proviant und gewaschenen Klamotten im Gepäck. Die Hinterreifenbremse von *Free Spirit* quietscht fröhlich, und die Sonne scheint hell.

Tipps für draußen

Outdoor University (3): *Nach ein paar Tagen an der frischen Luft werden viele zu Hobbyornithologen und beginnen, Vögel für ihre fantastischen Orientierungsfähigkeiten und ihre krasse Überlegenheit in Sachen Fortbewegung zu bewundern. Die App Merlin Bird ID ermöglicht es, diese Wundertiere anhand von Gesängen und Aussehen zu identifizieren.*

Rentiere im Juwelenquartier

Die heutige Route führt in die Gegenwart, Zukunft und Vergangenheit der Über-Land-Fortbewegung. Zunächst Gegenwart: asphaltierte Straßen, abgasspuckende Autos mit weniger Insassen als Sitzplätzen. Dann die Zukunft in Form einer Baustelle für High Speed 2, den neuen Schnellzug zwischen London und Birmingham. Der soll mit bis zu 360 Stundenkilometern die Fahrtzeit zwischen den beiden größten Städten der Insel von 82 auf 49 Minuten verringern. Das Gelände ist weiträumig mit Gitterzäunen abgesperrt, Bagger schaufeln eine Schneise in rötliche Erde. Ich muss einen Umweg fahren. Ein Schild weist darauf hin, dass die öffentlichen Wegbereiche M 187, M 184, M 182 und W 182 a nun für die nächsten vier Jahre geschlossen sind.

Ein paar Kilometer weiter verläuft der Grand Union Canal, der längste Kanal des Landes, das Vorzeige-Verkehrsmittel der Vergangenheit. Bis zu 30 Tonnen Gewicht konnte ein einziges Pferd auf einem Transportkahn ziehen. Um 1800 besaß England das weltbeste Logistiksystem dank seiner Investitionen in Kanäle, die den Transport von Rohstoffen und fertigen Waren beschleunigten.

Eine Übergangstechnologie, die schon nach fünf Jahrzehnten durch effizientere Güterzüge mit Dampfantrieb abgelöst wurde. Aber eine Übergangstechnologie, die England dabei half, zum wichtigsten Akteur der Industriellen Revolution zu werden. Baumwolle, Stahl und Waffen »Made in England« konnten schneller als je zuvor in alle Himmelsrichtungen verschifft werden.

Das Schöne an den Kanälen ist, dass immer Wege an ihren Rändern verlaufen, früher für die Pferde, heute für Fußgänger und Radler. Das Unschöne an den Kanälen ist, dass sie teils sehr verschmutzt sind. Ein Schild warnt vor grünblauen Algen, mit denen man nicht in Berührung kommen sollte. Man solle vorsichtig sein, wenn das Wasser aussehe »wie Erbsensuppe, blaugrüne Malfarbe oder eine fließende Matte«. »Erbsensuppe« trifft es gut, für ein Bad kommt der Kanal also nicht infrage.

Die Umgebung verändert sich. Rote Klinkerbauten aus dem 19. Jahrhundert, alte Lagerhallen und Fabriken. Auf dem Wasser überholen mich einige »Narrowboats«, 21 Meter lange und zwei Meter breite Motorschiffe, maßgefertigt für die Schleusen der Kanäle. Viele sind eingerichtet wie eine kleine Wohnung, mit Küche, Schlaf- und Wohnzimmer, ein beliebtes Fortbewegungsmittel für entschleunigte Urlaubsfahrten. Manche Briten wohnen sogar komplett auf einem solchen Gefährt, einen davon begleitet die erfolgreiche Amazon-Doku-Serie »Travels by Narrowboat«. Das Bedürfnis nach Abgeschiedenheit und Hausbootromantik scheint riesig zu sein, heute sind mehr Schiffe auf den Kanälen unterwegs als je zuvor.

Im Nachhinein bin ich nicht mehr ganz sicher, warum ich ausgerechnet Alex Garlands »Der Strand« als Hörbuch mitgenommen habe. Vielleicht, weil es um eine Draußen-Utopie geht. Vielleicht, weil es von einer Epoche gewissensbissfreier Fernreisen handelt, die so weit weg zu sein scheint. Vielleicht, weil das Buch 1996 erschienen ist und ich eine bislang nicht diagnostizierte Obsession mit allen Kulturgütern der Zeit habe, als ich ungefähr 17 war.

Auf den letzten Kilometern vor Birmingham packe ich meine Ohrhörer aus und drücke auf »play«. Die Erzählung beginnt in der Khao San Road in Bangkok, die der Autor als »Dekompressionskammer« für Reisende beschreibt: ein Ort, der halb Westen und halb Fernost ist, mit Pad-Thai-Straßenküchen, Hollywoodfilmen auf den Bildschirmen der Cafés und bekifften Rucksacktouristen.

Als Richard, der britische Ich-Erzähler, seinen Jetlag erwähnt, werde ich nostalgisch, denke an diese Mischung aus Schläfrigkeit und Wachheit und Vorfreude, schweißgebadetes Wachliegen in ungewohnter Tropenhitze unter dem eiernden Deckenventilator eines billigen Hotelzimmers. Ich hatte seit Jahren keinen Jetlag.

Es geht um einen Strand als Sehnsuchtsort, um die Suche nach einem Traveller-Paradies, exklusiv, unverdorben, untouristisch, einen Ort, den nur ein paar Auserwählte zu sehen bekommen, die

Unterwegs in England: Fünf Wochen will ich komplett draußen verbringen, ohne Gebäude, Züge oder Busse zu betreten.

In Bergen und Wäldern bin ich vorher viel mit dem Zelt gereist, in Städten ist es eine neue Erfahrung.

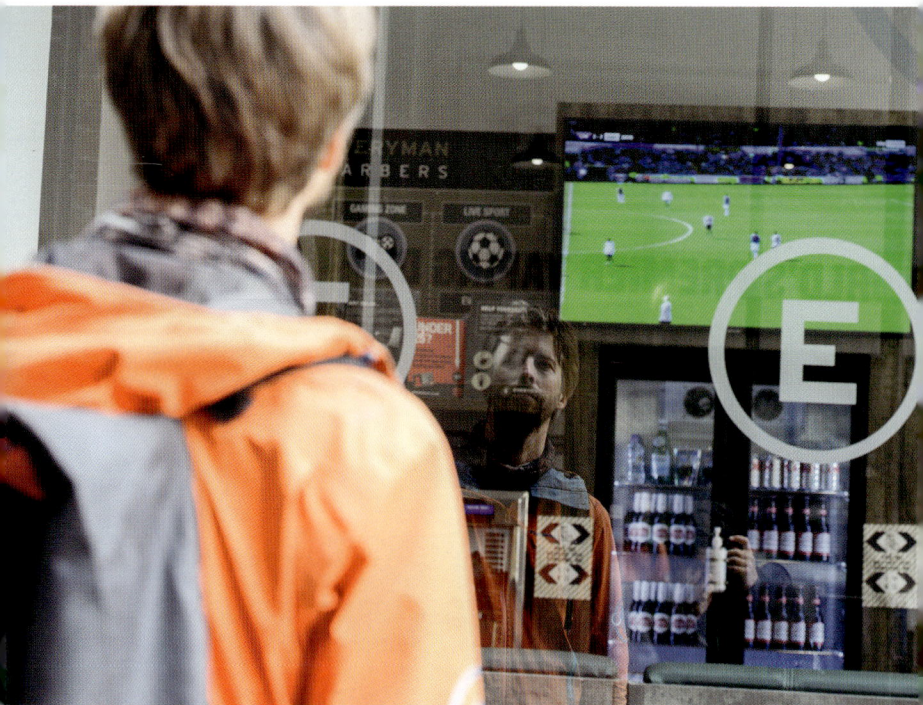

Draußensein verändert die Wahrnehmung: Einige sonst selbstverständliche Alltagsdinge geraten außer Reichweite.

Ein wesentliches Problem: die Nahrungsbeschaffung. Hilfreich ist, dass viele Kneipen seit der Corona-Krise Außengastronomie anbieten.

Kunst im öffentlichen Raum: Graffiti aller Art werden besonders interessant, wenn herkömmliche Kunstmuseen tabu sind.

Die Reise beginnt in London und mit typischem London-Wetter. Am Parliament Square hat es diese Skulptur von Winston Churchill auch nicht leicht.

Ein bisschen Standard-Touristenprogramm muss sein: Die sensationell diszipli-nierte Queen's Guard bewacht den Buckingham Palace vor allerlei Gefahren.

Englands großartigstes Exportgut ist seit vielen Jahrzehnten die Musik. Hier wurde der Text von »We Will Rock You« für die aktuelle Situation umgedichtet.

Diese »Queen« treffe ich auf dem Manchester-Pride-Festival. Endlich finden nun wieder Veranstaltungen mit vielen Menschen statt.

In Manchester: Ich bin kein Aussteiger, dessen Ziel die totale Flucht aus der Zivilisation ist. Ich steige aus und bleibe trotzdem mittendrin in der Gesellschaft.

Eingang zum Schloss Windsor: Die meisten Besucher sind Einheimische, die Zahl der ausländischen Touristen ist dramatisch zurückgegangen.

Zeltplatz im Garten: Viele Engländer erlauben mir tatsächlich, auf ihrem heiligen, perfekt gestutzten Rasen meine 1,6-Quadratmeter-Unterkunft aufzubauen.

Landwirt in der Nähe von Dufton: Im Norden Englands kommt man häufiger mit den Menschen ins Gespräch als im Süden.

Begegnungen unterwegs: Als dieser Straßenmusiker anfängt, eine melancholische Jazz-Melodie zu spielen, bleiben mehrere Passanten stehen.

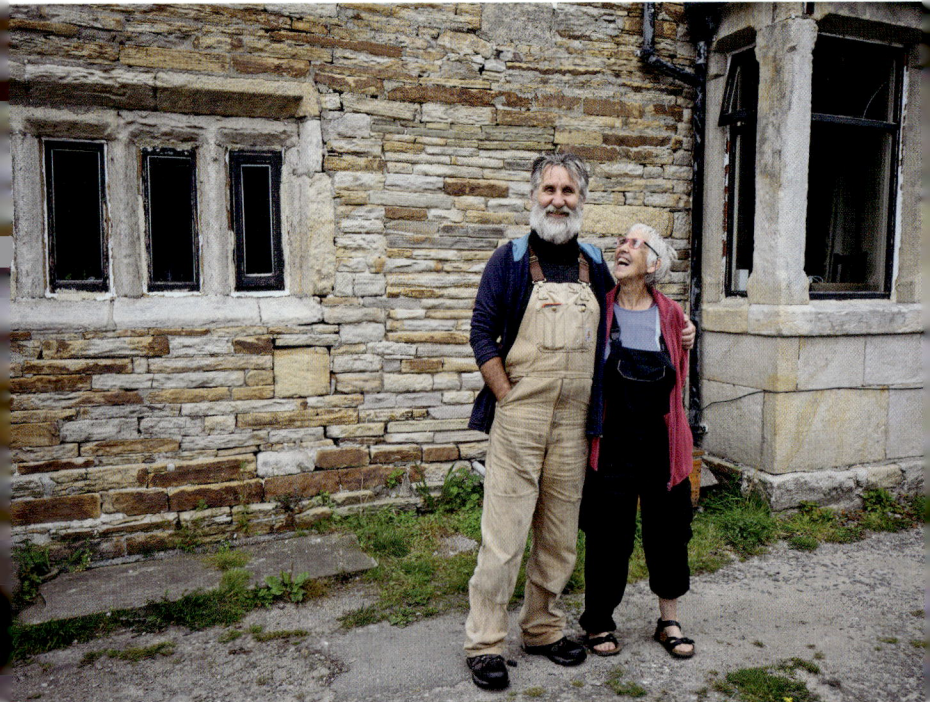

David und Sooze auf der Warland Farm: Die beiden sind Teil einer Gemeinschaft, die sich vorgenommen hat, nachhaltiger mit Ressourcen umzugehen.

Von ihrem *Shanti Tea Boat* aus verkauft Claire eine Riesenauswahl an Heißgetränken. Sie lebt als Nomadin auf dem Wasser.

Adam in Cononley erzählt mir von seinen eigenen Reisen. Tausende Kilometer hat er per Fahrrad zurückgelegt, auf YouTube veröffentlicht er Filme darüber.

Zurück in der Realität: Nach all den Monaten, die ich größtenteils vor dem Bildschirm verbracht habe, ist es heilsam, so viel Zeit draußen zu verbringen.

Auf dem Weg zum nächsten Schlafplatz: Der Garten von Francis in Manchester versteckt sich hinter Backsteinmauern.

Ach, so sehe ich aus: Da ich mit leichtem Gepäck reise, habe ich natürlich keinen eigenen Spiegel dabei.

Ein Poster fordert dazu auf, das eigene Land zurückzuerobern. Tatsächlich befinden sich über 90 Prozent der Fläche Englands in Privatbesitz.

Verpflegung unterwegs: An guten Tagen gibt es köstlichen Braten mit Yorkshire Pudding und gesunden Beilagen.

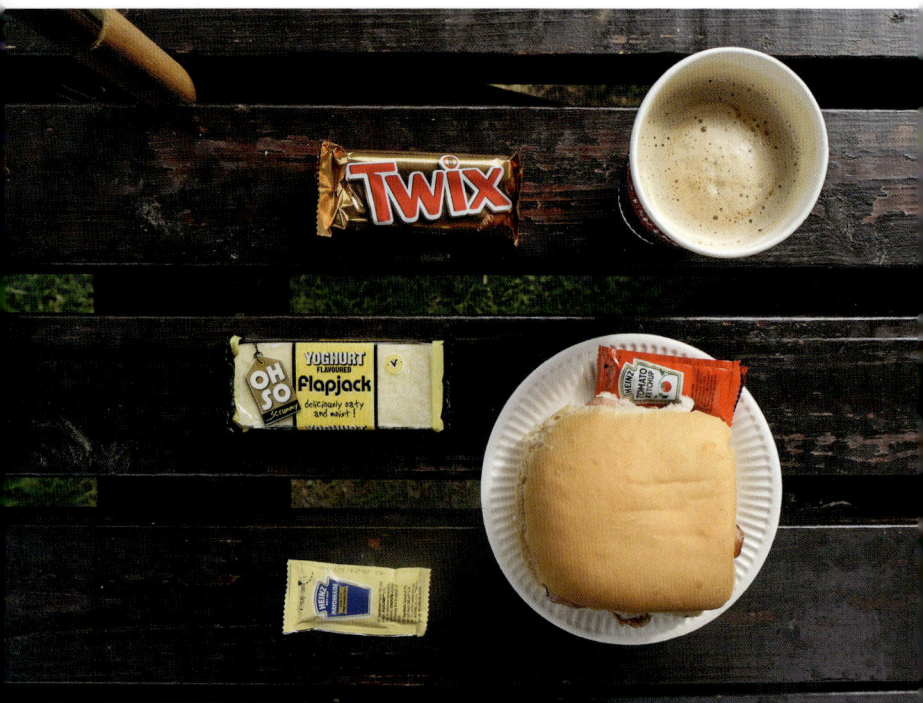

An weniger guten Tagen stehen hauptsächlich Süßigkeiten und Speckbrötchen mit Mayo und Ketchup auf der Speisekarte. Oft ist es schwer, gesund zu essen.

Fast so gut wie ein Buchladen: Kleine öffentliche Tausch-Bibliotheken versorgen mich mit Lesestoff.

BEAUTY OF BATH

WINDFALLS

[LOW SUGAR EATER/COOKER]

VERY EARLY & VERY SHORT SEASON

TRY ONE!

Über Körbe am Wegesrand mit frischem Obst, das für eine kleine Spende verkauft wird, freue ich mich sehr. Leider gibt es so was viel zu selten.

Die ikonischen roten Telefonhäuschen werden mittlerweile als Geldautomaten, Leihbüchereien oder Defibrillatoren genutzt.

Ebenfalls typisch britisch: die Fußballbegeisterung. 5:0 gewinnt der spätere Meister Manchester City gegen Arsenal London.

Eine Englandreise, bei der man keinen einzigen Pub von innen sieht, macht manchmal unglücklich. Immerhin gibt es aber auch ein paar schöne Biergärten.

Die Nachfrage nach den schmalen Narrowboats stieg während der Pandemie rasant, weil sie eine besonders reizvolle Variante des *social distancing* erlauben.

Im Garten meines Gastgebers Ben aus Stratford-upon-Avon stehen Fahrräder, die er auf dem Sperrmüll gefunden hat. Eines davon reparieren wir – *Free Spirit*.

Ab jetzt bin ich deutlich schneller unterwegs als zu Fuß. Allerdings ist das Gefährt anfällig für Pannen, und bald funktioniert nur noch ein einziger Gang.

Gastgeberin Maxine mit Mischlingshündin Pickles: Sie wohnt in einem Wohnwagen neben einer stillgelegten Bleimine.

Wildcamping im Wald: Beim ersten Mal ist es noch ungewohnt, irgendwo in der Natur zu schlafen, aber mit der Zeit stellt sich Routine ein.

Straßenszenen in Manchester: Hier erlebe ich eine enorm lebendige Stadt, die allerdings über zu wenige Parks verfügt.

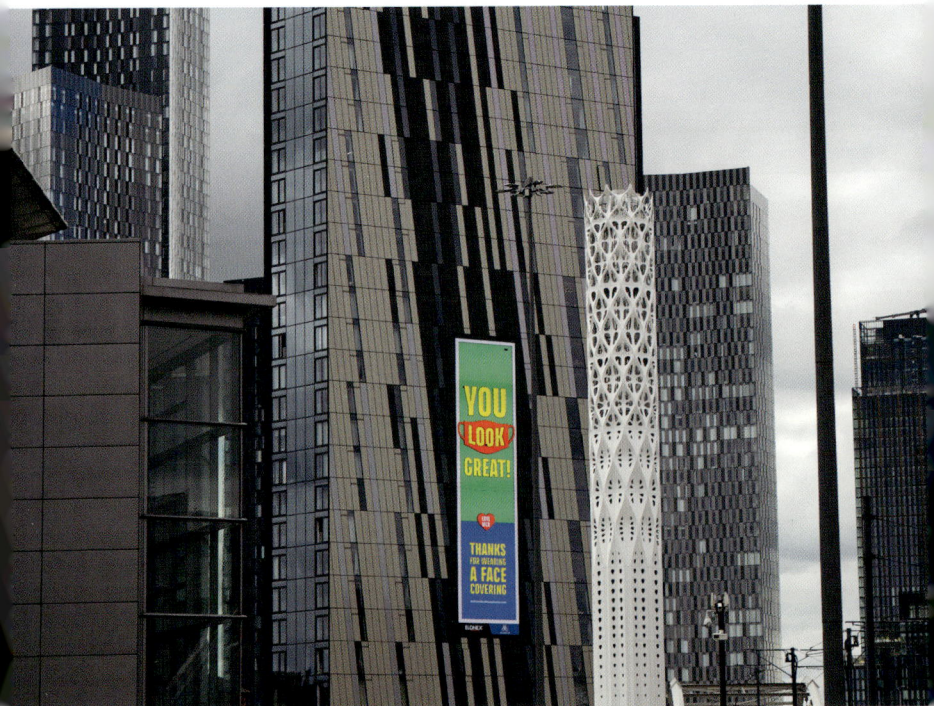

YOU LOOK GREAT!

THANKS FOR WEARING A FACE COVERING

Auf großen Anzeigetafeln wird den Bürgern dafür gedankt, dass sie sich an die Maskenregeln halten.

An vielen Orten entstand eine neue Draußenkultur. Zahlreiche Straßen wurden für Autos gesperrt und in Fußgängerzonen und Außengastronomie verwandelt.

Küchenpersonal bei der Pause: Leider bieten viele besonders attraktive Restaurants weiterhin nur in Innenräumen ihre Speisen an.

Ein Narrowboat-Besitzer gibt seinen Kindern Anweisungen fürs Ablegen. Später verrät ein Nachbar, wie genervt er von den Gästen am Pier war.

Begegnung mit einem Einheimischen am High Cup Nick: Die Naturlandschaften des Pennine Way im Norden gehören zu den spektakulärsten des Landes.

Mit *Free Spirit* geht es in der Region um Todmorden gut voran. Für das Rad bedeutet die Reise ein zweites Leben.

Tausende Kanalkilometer brachten während der Industrialisierung große Vorteile in Sachen Logistik. Heute sind die Ufer gut geeignet als Wander- und Radwege.

An einem Busdepot in Hexham treffe ich auf Alan. Wir haben einiges gemeinsam, auch er wohnt in einem Zelt.

Harley-Fahrer in Nordengland: Erstaunt zeigt sich dieser Mann darüber, dass ich eine so weite Strecke schaffe, ohne dabei einen Liter Benzin zu verbrauchen.

Schon wieder Take-away: Die kulinarische Vielfalt lässt auch in Malham ein wenig zu wünschen übrig.

Zwei Reisephilosophien: »Vanlife« liegt schon seit einigen Jahren im Trend, ob »Outsidern« das nächste große Ding wird? Der Umwelt würde es guttun.

Zu den sieben Brücken musst du geh'n: Mehr als 700 Kilometer habe ich zu Fuß und mit dem Fahrrad zurückgelegt, als ich Newcastle upon Tyne erreiche.

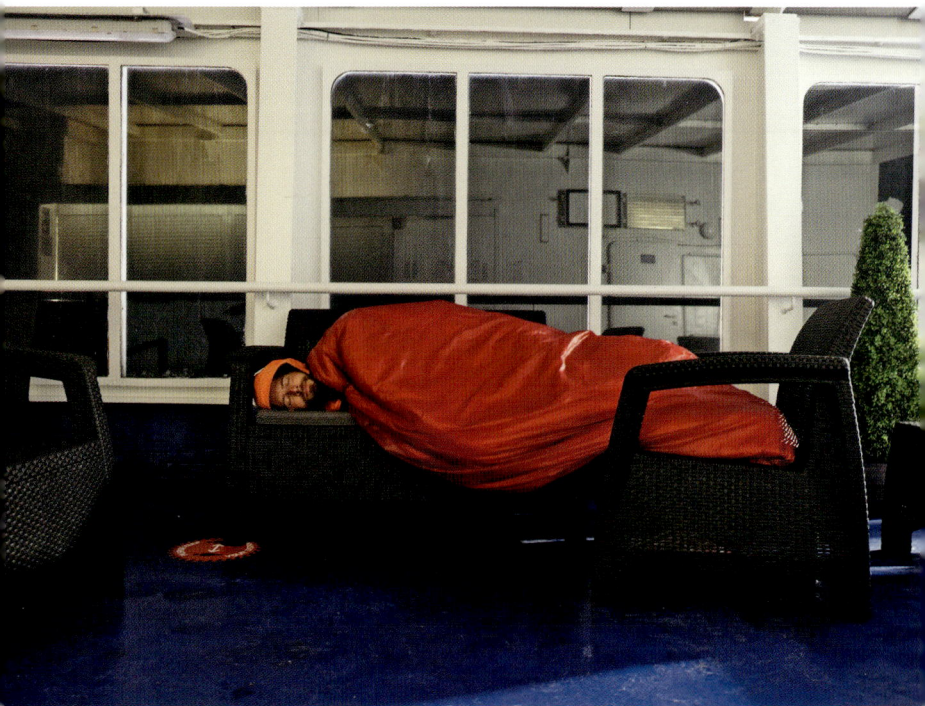

Nach vielen Nächten im Zelt ist nun auch mal ein Schlafplatz auf dem Deck eines Schiffes willkommen.

dafür große Mühen auf sich nehmen müssen. Richard erhält die Chance, einer dieser Auserwählten zu sein: Er kommt mit einem geheimnisvollen Zimmernachbarn ins Gespräch, einem fürchterlich ausgemergelten Kerl mit »Kleiderbügelschultern«, der kaum einen ganzen Satz sprechen kann und zu halluzinieren scheint. Wenige Stunden später begeht der Mann Selbstmord und hinterlässt Richard eine handgezeichnete Karte, auf der ein schwarzes »X« den Traumstrand markiert.

Birmingham empfängt mich mit Lärm und breiten Straßen, vielen Autos und kreativen Straßenverläufen, selten geht es lange geradeaus, dafür ständig bergauf und bergab. Weil die Stadt auf sieben Hügeln erbaut ist, träumt man hier heimlich davon, das britische Rom zu sein. Oft wird auch betont, die Zahl der Kanalkilometer im Stadtgebiet sei mit 56 höher als in Venedig. Bezeichnend an beiden Vergleichen ist, dass sie sich auf zählbare Faktoren beziehen und nicht auf ästhetische. »Brum«, wie die Einheimischen ihre Stadt liebevoll nennen, ist vieles, aber keine Schönheit.

Vor einer Wohnanlage namens »Trident House« – 18 Stockwerke, rote Kacheln – bin ich mit Amit verabredet. Er hat keinen Garten für mein Zelt, aber Lust auf eine Stadttour. »Willkommen in Birmingham«, sagt er. »Es tut mir furchtbar leid, ich habe sogar bei der Stadtverwaltung angerufen, ob sie dir einen Zeltplatz anbieten können. Leider gibt es dort jedoch keine Abteilung für urbanes Campen.«

»Kein Problem, ich finde schon was. Ich muss dann nur vor Einbruch der Dunkelheit los.«

Sightseeing mit Zeitlimit also. Wie viel man über eine Großstadt in gut zwei Stunden wohl erfahren kann?

Amit nimmt mir Rad und Gepäck ab und bringt beides in seine Wohnung, dann ziehen wir zu Fuß los. Er ist in London geboren, seine Eltern stammen aus Indien, und er hat bisher in zehn verschiedenen Städten als Datenanalyst gearbeitet. Ein moderner Nomade mit ortsunabhängigem Job, der nun schon seit vier Jahren in Birmingham wohnt. Er trägt einen grauen Kapuzenpulli und eine graue Chinohose, Tarnfarben, als wolle er mit dem Asphalt verschmelzen.

Gelegentlich jobbt er als Stadtführer und freut sich daher, nach langer Pause endlich mal wieder eine Tour mit einem Gast zu machen. Wir beginnen in einer Barstraße, wo mir gleich ein »Bierkeller – authentic Bavarian« auffällt, wo »Steins« und »Oompah Shows« angepriesen werden. Weiß der Himmel, warum keiner den Engländern beibringt, »Maßkrug« und »Blasmusik« zu sagen, würde doch beides mit britischem Zungenschlag nicht uncharmant klingen.

»Siehst du, deshalb habe ich gerne Besuch – mir ist bisher nicht aufgefallen, dass das eine deutsche Bar ist«, sagt Amit. Er zählt zu den Menschen, die ihr Gegenüber beim Sprechen ununterbrochen ansehen, ohne mal den Blick in die Ferne schweifen zu lassen. Ich bewundere das, ich könnte es nicht, sogar beim Gehen hält er fast ständig den Blickkontakt.

Am Centenary Square rennen aufgekratzte Kinder zwischen Wasserfontänen umher, die in Intervallen aus Düsen im Boden schießen. Ein schönes Schauspiel, die Stadt als Abenteuerspielplatz. Aber wenn schon so viel mit Wasser gemacht wird, warum baut man dann nicht auch ein paar öffentliche Duschen? Hotels abschaffen, freie Campingflächen und Duschen bereitstellen, für ein paar Pfund pro Nutzer, das wär's, zumindest aus meiner Sicht. Vermutlich ist ein solcher Vorschlag aber nicht mehrheitsfähig, die Gesellschaft ist noch nicht so weit.

Zwischen Hochhäusern mit rechteckigen Fenstern und Hoch-häusern mit quadratischen Fenstern stehen ein Pantheon-artiges Kriegerdenkmal, eine Art-déco-Villa, ein neoklassizistisches Ver-waltungsgebäude und die größte Bibliothek Englands in Form ei-ner postmodernen Stufenpyramide. »Die ist zwar riesig, doch im-mer, wenn ich ein Buch ausleihen will, haben sie es gerade nicht da. Aber die Fassade ist schön, oder?«, sagt Amit.

Um die totale Kulturvermischung komplett zu machen, findet zwischen diesem Architekturborschtsch im Winter der »Frankfurt Christmas Market« statt, der größte Weihnachtsmarkt im deut-schen Stil außerhalb von Deutschland und Österreich. Fünf Millio-nen Besucher kommen dann zu Glühwein und Bratwurst vorbei.

Vor gut 80 Jahren flogen noch Nazibomber über Birmingham, deshalb hätte ich diese Deutschland-Begeisterung nicht erwartet. Ein paar Straßen weiter wirbt ein Baustellensichtschutz für den »Bier Palace« namens »Albert's Schloss«, die ultimative Bierbar der Zukunft, in der laut der Illustrationen mehr Dirndl und Brezn und weiß-blaue Flaggen aufgefahren werden als in 100 Prozent der Kneipen, die ich in Deutschland frequentiere. Zum »Friday Frölich«-Programm (ohne h) mit der »Haus Band« würde ich lie-bend gerne mal auf ein »Stein« vorbeikommen, aber noch hat das Etablissement nicht eröffnet.

Ab 1775 war Birmingham für einige Jahrzehnte so etwas wie das Fortschrittszentrum der Welt, das Silicon Valley seiner Zeit. Im Vorort Smethwick gründeten der Unternehmer Matthew Boulton und der Ingenieur James Watt ihre Firma Boulton & Watt, um die wichtigste Hardware der Industrialisierung herzustellen: Dampf-maschinen. Die Briten exportierten global und verhalfen dem Rachegöttinnentrio Produktivität, Wirtschaftswachstum und CO_2-Ausstoß zu neuen Rekordzahlen und schließlich zur Weltherr-schaft.

Birmingham verdiente sich den Spitznamen »Stadt der 1000 Gewerbe«, es wurde produziert, produziert und noch mehr produ-ziert. Schwerter und Pappmaschee, Knöpfe und Gürtelschnallen. Und Schmuck. Im »Jewellery Quarter« steht bis heute ein Klun-kerladen neben dem anderen.

»Läuft aber nicht gut derzeit. Die Leute haben andere Sorgen«, sagt Amit. Dennoch gibt Internetnutzerin Cheryl dem Viertel fünf Sterne (»Wenn du Birmingham besuchst, ist das ein Muss. Die Geschichte des Stadtteils ist ziemlich faszinierend«), während Internetnutzerin Jenny nur einen Stern für angemessen hält (»Es war sehr ruhig, nicht viele Leute und nicht viel los. Wenn du nur wenig Zeit in Birmingham hast, verbringe sie nicht hier«). Gleich zwei von Amits Lieblingssehenswürdigkeiten befinden sich ganz in der Nähe, ein Klo-Denkmal und ein weihnachtliches Wandgemälde. Auf dem Bürgersteig steht ein Pissoir mit hochwertigen Wänden aus Gusseisen mit elaborierten Reliefs, allerfeinste Handarbeit aus dem 19. Jahrhundert, eine Hinweistafel gibt dem Ganzen den Namen »Temple of Relief«. »Früher standen solche Toiletten in ganz Birmingham verteilt. Daran sieht man, wie reich die Stadt damals war.« Die Anlage für ihren ursprünglichen Zweck zu benutzen ist heute streng verboten, Kulturerbe ist Kulturerbe.

Ein paar Meter weiter sind zwei lebensgroße galoppierende Rentiere mit weißer Farbe an eine Mauer gesprayt, nur ihre Nasen sind rot. Statt eines Weihnachtsmannschlittens scheinen sie die Parkbank zu ziehen, die danebensteht. Scheiben aus Plexiglas schützen das Bild, weil es vom bekanntesten Street-Art-Künstler der Welt stammt: Banksy. Auf seinem Instagram-Account postete er ein Video, in dem ein vollbärtiger Obdachloser namens Ryan sich mit seinem Rucksack und vollen Plastiktüten auf die Bank legt. Erst so ist das Motiv komplett, ein Vagabund als Heiliger, ein Nikolaus als Tippelbruder. Dazu läuft ein besinnlicher Song namens »I'll Be Home for Christmas«. Im Text unter dem Video lobt Banksy die Menschen in Birmingham – während der 20 Minuten, in denen das Video entstand, hätten Vorbeigehende Ryan mit einem heißen Getränk, zwei Schokoriegeln und einem Feuerzeug beschenkt, ohne dass er danach gefragt habe.

Und ich? Statt nun wie jeder anständige Kunstkenner darüber nachzudenken, wie Kontext und Storytelling unsere Wahrnehmung der Wirklichkeit beeinflussen und was uns das über den Obdachlosen als Mensch sagt, überlege ich, wie ich an einen flugfähigen Rentierschlitten herankommen könnte für die nächste

Reise. Was haben die letzten Wochen nur mit meinem Kopf angestellt.

»Ist das Kunstwerk von dir?«, fragt mich eine Passantin, als sie sieht, dass wir Fotos machen.

»Ja. Darf ich vorstellen: Banksy. Du solltest dir ein Autogramm holen«, scherzt Amit.

»Das ist ein echter Banksy? Ich wohne nur zwei Straßen weiter und wusste das nicht.«

»Nur die roten Nasen der Tiere sind nicht von ihm, das war Vandalismus«, sagt Amit, jetzt ganz in seinem Element als Stadtführer. »Deshalb haben sie die Glaswand davorgebaut.«

Birmingham ist reich an öffentlicher Kunst und scheint es eilig zu haben, aktuelle Themen schnell abzubilden. Wir passieren eine »Black Lives Matter«-Installation und eine Pandemiehelden-Skulpturengruppe. Der Spaziergang endet am Eingang der riesigen Bullring-Shoppingmall vor einem goldenen überlebensgroßen Bullen. »Das ist das neue Symbol der Stadt«, sagt Amit. Die Skulptur stehe für Stärke und Widerstandskraft, ähnlich wie der berühmte »Charging Bull« in der New Yorker Wall Street, der im Vergleich dazu aussieht wie ein selbstbewussterer Vetter aus Amerika.

Ständig laufen Menschen darauf zu und streicheln die Rindviehnase, das soll Glück bringen. Andere posieren davor für Selfies und Gruppenfotos. So viel Tanz ums Goldene Kalb gefällt nicht jedem, ein paar Meter entfernt verlangt ein Straßenprediger, zurück zu Jesus zu finden.

Es dämmert schon, und ich muss mir einen Schlafplatz suchen. Ein intensiver Kurzrundgang ist damit zu Ende, der Eindruck von Birmingham bleibt flüchtig. Amit holt mein Rad aus seiner Wohnung, wir verabschieden uns, und er entschuldigt sich erneut unnötigerweise dafür, mir keine Übernachtungsmöglichkeit organisiert zu haben. Eigentlich würde ich gerne auf der Banksy-Bank schlafen, aber es beginnt mal wieder zu regnen, und die Straßenlaternen leuchten hell, deshalb folge ich stattdessen dem Birmingham Canal nach Westen. Die Stadt scheint nicht enden zu wollen, erst nach einer Stunde finde ich eine geeignete Stelle bei einer ausrangierten Schleuse am Wednesbury Old Canal – einen beinahe idyllischen Flecken Gras neben dem Wasser, eine Oase zwischen dem England-Hauptquartier der DPD, der Schnellstraße M5 und den Metallzäunen diverser Autoteilehändler. Campingtipp: Nicht direkt vor den beiden Überwachungskameras zelten. Ich finde eine Ecke neben einer Hecke, die etwas abseits vom Kanalweg liegt und dadurch einigermaßen sichtgeschützt ist vor chinesischen Hightechlinsen, Joggern und Hundebesitzern.

Total entspannt wird die Nacht trotzdem nicht: Amseln, Lerchen und ein übermotivierter Gabelstaplerfahrer beim Paketdienst gründen spontan eine Ambient-Band und improvisieren bis zum Morgengrauen über dem Verkehrsrauschen der M5.

Tipps für draußen

Meditation: *Ein Tipp von einem weit gereisten US-Autor: »Versuch mal, über den Weg zu meditieren, du musst einfach laufen und auf den Pfad zu deinen Füßen sehen und nicht in die Gegend gucken und einfach in Trance verfallen, wenn der Boden vorbeisaust.« Jack Kerouac in »Gammler, Zen und hohe Berge«.*

Treibgut aus Haut und Neopren

Solange Regentropfen konzentrische Kreise auf dem Wasser bilden, die langsam größer werden, ist alles noch in Ordnung. Ungemütlich wird es, wenn keine Kreise mehr zu sehen sind, weil so viel Wasser runterkommt. Ein Schild des Canal & River Trust macht sich über mich lustig mit der Suggestivfrage: »Wusstest du, dass du dich glücklicher und gesünder fühlst, je mehr Zeit du am Wasser verbringst?« Vermutlich liegt die Betonung tatsächlich auf »am«, es ist nicht »unter« oder »im Wasser« gemeint. Im Kanal brodelt die Algen-Erbsensuppe, es riecht nach Kläranlage.

Der Regen wird schwächer, ich passiere überraschend angstfreie Enten und elegant schleichende Graureiher, die erst davonfliegen, als ich auf drei Meter herangekommen bin.

Unerfreulich ist die Versorgungslage. Mein Frühstück bestand wie das gestrige Abendessen nur aus ein paar Nüssen, bald ist es Mittag, und bei diesem Wetter geht die Wahrscheinlichkeit, draußen an Nahrung zu gelangen, gegen null. Am Fountain Inn blicke ich durch eine offene Tür zu einer gemütlichen Theke mit 20 oder 100 Biersorten vom Fass. Ein Lockruf aus schummrigem Kneipenlicht und warmem Pommesduft. Der dazugehörige Biergarten ist wetterbedingt geschlossen.

Dann geschieht in einem Industriegebiet zwischen den Lagerhallen von Premier Tyres und Crown Street Metals ein Wunder. Ein einzelner Marktstand namens Crown Cafe steht mitten im industriellen Nirgendwo am Straßenrand und bietet »Traditional Food and Beverages« an. Zehn Sorten warme Sandwiches, 15 Sorten kalte Sandwiches, von Sausage and Egg bis Corned Beef. Und Nescafé für 1,20 Pfund pro Becher.

Die Betreiberin schimpft über das Wetter, das sei schlecht fürs Geschäft, und wundert sich ein wenig, als ich gleich zwei große Sandwiches und eine Portion gebackene Kartoffeln bestelle. Kann man für zwei daumendicke Weißbrotscheiben mit geriebenem Cheddar, Salatblättern und Mayonnaise so etwas wie Liebe empfinden? Man kann.

»Sie glauben nicht, wie froh ich bin, Sie gefunden zu haben«, sage ich und gebe zwei Pfund Trinkgeld. Die Verkäuferin bedankt sich und blickt ein wenig befremdet aus ihrem regensicheren Waggon. Vermutlich reagiert die Mehrzahl der Kunden weniger emotional auf britische Hausmannskost.

Mit sandwichgeboosterter Energie biege ich ab zum Staffordshire and Worcestershire Canal, der weniger müffelt und mehr Freizeitkapitäne anlockt als der Birmingham Canal. Kajaks, Narrowboats, Ruderer in Lycratrikots, das volle Programm.

Die schönste Unterführung der gesamten Reise ist eine Betonkonstruktion namens M 54 Bridge No 68 a. Graffitikünstler haben sich ihre Wände vorgenommen und mit viel Farbe das Grau verdrängt. Die Spiegelungen im Wasser verdoppeln die Pracht der Motive. Feen und Kobolde, psychedelisch-verästelte Schriftzüge und lässige Baseballkappenträger mit Sprühdosen in der Hand. Bootsführer bremsen ab, um die Outdoor-Galerie zu bewundern. »Wäre das toll, wenn wir überall so gute Street-Art hätten«, sagt einer. »Meistens ist das ja nur eine Verschandelung der Öffentlichkeit.«

Die weiteren Tages-Highlights sind ein Pflaumenbaum, ein öffentlicher Trinkwasserhahn am Bootsanleger von Stone sowie das Abendessen im Garten meiner Warmshowers-Gastgeber Emma (49) und Steven (61) und ihrer schwarz-weißen Windhunddame Carice (10). Letztere zieht mit ihren braunen Augen und Schlappohren alle Sympathien auf sich, während sie um die Gartenmöbel schleicht und aufmerksam jede Gabelbewegung über unseren Tellern beobachtet, es gibt Fusilli in Hackfleischsoße.

Carice lief jahrelang Rennen, mit einigem Erfolg. »Bei der Hälfte landete sie auf dem ersten oder zweiten Platz«, sagt Steven stolz, um jedoch gleich darauf zu betonen, was für eine Tierquälerei dieser Sport sei. Als sie die Hündin aus dem Tierheim holten, war ihr Gebiss so zerstört von der strengen Diät, dass es nötig war, ihr einige Zähne zu ziehen. Und sie musste lernen, Treppen zu steigen, weil das im Zwinger nicht nötig war und sie zuvor noch nie ein Haus betreten hatte.

»Es gibt Hunde, für die sind Häuser so ungewohnt, dass sie an Teppichen und Möbeln nagen. Aus denen kannst du kaum noch ein Haustier machen«, sagt Steven. »Also übertreib es nicht mit deinem Projekt, sonst kannst du auch nicht mehr zurück.«

Steven arbeitet in der Stadtverwaltung, Emma als Krankenschwester, und beide verbindet eine große Liebe zum Draußensein. Nein, es ist sogar noch besser: Ohne ihre Liebe zum Draußensein wären sie nie ein Paar geworden. Sie lernten sich auf einem Campingplatz in Schottland kennen und entschieden spontan, zusammen für ein paar Tage wandern zu gehen. An einer ausgesetzten Passage stolperte Emma und ließ ihren Rucksack ungeschickt in eine Schlucht fallen – mit der Hälfte der Ausrüstung, den Zeltstangen und einem großen Teil der Vorräte. Anstatt wütend zu werden, sagte Steven nur, Hauptsache, ihr sei nichts passiert, alles andere lasse sich ersetzen. Ein guter Satz, ein ganz hervorragender Satz sogar, denn heute, 17 Jahre später, empfangen sie mich im Garten ihrer gemeinsamen Rotklinker-Doppelhaushälfte. Neue Zeltstangen haben sie in der Zwischenzeit öfter gekauft. Zusammen sind sie viel gewandert und mit dem Tandem durch Europa gefahren, außerdem ist Emma leidenschaftliche See- und Flussschwimmerin.

»Du kannst morgen mitkommen, da veranstalte ich mit meiner Facebook-Gruppe ein Vollmondschwimmen am Trent«, sagt sie. Mir gefällt die Idee, schon aus Gründen der Körperhygiene.

»Macht ihr das jeden Monat bei Vollmond?«, frage ich.

»Nein«, antwortet Steven an ihrer Stelle. »Sie finden nicht genug Menschenopfer für das Hexenritual. Ups, ich glaube, das sollte ich nicht verraten.«

Wir lachen alle ein bisschen, dann erzählt Emma, wie sie zum Flussschwimmen gekommen ist. Früher war sie Läuferin, aber seit der komplizierten Geburt des gemeinsamen Sohnes hat sie einen Nervenschaden und musste damit aufhören. Sie begann, in Flüssen zu schwimmen, zunächst nur kleine Abschnitte, dann auch mal mehr als 100 Kilometer in mehreren Tagen. »Das ist der beste Sport für eine dicke alte Frau wie mich«, sagt sie und bringt mir die Vokabel »Biopren« bei, die den natürlichen Kälteschutz eines Körpers mit überdurchschnittlichem Body-Mass-Index beschreibt. »Hast du schon mal einen schlanken Seehund gesehen? Siehst du.«

»Dann muss ich wohl bis morgen noch ein halbes Schwein essen«, sage ich.

»Das geht schon. Wenn es dir zu kalt wird, kannst du an mehreren Stellen aussteigen. Das werden so 16 Grad Wassertemperatur und 600 Meter Strecke, circa 20 Minuten. Ich kann dich zum Startpunkt mitnehmen. Oh, sind Autos okay für dich?«

»Nur wenn es ein Pick-up oder Cabrio ist.«

»Und wenn du den Kopf aus dem Fenster hältst?«

»Nein.«

»Wir können dich auf die Motorhaube schnallen.«

»Nein.«

»Mist.«

Die Schwimmstelle liegt etwa 16 Kilometer entfernt. Natürlich kann ich mit dem Rad hinfahren, aber für die Rückfahrt später wäre es zu dunkel, da *Free Spirit* keine Lampen hat. Und frieren würde ich auch. Einzige Möglichkeit also: dort campen, direkt am Fluss.

»Das sollte gehen, nachts ist da niemand«, sagt Emma. »Du machst also richtig ernst, auch keine Badezimmer? Komm bloß nicht auf die Idee, in mein Blumenbeet zu kacken. Ich weiß, wie die Haufen von Carice aussehen. Also sei bloß vorsichtig.« Erfrischend, dass das mal jemand ausspricht und nicht so verklemmt herumdruckst. Ich verspreche den beiden, nicht in ihren Garten zu kacken.

Wobei. Das sagt sich so leicht. Die nächstgelegene Toilette ist geschlossen, die zweitnächste liegt 1,2 Kilometer entfernt und stellt eine erstaunlich akkurate Hommage an das »dreckigste Klo Schottlands« aus »Trainspotting« dar, mit nassdunklem Schlamm als Bodenbelag und abmontierten Klobrillen. Nur die Worte an den Wänden sind anders, neben herkömmlichen Erotikfantasien sind dort auch Corona-existiert-nicht-Fantasien zu lesen.

Tipps für draußen

Mit dem Handy reden: *Es hat sich noch nicht herumgesprochen, wie praktisch die Diktafonfunktion moderner Smartphones ist. Wer spontane Gedanken und Beobachtungen nicht vergessen will, spricht sie einfach ins Mikro, und die Software verwandelt die Aufnahme in Text (bei Windstille sogar relativ fehlerfrei). So muss man nicht einmal anhalten, um sich eine Notiz zu machen.*

Als während der Lockdowns die Schwimmbäder schlossen, entdeckten viele Briten ein neues Hobby: Schwimmen in kalten Gewässern. In Seen, Flüssen und im Meer sowieso. Der Begriff »wild swimming« wurde laut einem BBC-Bericht ab 2020 so oft gegooglet wie nie zuvor. Emma gründete die »Staffordshire Swooshers«, eine Facebook-Gruppe für Draußenschwimmer, weil sie Erfahrung damit hatte und sich Sorgen um die Sicherheit der Neulinge machte. Und weil sie Lust hatte auf gemeinsame Ausflüge. Sie rechnete mit ein paar Dutzend Mitgliedern, aber nach wenigen Monaten waren es schon 1400. Sie hatte mit dem Thema einen Nerv getroffen.

Am nächsten Nachmittag packe ich meine Sachen und fahre zum Treffpunkt in Great Haywood. Für mich bedeutet das, ein gutes Stück Strecke zurückzufahren, aber die Schwimmsause will ich mir nicht entgehen lassen. Emma hatte mir eine Route vorgeschlagen, aber ich entscheide mich, einfach dem zu folgen, was meine App anzeigt.

Ein kleiner unbedachter Moment, 30 Sekunden Zeitersparnis, weil ich zu bequem bin, mal eben ihre Route auf der digitalen Karte zu markieren.

Zunächst geht es gut voran, am Kanal entlang und dann auf schaf- und kuhherdengerahmten Landstraßen. Nach halber Strecke ordnet die Software an, die geteerte Straße zu verlassen und querfeldein zu radeln. Ich rausche durch eine Furche zwischen Weizenhalmen, hier ist seit Jahren niemand mehr Fahrrad gefahren. Das Sehnsuchtsmotiv »Off the beaten track« ist leider oft ein Traveller-Mythos, 95 Prozent solcher Routen werden aus gutem Grund nicht begangen oder befahren. *Free Spirit* muss sich ganz schön abmühen auf dem unebenen Grund, mehrfach steige ich ab, wenn es allzu ruppig wird.

Nach einer Ewigkeit erreichen wir wieder einen Teerweg, die App will mir aber seitlich davon noch weitere zwei Kilometer Landwirtschaft zumuten. Verzichte, dann mache ich lieber einen Umweg über Straßen. Leider habe ich es nun eilig, der Treffpunkt ist um Viertel nach acht, also drücke ich richtig aufs Tempo. Um 20:14 Uhr erreiche ich den Parkplatz hinter dem Clifford Arms, wo schon einige Menschen in Neoprenanzügen bereitstehen. Die meisten heißen Debbie oder Kate oder ähnlich, elf Frauen und ein Mann, mit mir zwei Männer. Den Outfits nach zu urteilen, scheine ich der einzige Anfänger zu sein.

Ich lehne mein Rad an einen Zaun, Emma bittet mich, ihr beim Tragen der Ausrüstungskiste zu helfen. Wir laufen über eine altrömisch anmutende Steinbrücke, dann durch ein dunkles Waldstück und am Ufer entlang auf einem Feldweg bis zu einer markanten Eiche. Dort legen wir die Sachen ab, ich ziehe mich schnell um und lasse auch meine Klamotten dort. Emma gibt mir ein Neoprenoberteil und einen wasserdichten gelben Sack mit einem batteriebetriebenen Lämpchen darin. Dann gehen wir wieder zurück, an der Brücke treffen wir die anderen und waten ins schwarze Wasser.

»Jeder Fluss riecht anders«, plaudert Emma. »Hier überwiegen Zeder und Sand, andere haben eine stärkere Torfnote.« Noch nie habe ich jemanden so emotional über Binnengewässer reden hören. Ich kenne viele Bergmenschen und viele Meermenschen, nun kenne ich auch einen Flussmenschen. Emma ist mit fast jedem Meter des Trent vertraut, einmal schwamm sie den ganzen Lauf entlang, also alle Abschnitte, die dafür tief genug waren. Mehr als 200 Kilometer in zwei Wochen, mit warmen Klamotten im Drypack.

Eintauchen für Profis: erst bis zu den Oberschenkeln, dann Gesicht und Nacken nass machen. Auf die Knie gehen, langsam bis zur Schulter eintauchen. »Wenn das Wasser am Nacken ist, kommt ein Reflex von der Atmung, man schnappt nach Luft oder beginnt zu hyperventilieren«, erklärt Emma. Der Boden ist sandig, meine Füße sinken bis zu den Knöcheln ein. Bald treiben 13 gelb leuchtende Glühwürmchensäcke in der Strömung und die dazugehörigen Menschenköpfe daneben. Fehlt nur noch der Vollmond, aber der ist bislang hinter Wolken verborgen. »Sturgeon Moon« heißt er im August, weil laut irgendeiner Bauernregel die Störe in dieser Nacht besonders aktiv sein sollen. Emma hat eine andere Theorie, die Reflexion auf dem Wasser sei ungewöhnlich lang, ähnele also dem langen Körper der Fische. Doch bislang reflektiert da nichts, kein Störmond stört, in fast völliger Dunkelheit gleiten wir flussabwärts.

»Warum strahlt ihr alle so?«, fragt Emma.

»Weil uns die Kiefer festgefroren sind«, antwortet eine.

Das ist ein Scherz, denn zwölf von uns scheint die kalte Wassertemperatur nichts auszumachen. Einem von uns schon. »Alles okay?«, fragt Emma. »Na klar«, versuche ich zu sagen, doch erst im zweiten Anlauf gelingt es, beim ersten Mal entsteht nur ein unhörbares Krächzen.

»Du kannst testen, ob dir schon zu kalt ist, indem du den Daumen einer Hand nacheinander mit den vier restlichen Fingern zusammenbringst«, sagt sie. »Solange das in normalem Tempo geht, ist alles gut.«

Ich probiere es aus und rede mir ein, dass eine halbe Sekunde pro Finger eine normale Zeit dafür ist. »Geht super«, behaupte ich und wünsche mir sofort, meine Stimme würde nicht so gepresst klingen. Warum wirken die Menschen um mich herum so tiefenentspannt, während ich doppelt so schnell atme wie sonst?

»Ab morgen fühlst du dich drei Tage lang richtig fit«, verspricht eine ältere Dame mit Schwimmhaube. Also gut, wenn sie meint. Ich schwimme weiter.

Wobei »schwimmen« nicht der richtige Ausdruck ist, wir lassen uns eher von der Strömung treiben, als selbst etwas zum Vorwärtskommen beizutragen, fröhlich quatschendes Treibgut aus Haut und Neopren beim Laternenumzug. Wir reden über Naturschwimmerthemen wie Fledermäuse, Tipps für Schwimmschuhe und Nacktheit auf Parkplätzen (Erkenntnis, grob vereinfacht: Immer, wenn man sich gerade umzieht, kommt eine Schulklasse vorbei).

Ich bin mehr auf meine Atemnot fokussiert als darauf, Geistreiches zur Konversation beizutragen, also atme ich. Und wiederhole innerlich ein Mantra, »für drei Tage richtig fit, für drei Tage richtig fit«. Nach einer gefühlten Ewigkeit erreichen wir die Ausstiegsstelle am Baum mit der rettenden gelben Kiste, die Wolldecken, Mützen und sogar eine Daunenjacke enthält, die Emma in weiser Voraussicht für mich eingepackt hat. »Das ist wichtig, weil nach der Landung die Körpertemperatur für 20 bis 30 Minuten noch weiter sinkt. Viele unterschätzen das«, sagt Emma. »Die meisten Kreislaufzusammenbrüche passieren, nachdem man das Wasser verlassen hat.« Ich wickle mich enger in die Decke. Wir essen selbst gebackenen Zitronenkuchen, trinken heiße Schokolade und feiern uns ein bisschen. Schon bald bin ich wieder einigermaßen auf Normaltemperatur. Mit Stirnlampen laufen wir zurück, bringen die Sachen zum Auto, verabschieden uns.

Ich hole den Rucksack aus dem Kofferraum und fahre nun noch einmal den Weg bis zur Eiche mit dem Rad, weil ich dort am Waldrand einen geeigneten Zeltplatz gesehen habe. Damit ist der Triathlon komplett: Ich habe dieses Wegstück nun zu Fuß, schwimmend und auf zwei Rädern zurückgelegt, bei Tag und bei

Nacht. Nun brauche ich nicht einmal Licht, weil der Vollmond mit Verspätung doch noch hervorgekommen ist, riesengroß und rund und hell. Seine Spiegelung auf dem Wasser sieht aus wie ein ziemlich langer Fisch.

Haste Scheiße am Fuß

Am nächsten Morgen habe ich Schnupfen, 18 Schnecken auf der Zeltwand und einen Platten.

Das mit den Schnecken ist nicht schlimm, die lassen sich leicht zurück ins Gras transportieren. Die laufende Nase werde ich überleben, aber der kaputte Reifen ist blöd, ich habe kein Flickzeug. Ich packe zusammen und schiebe das Rad über meine Triathlonstrecke zum Lock House. Eine der Schwimmerinnen meinte gestern, da gebe es ein fantastisches Frühstück. Mein Hunger ist riesig, weil gestern wegen der Eile das Abendessen ausfiel. Erst mal ein Full English Breakfast und einen guten Cappuccino, und dann sehen wir weiter. Kurz vor dem Ziel merke ich, dass mein Trinkschlauch und die Luftpumpe vom Gepäckträger gefallen sind. Noch einmal zurück. Pumpe und Schlauch liegen auf dem Weg. Wieder umdrehen, zur Kneipe. Die hat geschlossen. Es ist noch nicht mal neun Uhr und schon einer dieser Tage, über die der Sportler und Aphoristiker Andi Brehme gesagt hat: »Haste Scheiße am Fuß, haste Scheiße am Fuß.«

Experimente mit der Luftpumpe. Wenn ich den Hinterreifen aufpumpe, kann ich etwa zwei Minuten lang fahren, bis er wieder platt ist. Das reicht für ein paar Hundert Meter. Auf der Karte ist der Mansion Tea Room als nächste Frühstücksmöglichkeit eingezeichnet, er liegt nur drei Reifenfüllungen entfernt. Dort angekommen, erwarten mich ein umzäuntes Anwesen und eine in strenges Pastell gekleidete Ticketverkäuferin mit Haarknoten, die mir für zwölf Pfund eine Tour zum Estate der Lords von Lichfield anbieten will.

»Ich möchte eigentlich nur frühstücken.«

»Das geht auch, Sie können die zwölf Pfund bezahlen und dann ins Café gehen. Und dann im Anschluss noch etwas über die

Geschichte des Anwesens hören, inklusive des bekannten Schaf-hirtendenkmals von Peter Scheemakers.«

»Das ist nett, aber ich brauche wirklich dringend ...«

»... und die Shugborough Hall ist sehr sehenswert mit ihren ionischen Säulen.«

»Das glaube ich. Vielleicht ein andermal. Ich hatte seit gestern Nachmittag nichts zu ...«

»Das Museum mit den Fotografien von Lord Lichfield lohnt sich auch sehr.«

»Zweifellos. Goodbye!«

Gerne würde ich mit Schwung auf mein Rad springen und schnell davonradeln, aber ich muss erst den Reifen aufpumpen.

Nach ein paar Kilometern erreiche ich Milford.

Sie werden sagen: Ach, Milford, okay. Aber Milford ist der groß-artigste Ort der Welt, Milford ist das Paradies. Es sollten Pilgerrei-sen nach Milford führen, denn in Milford befindet sich der Greene King Pub & Grill mit Biergarten UND direkt daneben ein Fahrrad-geschäft mit Werkstatt. Milford ist meine Rettung.

Zuerst Nahrung. Zehn Minuten brauche ich, um in der Bestell-App Name, Passwort, Tischnummer und E-Mail-Adresse einzu-geben und schließlich meine Wünsche. Direkt bei der Kellnerin wär's schneller gegangen, aber heute ist die Regel »please order at the bar« nicht verhandelbar.

Lachsfilet mit Pommes, Salat, großer Milchkaffee. Die Portio-nen sind landestypisch klein und teuer, nur bei der Anzahl der be-reitgestellten Zwölf-Milliliter-Soßenpackungen wurde nicht ge-spart. So werden für mich Ketchup, Mayo und Brown Sauce zur Sättigungsbeilage, und als Dessert dienen drei Packungen Zucker, wer weiß, wann es wieder was gibt.

Am Bike Shop stelle ich mich auf die Türschwelle, grüße freundlich und erzähle was von einer im Suff abgeschlossenen Wette, »ja, ich weiß, es klingt komisch«, aber ich dürfe für ein paar Wochen keine Räume betreten. Der Angestellte bringt den ge-wünschten Fahrradschlauch nach draußen. Bald ist *Free Spirit* re-pariert, ich drehe eine Proberunde, der Hinterreifen läuft her-vorragend. Doch nun verliert der Vorderreifen plötzlich Luft und ist innerhalb von wenigen Sekunden platt. Also zurück zur Türschwelle, einen zweiten Schlauch kaufen und Klebeband, um an der Felge die Enden der Speichen sauberer abzukleben. Meine Hände sind schwarz, ohne Reifenheber oder sonstiges Werkzeug macht das keinen Spaß. Um kurz vor drei habe ich noch keinen Meter in die richtige Richtung geschafft, bin aber endlich startklar.

Die Ortschaften mit ihren »Thank you NHS«-Dankesbotschaften an den Fenstern werden kleiner, bald bin ich auf einer schmalen Landstraße zwischen Sträuchern, Kuhwiesen und Buchen. Plötzlich fühlt sich der Grund härter an, der Hinterreifen flattert an der Felge – wieder ist die Luft raus. Scheiße. Also pumpen, 800 Meter fahren, wieder pumpen. Fühlt sich an wie eine neue Sportdisziplin und ist immer noch schneller als Laufen.

Pause im Blithe Inn. Außengastronomie, verwegen aussehende Biker in Lederklamotten, mittelmäßiges Chili con Carne. »Ein Motorrad hättest du jetzt auch gerne, oder?«, sagt ein Typ mit Adler-Tattoo auf dem Unterarm, und da hat er nicht unrecht. Er berichtet von einem Freund, der mit dem Fahrrad bis nach Japan gereist sei. »In Tokio schlafen Büroarbeiter auf der Straße. In ihren Business-Anzügen. Weil ihre Wohnungen zu weit weg sind. Furchtbar.«

Ich pumpe und fahre und pumpe und fahre. Bis ich plötzlich mit rechts ins Leere trete, meine Schuhsohle schleift über den Asphalt. Die Tretkurbel samt Pedal ist abgebrochen. Einfach durch, am Ansatz über dem Kettenblatt, ein Sprödbruch, ein Trennbruch, ein Ermüdungsbruch. Kann eigentlich nicht sein, Tretkurbeln brechen nicht einfach, denke ich noch, anstatt wie jeder normale Mensch laut zu fluchen. Doch ein irrationales Ereignis schafft man mit rationalem Unglauben nicht aus der Welt.

Erneut muss ich meinen Fortbewegungsrhythmus ändern. Wenn es bergab geht, den Reifen aufpumpen und für ein paar Meter rollen lassen, sonst schieben. Die 20 Kilometer bis zu meinem Ziel Uttoxeter schaffe ich so in vier Stunden. Nach Lachs und Chili genehmige ich mir hier noch eine Lasagne und einen Apfelkuchen. Das Geld, das ich bei den Unterkünften spare, verprasse ich für Kalorienbomben in der Außengastronomie. Auf einem Feld neben der Schnellstraße A 50 schlage ich das Zelt auf.

Ich könnte schlicht akzeptieren, dass *Free Spirit* sich entschieden hat, genug vom Leben zu haben. Andererseits haben wir schon einiges zusammen durchgemacht, und in Ashbourne, 20 Kilometer entfernt, gibt es laut Karte mehrere Fahrradgeschäfte.

Also schieben.

Der Weg führt zunächst in ein Waldstück, dann über Felder mit zahllosen *stiles* und *kissing gates*. *Stiles* sind Zauntritte, kleine Stufen, meistens in Form von herausstehenden Querbalken, die über Zäune oder Mauern führen. Und *kissing gates* sind schmale Gatter, die mit einer festen Einfassung so konstruiert sind, dass keine Kühe oder Schafe passieren können. Und keine Fahrräder. *Free Spirit* muss ich drüberheben, jeder *stile* und jedes *kissing gate* ist ein Work-out für die Arme und eine Gefahr für den Rücken. Und es gibt jede Menge davon, weil der Pfad nun über private Felder führt, die wegen des Wegerechts für Spaziergänger offen sein müssen.

Jemand sollte mal ausrechnen, auf welche Gesamtlänge sämtliche in England verbauten Zäune kommen würden. Vermutlich könnte man damit mehrfach den Äquator umzäunen.

Manchmal sind Gatter aber durchaus sinnvoll: Als ich versuche, eine Kuhherde in einem weiten Bogen zu umgehen, beginnen die Tiere plötzlich zu beschleunigen. Es ist verblüffend, wie

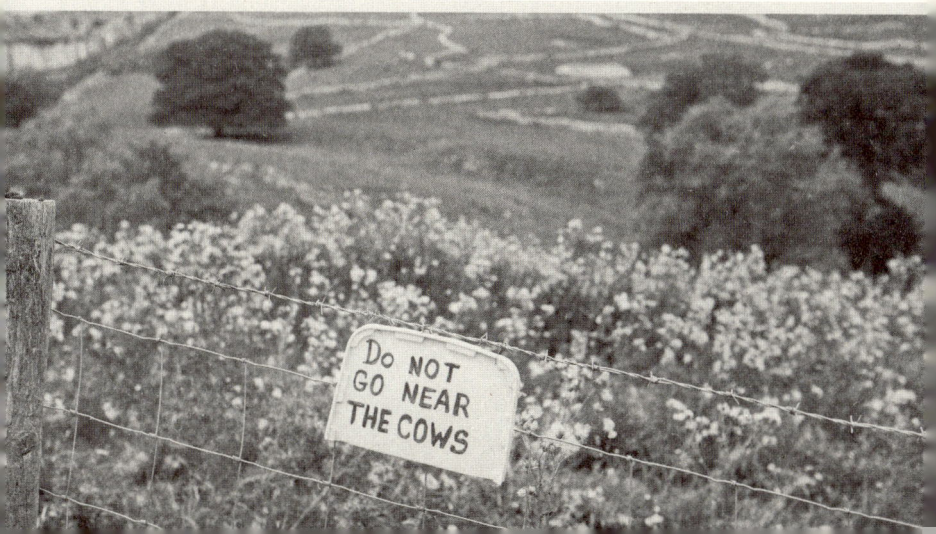

schnell die sein können, sie kommen immer näher, ich kann das Fahrrad und mich gerade noch über den nächsten *stile* retten.

Abenteuerideen zu verschenken: Fahrradschieben zum Südpol. Fahrradschieben durch die USA. Fahrradschieben von Kiel bis Passau. Fahrradschieben auf den Kilimandscharo.

Herr Orth, wie sind Sie auf die Idee gekommen, Ihr Fahrrad zu schieben?

Nun, genau genommen war es ein Notfall, eine Panne, ein kaputtes Pedal. Ich wusste in dem Moment noch nicht, was für eine weltweite Fahrradschiebebegeisterung ich mit einem einzigen Online-Post über diesen winzigen Akt ziviler Unangepasstheit auslösen würde. Wirklich, das hätte ich mir nie träumen lassen.

Dabei liegen die Vorzüge doch auf der Hand: Man kann Gepäck transportieren, trainiert andere Muskelgruppen als beim Radeln oder Joggen.

Im Grunde genommen ist es die perfekte Sportart. Moment, ich setze mich kurz anders hin, es zwickt ein bisschen im Kreuz.

Es ist nicht nur Sport, sondern auch eine Möglichkeit, mit Menschen in Kontakt zu kommen.

Tatsächlich bieten häufig Leute ihre Hilfe an oder fragen, ob alles okay ist. Vermutlich werden wir bald mehr und mehr glückliche Liebespaare sehen, die sich kennengelernt haben, weil einer Fahrrad schob. Es werden Fahrradschieberbabys auf die Welt kommen, die dann möglicherweise später ebenfalls beim Fahrradschieben ihren zukünftigen Partner kennenlernen.

Sie verkaufen nun Schiebebikes ohne Gänge, Ketten oder Pedale zu einem Preis, der höher liegt als der für ein anständiges Rad mit Kette und Pedalen. Wie erklären Sie sich den Verkaufserfolg?

Nun, man erwirbt mit unseren »Free Spirits« ja nicht einfach nur zwei Reifen, zwei Felgen und einen Rahmen. Unsere Kunden werden als *connected trendsetters* und *innovative lifestyle pioneers* zu lebenden Testimonials für ein bewussteres Leben, für ökologischen Minimalismus und Komplexitätsreduktion. Sie erwerben ein hochwertiges Fitnessprodukt, das durch seine scheinbare Nutzlosigkeit ironisch bricht mit der tatsächlichen Nutzlosigkeit herkömmlicher Luxusgüter.

Sie sind ein Genie, Herr Orth. Was planen Sie als Nächstes?
Ich werde nun mein Rad nach Ashbourne schieben. Und dann sehen wir weiter.

»So was habe ich noch nie gesehen«, behauptet der Mechaniker im Bike Barn, als ich ihm das amputierte Pedal zeige. Reparieren könne man das schon, aber man habe leider nicht das passende Ersatzteil. Er könne es bestellen, was aber drei Tage dauere, mindestens 40 Pfund kosten würde und sich im Vergleich zum Restwert des Rads kaum noch lohne. Restwert. Fast hätte ich gefragt, was er sich eigentlich einbildet, einen komplexen Charakter wie *Free Spirit* auf sein Monetarisierungspotenzial zu reduzieren.

Zweiter Versuch in einem winzigen Fahrradladen am Eingang zum Peak District National Park. Den hiesigen Mitarbeiter, er heißt Nick Edwards und sollte zum Ritter geschlagen werden, bringt der Schaden weniger aus der Fassung. »Ungewöhnliche Größe, 38 Zähne vorne«, sagt er nur und verschwindet im Lager. Als er zurückkommt, hält er einen ziemlich alten Zahnkranz mit Kurbel in der Hand. »Liegt hier seit zwölf Jahren rum, könnte passen.« Er hängt das Rad an ein Reparaturgerüst und schraubt los, befestigt das Pedal und nimmt sich dann des kaputten Reifens an.

20 Minuten später ist *Free Spirit* wieder vollständig. Okay, es funktioniert nur ein Gang, man kann nicht alles haben. Hocherfreut zahle ich 16,99 Pfund für die Reparatur und gönne mir am Kiosk nebenan ein Speckbrötchen mit Brown Sauce. Die ganz in Schwarz gekleidete Verkäuferin reicht die Mahlzeit heraus und füllt meinen Trinkschlauch mit Leitungswasser. Dann schließt sie das Fenster, hängt einen »Back in 5 Minutes«-Zettel an die Scheibe, setzt sich hin und fängt an zu weinen. Ich werde nie erfahren, was der Grund dafür ist, aber möglicherweise ist ein kaputtes Fahrrad nicht das größte Problem der Welt.

Direkt hinter der Fahrradwerkstatt beginnt der 21 Kilometer lange Tissington Trail, eine autofreie Rad-, Reit- und Wanderstrecke auf einer ehemaligen Bahntrasse. Die Schienen wurden vor 50 Jahren entfernt. Internetnutzer Carl belohnt diese Mühen mit fünf Sternen (»Der beste Ort zum Radfahren und Wandern!«), Internetnutzer Blakey gibt nur einen Stern (»90 Prozent der Zeit verbringt man unter Bäumen mit null Aussicht«). Der Faktencheck vor Ort: Tatsächlich stehen hier Bäume, mich stören sie nicht.

Ansonsten weiß-gelbe Margeriten am Trassenrand, Schautafeln mit Schwarz-Weiß-Fotos von Dampfloks, weite grüne Hügellandschaften mit 10 000 Schafen und Kühen. Nur hohe Gipfel sieht man nirgends, der Name »Peak District« ist ein Werbegag im Stil von Grönland (nicht grün), Frankfurt-Hahn (nicht Frankfurt) oder »Nestlé Fitness Fruits« (hilft mit einem Zuckeranteil von 35 Prozent nicht wirklich der Fitness).

Die letzten Monate haben in mir einige Falschinformationsmüdigkeit ausgelöst, erheblich besser gefällt mir deshalb das wahre Werbeversprechen »Plum Tart is Back!!!« an einem Kiosk in einem ehemaligen Bahnwärterhäuschen. Eine Kreidetafel berichtet ausführlich von einer zuletzt »unentschuldbaren Abwesenheit« der Backware im Menü und nicht gescheuten Mühen beim Auffinden geeigneter Inhaltsstoffe. Mit Freude befördere ich die verlangten vier Pfund über den Tresen und erhalte ehrlichen Pflaumenkuchen, mit Vanilleeis und zu viel Zucker, und niemand behauptet, danach würde ich mich gesünder, schlanker oder schöner fühlen.

In Buxton finde ich einen schlichten Natur-Campingplatz namens Highcliffe: Spülbecken, Dixiklos und viel grünes Gras an einem Hang. Daneben hinter Steinmauern so viele Kühe und Schafe, dass ein Schild darüber informiert, man müsse tagsüber und nachts mit »Tiergeräuschen verschiedener Art« rechnen.

Zum Einschlafen eine Stunde Hörbuch. In »Der Strand« reist Richard nun zusammen mit einem französischen Paar, dem er von seiner geheimen Landkarte erzählt hat, nach Koh Samui. Dort chartern die drei ein Holzboot mit Außenbordmotor und lassen sich in der Nähe der Insel absetzen, auf der sich der geheimnisvolle Strand befinden soll. Sie schwimmen dann noch zwei Kilometer über das offene Meer, um dem Ziel näher zu kommen. Ihre Rucksäcke müssen sie zurücklassen, nur das Nötigste nehmen sie in Plastiksäcken mit. Sie durchqueren die Insel und erreichen nach einer stundenlangen Wanderung das Camp der Strandbewohner: Eine Gruppe von Backpackern aus verschiedenen Ländern lebt seit Jahren an diesem versteckten Ort ihren Traum vom Ausstieg aus der Gesellschaft. Sie wohnen in Basthütten und Zelten und ernähren sich von Fischen und selbst angebautem Getreide. Direkt nach der Ankunft bricht Richard zusammen, wegen Hunger und Dehydrierung verliert er das Bewusstsein.

Der nächste Tag hat Folgendes zu bieten:

- Fish and Chips zum Frühstück.
- Den längsten Anstieg der Reise.
- Die längste Abfahrt der Reise, auf der A 537 vom Peak View Restaurant bis Macclesfield, zehn Kilometer nur bergab. Ich bin so unfassbar schnell unterwegs, dass mindestens drei Fliegen von der Kollision mit meinem Gesicht schwere Gehirnerschütterungen davontragen.
- Ein Werbeposter für ein Fahrrad-Event mit dem Slogan »100 Miles of blood, sweat and gears«. Rund 100 Meilen habe ich tatsächlich schon mit *Free Spirit* zurückgelegt. Also lache ich ein bisschen über den Plural am Ende, bei mir funktioniert ja nur ein Gang.

Dann Manchester. In den Ohren Verkehrslärm, in der Nase der Biergeruch der Heineken-Brauerei, im Blick der Southern Cemetary, einer der größten Friedhöfe Europas mit Zehntausenden Gräbern. An oder mit Corona sind in Großbritannien zu diesem Zeitpunkt 132 000 Menschen gestorben. Wie viel Platz braucht man für 132 000 Gräber? Meine Fantasie reicht dafür nicht aus.

Gefühlt ewig dauert es mit dem Rad in die Innenstadt. Mehrmals überfahre ich kleine silberne Stahlkanister, etwa daumengroß, die dann klackernd davonrollen. Seltsam, die Dinger sind mir auf deutschen Straßen noch nicht begegnet. Im Internet wird

spekuliert, es müsse sich um Drucklufttauchgeräte für Eichhörnchen oder Exkremente von Robotern handeln, doch in Wahrheit
sind es leere Lachgaskartuschen. Manchester hat anscheinend ein
Drogenproblem.

Ich passiere lange Reihen roter Backsteinhäuser, vor perfekt gestutzten Hecken parken Audis, vor weniger gepflegten Vorgärten
Toyotas und Minis. Am St. Peter's Square gibt es viele schöne Sitzbänke und einen hervorragenden Gitarristen, der so komplizierten Free Jazz spielt, dass ihm nur selten jemand eine Münze hinwirft. Das asiatische Restaurant Tampopo erfreut mit einer großen
Schale Ramen und einem Außenbereich, der mit einem mannshohen Panoramafoto der Halong-Bucht verziert ist. Die Halong-
Bucht liegt 100 000 Kilometer entfernt. Würden morgen Ver-
schwörungstheoretiker behaupten, sie existiere überhaupt nicht,
würden das bestimmt ein paar Leute glauben, beweisen Sie erst
mal das Gegenteil.

In der öffentlichen Toilette neben dem Gebäude des Stadtrats
wasche ich mir die Haare, während Fahrrad und Gepäck neben
mir stehen. Das ist nicht verboten, trotzdem unterbreche ich immer, wenn andere Menschen reinkommen, und tue so, als würde
ich mir die Hände wasche. Warum eigentlich? Habe ich Angst
vor den verurteilenden Blicken, oder Angst, für einen Obdachlosen
gehalten zu werden?

Das bin ich übrigens nicht, trotz einiger Parallelen. Landstreicher, meinetwegen. Aber es wäre ein fataler Fall von armutsromantischem Imposter-Syndrom, wenn ich mich für einen Obdachlosen halten würde. Zwar weiß ich nicht, wo ich übermorgen schlafen werde, aber meine Entscheidung, in einem Zelt zu leben, habe ich selbst getroffen. Zu Hause in Hamburg wartet eine Wohnung mit Heizung auf mich, jeder Geldautomat spuckt auf meinen Wunsch hin Banknoten aus, und ich kann dieses Experiment jederzeit beenden. Es wäre kompletter Irrsinn, zukünftig mit nachdenklichem Blick in die Ferne und weisem Kopfnicken zu behaupten, ich wüsste nun, wie sich Obdachlosigkeit anfühlt.

Auch wenn der Bart wächst und ich langsam ein wenig streng rieche: Ich bleibe ein Rucksackurlauber mit 2000-Euro-Ausrüstung, Reisepass aus der Europäischen Union und Vollkaskoversicherung.

Vor einer Kneipe in der Edge Street treffe ich auf Brian, einen Trompeter mit ausgezehrtem Gesicht und zerrissener Lederjacke, und Andy, einen ziemlich betrunkenen Rothaarigen mit Vollbart, offensichtlich erst kürzlich gebrochener Nase und Abschürfungen an den Fingerknöcheln. In Anbetracht seines ramponierten Zustands wirkt er unverhältnismäßig heiter. Er begrüßt mich, fragt nach meinem Herkunftsland und wendet sich dann dem Musiker zu.

»Brian, wenn du keinen Penny mehr in der Tasche hättest, würdest du dann deine Trompete verkaufen?« Ich spüre, dass er die Frage nicht primär aus eigenem Interesse stellt, sondern um mir, seinem Publikum, etwas zu bieten.

»Nein, niemals«, ist die Antwort.

»Sieh dir das an«, sagt Andy, nun an mich gewandt. »Der Mann hat nichts, aber seine 300-Pfund-Trompete würde er nicht hergeben. Und wenn er drei Tage hungern muss. Das ist eine Geschichte, die du deinen Freunden in Deutschland erzählen kannst. Ich brauch ein Bier.« Er humpelt davon in Richtung Theke, sein rechtes Bein scheint ebenfalls verletzt zu sein.

Brian hebt sein Instrument zum Mund und stimmt eine melancholische Jazzmelodie an, er schließt die Augen und versinkt ganz in seiner Musik, mitten auf einer Fußgängerstraße in Manchester. Mehrere Passanten bleiben stehen, er bekommt ein wenig Applaus und zwei 50-Pence-Stücke.

»Was bedeutet dir die Musik?«, frage ich ihn.

»Künstler müssen Freude bringen. Ich spiele etwas, was mir Spaß macht, und dann gefällt es den Zuhörern. Das ist alles. Darum geht es doch.«

Die Edge Street ist voller Menschen, sie ist eine von 25 Straßen in Manchester, die im Rahmen der Pandemie-Notgesetze zu autofreien Zonen erklärt wurden. Manche rund um die Uhr, manche zwischen elf und Mitternacht. Damit die Fußgänger die Chance haben, mehr Abstand voneinander zu halten, als das auf schmalen Bürgersteigen möglich wäre.

Die Stadtverwaltung vergab 350 Außenbereichslizenzen für Bars und Restaurants, die ihre Stühle und Tische auf die Straße stellten. »Al Fresco Dining« wurde zum Trend der Saison im normalerweise ausgesprochen innenraumfixierten, regengeschundenen Großbritannien. Auf Asphalt entstanden Freizeitbereiche, Verweilorte, Wohlfühlräume.

Die Notgesetze sollten eigentlich nur temporär gelten, doch nun ist die Sehnsucht nach einer Rückkehr der Autos gering. Manchester will die »Pedestrianisation« in einigen Straßen beibehalten, zumindest im Sommer.

Der Exchange Square Fountain besteht aus mehreren lang gezogenen Becken mit Reihen kleiner Springbrunnen. Ich setze mich hin, um ein paar Nüsse zu essen, und komme mit einem alten Mann mit Hut ins Gespräch, der sich auf einen Gehstock stützt. »Den Brunnen haben sie vor Kurzem renoviert, für 800 000 Pfund«, erzählt er. »Und jetzt kommen irgendwelche Trottel her und schütten Waschmittel rein, bis der ganze Bürgersteig voller Schaum ist.« Er zieht an einer Filterzigarette und ascht auf den Boden. »Deshalb kann man keine schönen Innenstädte bauen. Weil es immer ein paar Vollidioten gibt, die Sachen kaputt machen.«

Ein guter Punkt, doch das ist nicht der alleinige Grund, warum viele Städte so wenig Freude machen. Nichts gegen Manchester übrigens, Manchester ist total in Ordnung, hat nur zu wenige Parks. Der Mann empfiehlt mir, bei YouTube in der Suchzeile

»How to make an attractive city« einzugeben. Damit finde ich ein Video der Londoner Fortbildungsstätte School of Life mit Vorschlägen, wie wir die urbane Lebensqualität verbessern könnten. Es beginnt mit der Erkenntnis, dass die meisten besonders lebenswerten Städte relativ alt seien. Wo die Menschheit doch in so vielen Dingen besser geworden sei, Elektroautos und Smartphones herstellt. Und dennoch sei in den letzten 100 Jahren keine neue wirklich attraktive Stadt entstanden. Was macht eine solche aus? Laut dem Video hauptsächlich sechs Faktoren:

Ordnung und Variation: einerseits klare Bauprinzipien, Symmetrie, keine Willkür; zugleich aber keine übertriebene Gleichförmigkeit, das wäre langweilig, stattdessen kleine Variationen und organisierte Komplexität.

Sichtbare Lebendigkeit: Menschen, die in der Öffentlichkeit ihren Tätigkeiten nachgehen oder zumindest sichtbar hinter Fenstern, nicht versteckt hinter gefärbten Scheiben und Mauern von Lagerhallen. In modernen Städten scheint es oft darum zu gehen, das Leben zu verstecken.

Kompaktheit: Ausgedehnte Wohnviertel aus Einfamilienhäusern mit Gärten schaffen Isolationsräume statt Gemeinschaftsgefühl. Lieber ein bisschen näher zusammenrücken, dafür mit vielen Freizeiträumen wie Parks und Plätzen. Die stadtplanerische Fokussierung auf Privatsphäre ist möglicherweise gar nicht das, was wir wirklich wollen.

Orientierung und Geheimnis: Man findet sich intuitiv zurecht, aber es gibt auch kleine Seitengassen, in denen man sich verlaufen kann.

Wolkenkratzer mit Sinn: Die höchsten Häuser einer Stadt gehören meist Banken, Ölfirmen, Hedgefonds-Unternehmen. Sind das wirklich die Konzerne, zu denen wir aufschauen wollen? Wäre es nicht schöner, wenn die auffälligsten, höchsten Gebäude für etwas stehen, mit dem wir positive Werte verbinden?

Lokalkolorit: Städte sollen nicht weltweit gleich aussehen, wir wollen Individualität, Landestypisches, architektonische Eigenarten.

So erschreckend einleuchtend diese Punkte sind, speziell wenn man viel Zeit auf Straßen verbringt, so erschreckend ist die weltweite Vorherrschaft der Immobilien-Investoren, denen solche Überlegungen herzlich egal sind.

Mein Gastgeber heißt Francis, er ist Arzt und wohnt drei Kilometer südwestlich vom Stadtzentrum. Er hat mir einen Garten versprochen, doch sein Haus ist Teil einer langen Reihenhausreihe ohne seitliche Durchgänge. Wie soll ich reagieren, wenn er mich bittet, durch den Innenraum nach hinten zu gelangen?

Francis, Mitte 30, wuscheliger Pony-Haarschnitt und Fleecepulli, öffnet die Tür. Anscheinend kann er meine Gedanken lesen.

»Da drüben geht es zu den Gärten, du musst nicht durchs Haus«, sagt er gleich. Tatsächlich befindet sich etwa 100 Meter weiter ein laut quietschendes Tor, hinter dem ein schmaler Ziegelgang zu den rechteckigen Häusergärten führt, die von übermannshohen Backsteinmauern getrennt sind.

Seiner hat einen Boden aus Steinplatten zwischen ein paar Blumentöpfen und einem Esstisch, aber er verspricht, mir noch eine Matratze zu holen, damit es weicher wird. »Du bist definitiv der Erste, der bei uns im Garten zeltet. Vermutlich wird auch nie wieder jemand auf die Idee kommen«, sagt er.

Was schade ist, denn die Memoryschaum-Matratze, die er kurz darauf bringt, 80 mal 200 Zentimeter, passt exakt auf den Zeltboden und verwandelt mein Schlafzimmer in eine Luxussuite. Der Bezug duftet so stark nach Waschmittel, dass ich mich relativ schmutzig fühle, wie ein Straßenköter auf einer Tischdecke.

Wir besprechen die üblichen Themen, Inzidenzen, Regierungsversagen, Impfmüdigkeit, mögliche Mutationen. Mir kommt es vor, als würde ich seit über einem Jahr mehrmals pro Woche das gleiche Gespräch führen, mit wechselnden Menschen, aber nur geringen Variationen. Das Leben wiederholt sich, die Maßnahmen wiederholen sich, die »Tagesschau« vom März klingt wie die »Tagesschau« vom November, wir sind gefangen in einer Zeitschleife.

Wir unterhalten uns durch die geöffnete Terrassentür, während Francis in der Küche Lasagne macht. Eine eher absurde Gesprächssituation, ein guter Gast würde reinkommen und mit der Béchamelsoße helfen, aber damit kann ich leider nicht dienen.

Später gieße ich die Mexikanische Dreimasterblume und den Eukalyptus im Garten, immerhin, das geht.

Tipps für draußen

Gestopft, nicht gerollt: *Wie kommt der Schlafsack oder Quilt in seine Verpackung? Tatsächlich am besten durch konsequentes Stopfen. So groß die Versuchung ist, das Ding preußisch-ordentlich zu falten und dann aufzurollen, das Ergebnis passt selten in den Packsack.*

Als ich nachts von einem Pinkelspaziergang zum nächsten Park zurückkomme, sehe ich die Nachbarin am Wohnzimmerfenster stehen. Sie beobachtet, wie ich mit meinem kleinen Handylicht in den Garten schleiche, und überlegt vermutlich, die Polizei zu rufen. Schnell mache ich das Licht aus und ducke mich neben das Zelt, sodass ich hinter der Mauer im toten Winkel bin. Würde sie in den ersten Stock steigen, könnte sie sehen, wie ich vor dem Vorzelt kniend meine Sachen sortiere, was vermutlich auch nicht unverdächtig aussieht. Ich habe Glück, sie bleibt im Erdgeschoss.

Am nächsten Tag stehen in der Nähe der Canal Street Hunderte Menschen in einer Schlange, die um vier Wohnblocks verläuft. Alle halten ordentlich zwei Meter Abstand ein, Ordner in gelben Warnwesten achten darauf, dass sich keiner vordrängelt. Man könnte meinen, es gäbe hier Boosterimpfungen, aber dafür sind die Leute zu farbenfroh angezogen: High Heels, Federboas, Netzoberteile. Engelsflügel in Regenbogenfarben, pinke Perücken, blauer Lippenstift, schwarze BDSM-Ledermasken mit Reißverschluss statt FFP2.

Sie wollen auf das Gelände eines Festivals. Endlich wieder »Manchester Pride«. Das dreitägige Straßenfest musste im Vorjahr ausfallen, in Manchester galten strengere Regeln als in vielen anderen britischen Städten, weil die Fallzahlen besonders hoch waren. Doch nun, endlich: zurück zur Normalität.

Das Kneipenviertel in der Canal Street in Manchesters »Gay Village« ist auch ohne Ticket zugänglich. Hier ist *social distancing* kein Thema mehr, es sind einfach zu viele Menschen. Ich bin das nicht mehr gewohnt, finde die Nähe verstörend. Laut Anthropologen gilt unter Deutschen ein Abstand von mindestens 60 Zentimetern zu anderen Personen als komfortabel, mehr Nähe wird häufig als unangenehm empfunden, wenn es sich nicht um sehr vertraute Menschen handelt oder eine Sondersituation wie einen Arztbesuch. Doch da hat sich was verschoben, nach monatelanger Konditionierung auf »anderer Mensch = potenzielle Gefahr« kommt mir schon ein Meter Abstand beängstigend nahe vor.

Die Straße ist mit Regenbogengirlanden geschmückt, so vielen, dass sie fast ein Dach zwischen den Häusern bilden. Es geht hier nicht nur um Verzierung, sondern auch um ein Statement. Die britische LGBTQ+-Gemeinschaft fordert ihr Symbol zurück, nachdem es zuletzt ständig für den NHS verwendet wurde. Als die »Manchester Pride« abgesagt wurde, wehten im ganzen Land mehr Regenbogenflaggen als jemals zuvor – die aber nun eine andere Bedeutung hatten.

Natürlich kann niemand derart universale Symbole exklusiv für sich beanspruchen. Schon in den deutschen Bauernkriegen und im Buddhismus wurden Regenbogensymbole verwendet, oder in den Logos von Firmen wie Google, Polaroid oder NBC. Aber wie hätten diese Firmen reagiert, wenn jemand ihr exaktes Design übernommen hätte?

Als Online-Versandhändler begannen, »Gay Pride«-Flaggen als »Thank you NHS«-Banner anzupreisen, fanden das zunächst viele lustig. Wie konnte man auch böse sein bei den übermenschlichen Anstrengungen, die das Krankenhauspersonal in der Pandemie leistete? Twitter-Kommentatoren scherzten über den »National Homosexual Service« oder fragten: »Bist du hetero oder danke NHS?« Aber nun ist manchen das Lachen vergangen. Vermutlich wird es Jahre dauern, bis die »Pride«-Aktivisten ihren Regenbogen wieder ganz für sich haben.

Blokes und Wankers

Manchester hat zwei Konfessionen, United und City. Wenn man bei google.co.uk den Stadtnamen eingibt, sind unter den ersten zehn Treffern drei Fußballseiten. Auf 550 000 Einwohner kommen 130 000 Plätze in den beiden Stadien, nicht einmal Madrid oder Mailand haben so viel Weltklassefußball pro Kopf.

Manche wandern nach Santiago de Compostela, andere umrunden den Kailash oder die Kaaba. Ich fahre mit dem Rad zum Etihad-Stadion. Obwohl Francis davon abgeraten hat: Die Gegend sei nicht die beste. Wenn ich dort mein Fahrrad ohne gutes Schloss abstelle, »dann viel Glück«.

An einem Container vor dem Stadion kann ich für eine Gebühr von zehn Pfund mein Gepäck abgeben. Zumindest das ist schon mal in Sicherheit. Fahrradständer gibt es auf dem Stadionvorplatz. Mit zwei Kabelbindern mache ich *Free Spirit* fest. Wäre ich Fahrraddieb, ich würde mich auf jeden Fall während eines Fußballspiels vor einem Stadion ans Werk machen, denn da sind die Besitzer garantiert anderweitig beschäftigt.

Vor dem Osteingang stehen seit heute zwei Skulpturen legendärer City-Spieler, überlebensgroße Götzenbilder aus galvanisiertem Stahl: David Silva mit Ball am Fuß und erhobenem Kopf, Vincent Kompany in einer eigentümlichen Jubelpose mit abgespreizten Armen, die mehr an Jesus am Kreuz als an einen Fußballspieler erinnert. Im Sekundentakt machen hellblau uniformierte Fans Selfies vor den Statuen.

Am Einlass stoße ich auf ein Problem. Um zu den Sitzplätzen zu gelangen, muss man etwa 15 Meter durch einen überdachten Innenraum zurücklegen, bevor es durch hohe rechteckige Aussparungen wieder nach draußen geht. Ist das nicht genau genommen eine Art Tunnel? Zumindest ist der Bereich durch die vielen Zugänge zur Tribüne gut durchlüftet, oder nicht?

Nein, Ausreden sind zwecklos. Eigentlich müsste ich wegen dieser 15 Meter meine 50-Pfund-Eintrittskarte verfallen lassen. Hinter mir bildet sich bereits ein Menschenstau. »Hurry up, mate«, sagt einer, und der ist zweimal so breit wie ich, bestimmt ein Hooligan, potenziell alkoholisiert und gewaltbereit, kennt man ja aus dem Fernsehen. Mir bleibt keine andere Wahl als die Flucht nach vorn. Ich zeige dem Ordner mein Ticket, renne mit angehaltenem Atem durch den Raum und bin nach fünf Sekunden wieder an der frischen Luft. Die Sache am Stadion, das war höhere Gewalt, werde ich später sagen, der hätte mich krankenhausreif geschlagen, wenn ich nicht reingegangen wäre.

Ich suche meinen Platz. Südtribüne, Block 117, Reihe T, Sitz 457. Schräg links hinter einem der Tore. Auf einem mannshohen Banner steht: »And on the sixth day God created Manchester City.« Ein nahezu leeres Fußballstadion ist ein steriler Raum, kalt und museal, eine leblose Hülle. Die Metamorphose, die es innerhalb von etwa 45 Minuten durchmacht, bis kein Platz mehr frei ist, erinnert an eine dieser Naturdokumentationen, in denen im Zeitraffer Pflanzen aus dem Wüstenboden sprießen. So viel geballte Existenz, so eine Energie aus Stimmen und Bewegung, so viele Einzelwesen, die schließlich zu einer großen Publikumsmasse verschmelzen, die »City, City!« brüllt. Der Stadion-Spitzname »Emptihad«, der sich auf angeblich mangelndes Publikumsinteresse bezieht, bestätigt sich zumindest heute nicht. Die Fans des Stadtrivalen Manchester United gelten als erheblich leidenschaftlicher als die von City, aber der direkte Vergleich bleibt mir verwehrt, weil United in diesen Tagen kein Heimspiel hat.

Hellgrün leuchtet der Hightech-Hybridrasen, angereichert mit 20 Millionen Kunstfasern, die für zusätzliche Stabilität sorgen. Wäre das ein geiler Zeltplatz. Fünf Tage pro Woche für Campingurlauber, zwei Tage für Fußballspiele, so sollte man Stadien nutzen. Schon ein bisschen irre, wie viele Tage im Jahr die Sportarenen einfach leer stehen.

In Block 117 gibt es genau einen Menschen, der einen Mund-Nasen-Schutz trägt, und einen Menschen in orangefarbener Jacke statt hellblauen Teamfarben. Beides bin ich, ein Fremdkörper zwischen Uniformierten. Immerhin entspricht das Orange zufällig der Schuhfarbe von İlkay Gündoğan und der Trikotfarbe des Arsenal-Torwarts Bernd Leno, ich unterstütze halt die beiden deutschen Spieler auf dem Platz.

Genreuntypisch melancholisch ist die Vereinshymne. Ein uralter Popsong namens »Blue Moon«, den schon Elvis und Frank Sinatra gesungen haben, der aber hier in einer Punkrock-Version gespielt wird: »Blue moon – you saw me standing alone, without a dream in my heart, without a love of my own.«

Ich bin eigenartig bewegt von dem Text, vermutlich weil ich schon länger allein unterwegs bin. Und weil es nicht um die typischen Fußballsong-Themen Fahnenromantik, Kampf bis zum Allerletzten und Selbstüberhöhung geht, sondern um die Sehnsucht nach Gemeinschaft und Träumen. Im Schlussrefrain kommt das Happy End, denn beides liefert natürlich die Liebe zum Team der »Blues«.

Wieder empfinde ich die Nähe der Menschen als unangenehm, speziell wenn bei Fangesängen die Aerosole nur so fliegen. Was hat diese Pandemie nur mit mir gemacht, dass ich nun im Kopf versuche auszurechnen, was die aktuelle Sieben-Tage-Inzidenz bei 55 000 Menschen bedeutet? Dass ich die ganze Zeit überlege, was ich sage, wenn einer sich über meine Maske lustig macht. Ich spüre die irritierten Blicke, die Fast-Kommentare, die Sekunden,

in denen ein Stück weißes Vlies zwischen meinen Augen und meinem Hals die Umstehenden vom Spiel ablenkt, und jede Begründung meinerseits klänge spießig, oberlehrerhaft, schlimmstenfalls gar typisch deutsch. Doch keiner spricht mich an, *you saw me standing alone*, und ich mache mir zu viele Gedanken, anstatt die urtümliche Wucht einer feiernden Fankurve zu genießen.

Zu feiern gibt es tatsächlich einiges, denn City zerlegt Arsenal. Gündoğan macht per Kopf schon nach sieben Minuten das 1:0, dann Torres das 2:0 und Jesus das 3:0.

Aus der Hintertorperspektive wirkt das Gegenpressing von Pep Guardiolas Team wie eine Naturgewalt, wie mächtige Wellen, die auf Bernd Lenos Tor zurollen. Arsenal kommt kaum aus der eigenen Hälfte. Und holt sich auch noch früh eine unkluge Rote Karte, weil Granit Xhaka mit Anlauf ein Loch in den doch nicht so unzerstörbaren Hybridrasen grätscht und dabei sensenartig einen Manchesterknöchel abräumt. Mit »No fucking shit«-Gesängen in Richtung Arsenal-Block feiern die City-Fans die korrekte Schiedsrichterentscheidung.

Am Ende steht es 5:0, aus den Lautsprechern tönt »Wonderwall« von einer bekannten Band aus Manchester, und 15 Minuten später ist das Stadion wieder steril und leer, als wäre nichts gewesen. Was wäre das für ein schöner Campingplatz.

Ich muss weiter, heute Abend bin ich kurz vor Todmorden verabredet (hübscher Name für einen Ort, in dem ich bei einem Fremden übernachte, den ich nur aus dem Internet kenne). Das Fahrrad ist noch da, ich hole meinen Rucksack ab und bin bald wieder unterwegs. Ich folge nun dem Rochdale Canal, den Internetnutzer Ian mit einem Stern bewertet (»Das muss der schlimmste aller Kanäle sein, ungepflegt und zu wenig Wasser«), während Internetnutzer cosmonadz fünf Sterne vergibt (»Exzellenter flacher Radweg, tolle Aussichten auf Schleusen, Felder, Hügel und Boote«). Während ich neben dem Kanal im Slalom zwischen Gänsen nach Norden fahre, summe ich »Arsenal get battered, everywhere they go« und suche nach Nahrung.

Im gut besuchten Biergarten des Beefeater werde ich fündig, setze mich an einen Tisch zu zwei stark tätowierten Typen in hochgekrempelten Hugo-Boss-Hemden und bestelle drei Arten Fisch mit Salat.

Ein beliebter landestypischer Kneipengesprächsbeginn ist der Bier-Diss. »Carling? Könnte ich nicht trinken, das schmeckt nach Zinn. Und hat nur vier Prozent«, sagt einer der beiden und deutet auf mein Getränk. Er verzieht so angeekelt das Gesicht, als hätte ich Schweineblut mit Senf im Glas. Die britische Eigenart, dass Kneipen jedes Bier im passenden Glas mit Markennamen servieren, ergibt zusammen mit der britischen Eigenart, gerne 20 oder 30 ziemlich unterschiedliche Biersorten im Pub-Angebot zu haben, reichlich Möglichkeiten, sich abfällig über den Geschmack des anderen zu äußern.

Nachdem wir noch die Themen Wetter (»Nicht schlecht, was?«) und Fahrradfahren (»Könnte ich auch mal wieder gebrauchen, guck dir mal meinen Bauch an«) abgehandelt haben, wenden sich die beiden wieder ihrem Gespräch zu, in dem es mittels pointierter Anekdoten hauptsächlich darum geht, die Welt in »good blokes«, »fucking wankers«, »cheeky bastards« und »fucking bitches« zu sortieren. Dann verabschieden sie sich mit »Have a good bite, mate!« und schwanken davon.

Fucking wankers – Dinge, die ich nicht vermisse:

- Supermärkte,
- stundenlanges Sitzen jeden Tag,
- den Bauchansatz,
- ständig online sein,
- täglich Corona-Zahlen nachgucken,
- Mund-Nasen-Schutz
- meine Hausstauballergie,
- Nackenschmerzen vom Aufs-Handy-Gucken,
- Netflix,
- Wohnung putzen,
- Autofahren,
- Flughäfen.

Good blokes – **Dinge, die ich vermisse:**

- bequemes Bett,
- Obst,
- Joghurt und Milch,
- Duschen.

Warland

Am Abend erreiche ich Warland. Woher der Name kommt, ist nicht abschließend geklärt. Er könnte etwas mit einem Schlachtfeld aus dem Rosenkrieg zu tun haben oder mit dem altenglischen Wort *wealh*, das »Fremder« bedeutet, weil einst dänische Siedler herkamen. Jedenfalls wirkt Warland, eine grüne Anhöhe, die sich am Kanal erhebt, abgesehen von ein paar zwischen Gräsern versteckten Burgzinnen wie ein friedlicher Ort. Und einer, an dem ich mich gleich willkommen fühle: »Hallo, ich bin Julie, hier kannst du dein Zelt zwischen den Hecken aufbauen, kommst du gleich zum Barbecue?«, fragt eine fröhliche Frau mit Fleecepulli und chaotischen Haaren.

Und schon sitze ich mit einem Carlsberg in der Hand an einem Feuer mit David, Emily, Julie, Andrew, Miranda und einem emsigen Foxterrier namens Teasle, es gibt gegrillte Süßkartoffeln, Maiskolben, Champignons und Paprika. Bis auf den Hund tragen alle Moskitonetze über dem Kopf, gegen die *midges*, winzige Stechmücken, was dem Ganzen die optische Anmutung eines Imkertreffens verleiht.

Übertrieben sind diese Schutzmaßnahmen nicht. »Die einzige Ausnahme unter Großbritanniens ansonsten harmloser Fauna ist die niederträchtige *midge*. Unterschätze niemals eine *midge*«, schreibt der Abenteurer Alastair Humphreys, der Hunderte Nächte in Englands Natur verbracht hat.

Meinen Gastgeber David habe ich bei Warmshowers gefunden, er ist Ende 60, hat einen eindrucksvollen Vollbart und trägt einen beigefarbenen Overall und eine knallrote Apple Watch. Vor zehn Jahren hat er die Warland Farm gekauft, ein acht Hektar großes Grundstück mit den Gebäuden eines alten Bauernhofs, das er nun in eine ökologische Kommune verwandelt. Es geht um Permakultur, Nachhaltigkeit, um eine unabhängige Existenz als Selbstversorger. Und darum, Wissen zu teilen und voneinander zu lernen. »School of Sustainable Living« nannte er das in einer E-Mail, worauf ich antwortete, das sei ein guter Name, was David freute, denn er hatte ihn soeben erst erfunden. »Ich suche nach Menschen, die etwas beitragen können. Wer eine Idee hat, wie er einen Teil des Landes sinnvoll nutzen könnte, darf dafür hier wohnen.«

Emily studiert nachhaltige Architektur, Miranda ist Ökologin, Julie ist Spieltherapeutin und arbeitet in Waldkindergärten und Schulen. Andrew hat früher Gitarreneffektpedale gebaut, er kennt sich mit Elektrotechnik und Hausbau aus, und Teasle ist gut darin, einem blauen Gummiball hinterherzurennen. So hat jeder seine Rolle in der Gemeinschaft. Außerdem arbeitet auf der Farm ein Schreiner und einer, der sich um die Hühner und Gänse kümmert. Und dann ist da noch Sooze, aber zu ihr komme ich später, Sooze verdient eine gesonderte Würdigung.

David sucht noch nach einem Schmied, einem Töpfer und einem Steinmetz, nach Gärtnern und Förstern, aber auch Coaches, Therapeuten und Künstler wären willkommen. Es gibt keinen festen Plan, wichtiger sind kreative Ideen und eine Begeisterung für die Sache, die man jedem in der Runde schnell anmerkt. »So ein Abendessen am Lagerfeuer ist anderswo etwas Besonderes, eine Ausnahme. Hier haben wir das fast jeden Tag. Ich glaube, wir können dankbar sein«, sagt Miranda.

David ist studierter Physiker, er hat lange in Australien gelebt, dort für Rolls-Royce gearbeitet und zum richtigen Zeitpunkt in Apple-Aktien investiert. Mit dem daraus entstandenen Vermögen kaufte er das Grundstück in Warland und zog mit seiner Frau Monica her. Früher reisten die beiden mit Fahrrädern um die halbe Welt, von England nach Indien oder quer durch Afrika. Nun fühlen sie sich angekommen.

»Ich habe mir geschworen, nie wieder zu verreisen«, sagt er, als er mich am nächsten Tag auf einen Rundgang mitnimmt. »Außer wenn ich was Gutes tue in dem Land. So wie du, die Leute lesen deine Bücher, es gibt einen Lernprozess. Das hat einen Wert. Aber

nur irgendwo hinfahren, um *rubbernecking* zu betreiben, das will ich nicht mehr.«

Rubbernecking zählt zu den schöneren Begriffen der englischen Sprache: den Hals so lang machen, als wäre er aus dehnbarem Gummi. Man ist also kein Gast oder Besucher, sondern ein Schaulustiger. Einer, der nichts Positives beiträgt, wie ein Gaffer an einer Unfallstelle.

»Aber viele Lektionen von Reisen sind wertvoll«, sage ich. »Die Kontakte zu Menschen, die Gemeinsamkeiten, die man feststellt, das Lernen voneinander, Freundschaften mit Leuten aus ganz anderen Kulturen – es reicht nicht, nur darüber zu lesen. Wir können nicht mit dem Reisen aufhören und uns nur noch virtuell begegnen.«

»Schon richtig, wenn du den Menschen nahekommst, siehst du auch die Schönheit der Menschen. Die große Herausforderung ist, das nachhaltiger zu gestalten.«

Er wehrt eine Attacke von Teasle auf seine Knie ab, der Hund hat sich unserer Tour angeschlossen.

»Auf euren Radtouren habt ihr vermutlich wenig Schaden angerichtet. Und möglicherweise Einheimische inspiriert, auch mal ein Abenteuer zu wagen«, sage ich.

»Und doch waren wir immer privilegiert. Wenn ich mir in Indien ein Bein breche, bin ich gut versichert, und ein Helikopter holt mich nach Hause. Wenn sich ein Einheimischer ein Bein bricht, hat er ein Problem. Schlimm ist die Arroganz der Westler, das Überlegenheitsgefühl, das durch dieses Sicherheitsnetz entsteht.«

»Aber wenn Reisende jeden Tag ein paar Dollar in Hotels, Restaurants und lokalen Shops ausgeben, tun sie trotzdem was Gutes. Tourismus schafft Arbeitsplätze.«

»Wenn man das so macht, schon. Wir haben im Sudan Leute getroffen, die mit einem dicken Wohnmobil aus Europa gekommen sind und sämtliche Lebensmittel dabeihatten. Konserven, Trinkwasser, Cornflakes und H-Milch. Die sind bis Khartum gefahren, ohne ein einziges Geschäft vor Ort zu betreten. Das ist doch Wahnsinn.«

Dann erzählt er von dem Kiosk, den sie bald in Warland eröffnen wollen. Obst und Gemüse werden sie verkaufen, selbst gebrautes Bier und selbst gebrannten Schnaps, vielleicht auch Kunsthandwerk oder Mückenschutzsalben aus Pinienharz und Bienenwachs. Gerade bauen sie dafür eine Art Marktstand aus Holz. Das Geld soll in eine gemeinsame Kasse gehen, innerhalb der Gemeinschaft ist nur Tauschhandel erlaubt. Wenn Julie mit der Sense Heu macht, kann Darren das für sein Geflügel als Bodenstreu verwenden, und sie bekommt dafür Eier. »Aber wir suchen noch nach einem geeigneten System, das fair für alle ist. Nur nach verwendeter Arbeitszeit kann man nicht gehen, auch die Qualifikation einer Person muss eine Rolle spielen.«

An der Wand hängt ein rotes Banner mit einem Zitat der Frauenrechtlerin Sylvia Pankhurst: »Wir werden eine Gesellschaft erschaffen ohne Reich oder Arm, wo niemand ohne Arbeit oder Schönheit lebt, wo selbst das Geld verschwinden wird, wo wir alle Brüder und Schwestern sind und jeder genug haben wird.«

Das Anwesen besteht aus einem Haupthaus aus grauem Stein, etwa 400 Jahre alt, mehreren Werkstätten und Stallgebäuden, einer Outdoor-Küche, einem Baumhaus, einem Kinosaal mit Beamer, einem weiteren Wohngebäude, einem Waldgarten, viel Gras und einer Burgmauer mit Zinnen, von der man eine grandiose Aussicht auf das Tal mit dem Rochdale Canal hat. Ein Blick von oben auf die Welt da draußen, mit einigem Abstand, geschützt vor Angreifern.

»Die Welt ist ein beängstigender Ort geworden, speziell für junge Menschen. Wirklich abgefuckt, so viel Zerstörung. Ich verschanze mich hier in meinem Schloss«, sagt David und lacht, um seine Worte ein bisschen abzuschwächen, aber ich spüre, dass er es ernst meint.

Wie lange werden Menschen, die nach ökologischen Alternativen zum Mainstream suchen, sich noch als Außenseiter fühlen? Fünf Jahre? 15? Welche Zeichen der Klimakatastrophe müssen sichtbar werden, bis stattdessen endlich die Verschwender, Kaputtmacher und CO_2-Prasser in die Außenseiterrolle gedrängt werden? (Oder zweifelt irgendjemand daran, dass das aktuelle SUV- und Flug-Shaming nur ein Vorgeschmack ist?) Wie lange wird der Satz »Schon klar, das ist nicht gerade klimafreundlich« noch gesellschaftlich weggenickt und bagatellisiert und wegen der gezeigten Einsicht mit milderen Umständen bewertet werden, ohne dass mehr Gegenwehr kommt als bei einer Aussage wie »Ich rauche leider zu viele Zigaretten«? Und wie hart werden die Fronten verlaufen? Permakultur hinter wehrhaften Burgzinnen, das ist schon eine Ansage.

Vielleicht wird eines der größten Zukunftsthemen Verzicht mit Spaß sein. Hedonistischer Minimalismus, Askese mit Sinnhaftigkeit, Abhängigkeiten verringern als Befreiung. Mit Gedanken, wie sie Henry David Thoreau schon im 19. Jahrhundert in »Walden« formulierte: »Ein Mann ist reich in Proportion zu der Zahl an Dingen, von denen er sich lösen kann.« Beträchtliche Forschungsgelder sollten investiert werden, um herauszufinden, wie Menschen die notwendigen Änderungen nicht zu stark als Einschränkung empfinden. Durch gleichwertige nachhaltige Produkte (gibt es schon reichlich) und Gamification von ökologisch vernünftigem Verhalten. Weil der Mensch so ist, wie er eben ist, und ohne Anreize nicht funktioniert. Der Anreiz »keine Kipppunkte der Klimakatastrophe erreichen« reicht nicht, er ist zu unkonkret und das Ziel so gigantisch, dass Einzelne nicht das Gefühl haben, wirklich etwas beitragen zu können.

Und diese Einstellung ist fatal: Denn alle relevanten aktuellen Krisen – seien es die Pandemie, die Klimakatastrophe oder Kriegsfolgen – wären besser zu bewältigen, wenn es den Menschen leichter fiele, Verzicht zu üben. Ohne massive Abstriche bei einigen als selbstverständlich empfundenen Annehmlichkeiten kommen wir da nicht raus.

Man muss sich eine glückliche Minimalistin vorstellen wie Sooze. Rosa Brille, rosa Fleecepulli, modische Kurzhaarfrisur, explosives Lachen. Mit 72 Jahren ist sie das älteste Mitglied der Gemeinschaft. Sie kümmert sich um einen Kräutergarten, streicht Zäune und pflegt drei Instagram-Accounts.

»Weißt du, warum Blumenkohl gelb wird?«, fragt sie mich zur Begrüßung. Ich verneine.

»Liegt an der Sonneneinstrahlung. Am Geschmack ändert das nichts. Aber man kann es verhindern, wenn man Blätter drüberlegt. Habe ich gerade im Internet gelesen. Ich bin gut mit Google und studiere an der YouTube-Universität – man ist nie zu alt zum Dazulernen.«

Sie lädt mich zu einem Brennnesseltee mit Minze in ihren Kräutergarten ein, und dann beginnt sie zu sprechen und hört lange Zeit nicht auf damit. »Meine Großmutter hat immer gesagt, ich sei mit einer Grammophonnadel geimpft worden. Weil ich einfach immer weiterrede. Mit Brennnesseln kann man tolle Sachen machen. Manchmal brate ich Zwiebeln mit Kartoffeln und Knoblauch, dazu Kichererbsen für die Proteine, Suppenbasis und ein halbes Dutzend Brennnesseln. Die sind so gesund, Antihistamin, antientzündlich, helfen gegen Erkältung und Heuschnupfen. Ein paar Heilkräuter haben wir hier, aber absolute Selbstversorger werden wir wohl nie, bei Medizin ist das schwierig. Vor zwölf Monaten habe ich die Warland Farm entdeckt, bei einem Spaziergang. Und jetzt wohne ich unten im Baumhaus und streiche hier die Zäune.«

Neben ihrem Stuhl steht ein Farbtopf. Die Hälfte der Holzlatten am Kräutergarten ist schon grün angemalt, der Rest ist noch weiß.

»Viele Leute in meinem Alter sitzen im Schaukelstuhl und stricken. Ich nicht. Wir bauen jetzt ein Tiny House, zweieinhalb mal drei Meter. Da werde ich einziehen. Und vorher viel Zeug wegschmeißen. Ich nenne es Zeug, nicht Besitz oder Eigentum, Eigentum klingt so persönlich und wichtig. Zeug kann weg. Und wenn ich dann irgendwann ins Gras beiße, muss niemand meinen Scheiß aufräumen. Je weniger ich besitze, desto mehr Freiheit habe ich. Das ist jetzt meine neue Herausforderung, und ich freue mich darauf. Ich brauche nur eine Matratze, auf der ich liegen kann. Alles andere, was ich habe, ist dann das hier.«

Sie deutet auf die grünen Hügel ringsum, den Kanal, die Bäume und die Kräuterbeete mit Thymian, Rosmarin, Oregano, Kamille und Schnittlauch. Ich glaube, noch vor wenigen Wochen hätte ich ihr das nicht abgenommen und für eine Mischung aus asketischer Aufopferung und Selbsttäuschung gehalten. Doch nun kann ich sie verstehen. Ich bin selbst überrascht, mich nicht eingeengt zu fühlen in meinem Zelt. Stattdessen bin ich ohne isolierende Mauern mitten in der Landschaft. Ein ganzes Land steht mir zur Verfügung, der ganze Himmel, die ganze Stadt, warum sollte ich mehr eigenen Platz brauchen? In Berlin-Mitte gibt es Wohnungen für 1400 Euro Monatsmiete, in denen ich mich weniger gerne aufhalten würde als auf meinen 1,6 Quadratmetern England.

»Wenn ich überlege, was gerade hier und anderswo passiert, will ich nicht mehr draußen in dieser Welt sein«, sagt Sooze. »Was wir sehen seit dem Brexit, oder ›Breckshit‹, wie ich es nenne: mehr Homophobie, mehr Islamphobie, mehr Rassismus. ›Make Britain great again‹, was für eine gequirlte Scheiße. Ich habe mich geschämt, britisch zu sein. Hier kann ich mich davon distanzieren, fühle mich nicht mehr als Teil davon. Willst du ein bisschen Teebaumöl? Ist gut gegen die Stechmücken. Ich schwöre darauf, es hat noch viele andere gute Eigenschaften, wirkt antiviral, antibakteriell, antiseptisch, antifungal. Es ist ein Jammer, dass noch keiner ein Mittel gegen die Dummheit der Menschen erfunden hat.«

Sie klingt weder wütend noch verbittert. Eher wie eine interessierte Beobachterin, die den ganzen Wahnsinn mit wohldosiertem Sarkasmus von der Seitenlinie aus betrachtet. Allein kann sie wenig an der Gesamtsituation ändern, aber für sich selbst hat sie in Warland einen Ausweg gefunden.

Julie hat mir einen Zehn-Liter-Kanister Wasser neben das Zelt gestellt und eine Tupperware-Schachtel voller Melonenscheiben. Di-

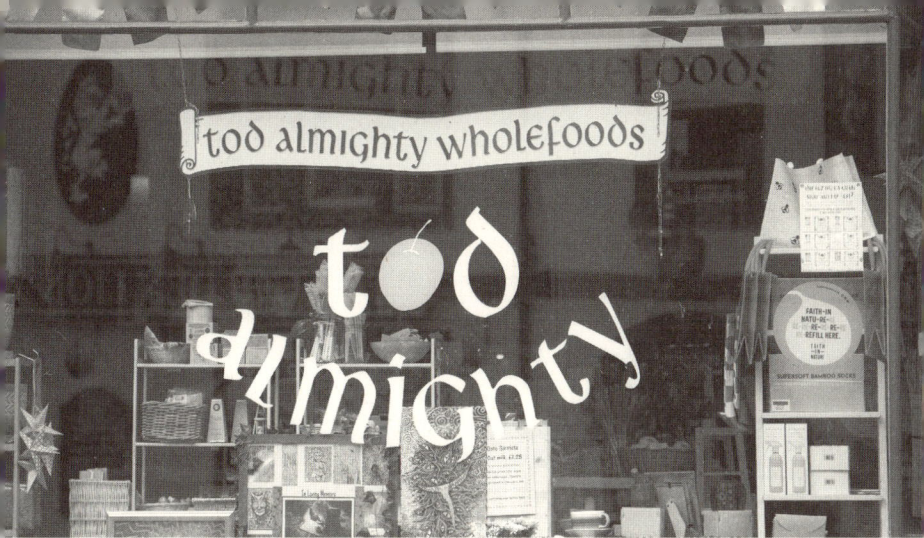

rekt neben dem Campingplatz befindet sich eine Komposttoilette, mit viel Liebe selbst gezimmert, ein Wohlfühlörtchen, ein Weltklasseklo. Mit handgeschriebenen Instruktionen (»wee goes in the front, poo goes in the back«), einem runden Designerspiegel, der in den ausrangierten Zahnradkranz eines Fahrrads montiert wurde, und einer einzelnen Rose als Dekoobjekt.

Die Sonne kommt raus, ich lade meine Powerbank mit dem Solarpanel, und schon habe ich alles, was ich brauche, Strom, Wasser und das Spitzenklo. Was als Pandemieflucht begann, taugt auch als Öko-Reiseprojekt. Ich müsste beim nächsten Mal nur mit dem Zug durch den Eurotunnel kommen, anstatt mit Flieger und Fähre zu reisen. Wie konnte ich es auch nur eine Minute zu lang in diesem Betonklotz von London Heathrow aushalten, damals, vor 18 Tagen und 100 Jahren?

Zum Abschied schenkt mir Julie Paranüsse und Sonnenblumenkerne, David spendiert eine Packung Haferkekse, und Sooze ermahnt mich, mein Instagram-Profil besser zu pflegen. Sie habe sich das mal angesehen, da sei ja nicht besonders viel los.

Ich bepacke *Free Spirit* und fahre am Kanal entlang von Warland nach Todmorden. Todmorden ist eine charmante Kleinstadt mit hellgrauen Steinhäusern und hohen Kaminen. Und ein Fest für deutsche Besucher mit einem Faible für interkulturelle Sprachkomik, zumal der Ortsname umgangssprachlich oft auf seine ersten drei Buchstaben reduziert wird. Ich passiere also den Tod Almighty Naturkostladen, entdecke Werbeposter für ein Bildungsinstitut namens Tod College und für »2Wheel Tod«, so nennen sie eine Radtour für wohltätige Zwecke, organisiert vom Rotary Club.

Todlangweilig ist die tatsächliche Herkunft des Ortsnamens. Er soll sich auf eine Person namens Totta beziehen und bedeutet so viel wie »Tottas Grenztal«.

Die Mitglieder der Strandkommune in meinem Hörbuch sind in vier Teams eingeteilt: Speerfischen, Gärtnerei, Küche und Instandhaltung. Alles ist bestens organisiert, ab und zu müssen zwei Freiwillige mit dem Motorboot in die »Welt« fahren, also zur nächsten Insel, um Reis und Grundnahrungsmittel zu kaufen. Alles, was sich außerhalb ihrer seligen Insel befindet, nennen sie die »Welt«, und von der haben sie sich verabschiedet. Das finde ich interessant, denn für meine Reise gilt eine solche Abgrenzung nicht. Nach einer entsprechenden Logik müssten für mich ja alle Gebäude und Innenräume die »Welt« sein, und das sind sie nicht, eher im Gegenteil, sie sind Rückzugsgebiete, die mir nicht zur Verfügung stehen. Ich bin mittendrin im Leben und zugleich isoliert, ich ziehe mich weniger von der »Welt« zurück als in meinem Normalleben. Ich setze mich ihr aus.

Afghanistan war langweilig

Vor einem lilafarbenen Kanalboot namens *Shanti Tea Boat* stehen Stühle und Tische, am Rumpf hängt eine Kreidetafel mit dem Menü: Erdbeer-Basilikum-Tee, Masala Chai, *Inner Beauty Green Detox*, organischer Pu-Erh-Tee und noch viele weitere Sorten. Außerdem Zitronenkuchen, Sandwiches, belgische Waffeln, Eiscreme, Pizzaschnitten. Und Entenfutter. Auf dem Dach sind bunte Blumenkübel befestigt, an einem der Fenster kleben zwei Aufkleber, einer mit dem »Food Hygiene Rating« des Gesundheitsamts (fünf von fünf möglichen Punkten) und einer, der den Elefantengott Ganesha zeigt, den Beschützer der Händler und Reisenden. Ich bestelle die halbe Speisekarte.

Die Verkäuferin heißt Claire und hat eindrucksvolle rote Dreadlocks und einen silbernen Nasenring. Sie lebt ganzjährig auf dem Boot, nur im Januar und Februar entflieht sie normalerweise dem englischen Winter, um nach Thailand oder Indien zu reisen. »Nur dieses Jahr nicht. Ich habe mich gegen die Impfung entschieden, deshalb bleibe ich lieber auf meinem Boot. Würde ich jetzt nach Indien fliegen, in ein Land mit so viel Menschenkontakt und so hohen Infektionszahlen, da könnte ich mich ja gleich umbringen. Wenn mich überhaupt eine Fluggesellschaft mitnehmen würde.«

Momentan wäre sie froh, wenn sie wenigstens ein paar Kilometer weit reisen könnte, aber das geht nicht. Wegen Schleuse Nummer 13. Die sei defekt und derzeit unpassierbar, deshalb stecke sie schon seit Wochen vor Todmorden fest. »Ich lebe auf einem Boot, weil ich gerne unterwegs bin, verschiedene Leute treffe. Jetzt geht es nicht weiter, und das Warten nervt. Als hätte mir jemand die Flügel gestutzt.«

Wobei sie gleichzeitig froh sei, überhaupt noch ihr Boot zu haben. Vor Kurzem parkte sie ungeschickt in einer Schleuse. Als der Wasserspiegel sank, blieb der Rumpf an einer Kante hängen, brachte das Gefährt in Schräglage. »Ich wäre fast gekentert. In dem Boot ist alles, was ich habe. Das war richtig knapp.«

Eine Kundin bestellt einen ayurvedischen *Stay in Balance Tea* und lobt die liebevolle Schiffsdekoration. »Thank you, luv«, sagt Claire, während sie die Kreditkarte ans Lesegerät hält.

Zehntausende Briten leben permanent auf Booten, viele sind als *continuous cruisers* ständig in Bewegung von einem Anleger zum nächsten. An manchen Stellen dürfen sie maximal 48 Stunden kostenlos parken, anderswo sieben oder 14 Tage. Ganzjährig nutzbare Liegeplätze dagegen kosten Miete. Lange galten die behäbigen Narrowboats als spießiges Rentnerhobby, doch steigende Hauspreise und zuletzt die Pandemie verhalfen den Traditionskähnen zu einem nie da gewesenen Nachfrageboom. Warum sich zu Hause isolieren, wenn man das auch auf einem Netz von mehr als 7000 Kanal- und Flusskilometern tun kann?

Es gibt Pumpstationen für Schiffstoiletten und Stromanschlüsse für parkende Boote. An vielen Ufern sind Toiletten, Duschen und Trinkwasserhähne speziell für Bootsbesitzer zugänglich, man muss nur den entsprechenden Schlüssel beim Canal & River Trust kaufen. »Für sieben Pfund plus Versandkosten«, sagt Claire. »Du musst nicht mal nachweisen, tatsächlich ein Boot zu besitzen.« Dass ich davon erst jetzt erfahre! Den Schlüssel hätte ich gut gebrauchen können, nun lohnt es sich wohl nicht mehr, da meine nächsten Etappen kaum noch an Kanälen entlangführen.

Inspirierend ist das dennoch: Ein Netzwerk solcher Versorgungsstationen auch jenseits der Wasserwege, also speziell für Radler und Wanderer, wäre die großartigste denkbare Tourismusinnovation.

Bevor ich mich verabschiede, will Claire noch wissen, ob ich geimpft sei und wie das bei mir war. Ganz problemlos, nur leichte Armschmerzen und nach der zweiten Dosis sehr gut geschlafen. »Man hört so unterschiedliche Dinge darüber. Ich bin nicht aus Prinzip Impfgegnerin, aber das ist mir noch zu neu. Ich bin Physiotherapeutin, vor Covid hatte ich ein Tee-und-Massage-Angebot auf dem Schiff, was super ankam. Um das wieder machen zu können, werde ich mich wohl doch impfen lassen.«

Ein paar Kilometer weiter ist es vorbei mit der Skipperromantik, als ich einen Familienvater mit Union-Jack-Mütze beim Ablegen mit seinem Boot beobachte. Der Schornstein bläst eine dunkle Wolke in die Luft, es stinkt fürchterlich nach Abgasen, und der Mann schreit seine beiden Kinder an, sofort an Bord zu kommen, damit er endlich losfahren könne.

Von einem Gartenzaun um einen penibel gemähten Rasen beobachtet ein Anwohner, wie das Boot langsam unter der nächsten Bahnbrücke verschwindet. »Bin ich froh, dass die endlich weg sind«, sagt er. »Zwei Monate standen die hier, obwohl nur zwei Wochen erlaubt sind. Ich habe die Kanalverwaltung angerufen, die Polizei, aber niemand wollte sich kümmern. Die waren laut, haben immer bis zehn Uhr abends den Motor laufen lassen, und der Wind hat den Rauch in meinen Garten geweht. Wirklich, ganz bezaubernde Nachbarn.«

Mehr Freude machen die vielen *Book-exchange*-Boxen am Wegesrand, handgezimmert und liebevoll bemalt. Im normalen Leben verbringe ich viel Zeit in Buchläden und beim Betrachten von Bücherregalen anderer Menschen, hier sind die kleinen Bücherschränkchen mein Ersatz dafür. Auffällig viele der angebotenen Werke behandeln den Themenbereich Gärtnerei, vom Teichrosen-Standardwerk »The Water Garden« über den Primel-Pageturner »A Plantsman's Guide to Primulas« bis zur Aurikel-Bibel »Auriculas for Everyone«. Als Gegenprogramm liegt daneben eine stark beschädigte Ausgabe des »Faber Book of Modern Verse«, mit einem Lesezeichen dort, wo »The Waste Land« beginnt, T. S. Eliots 100 Jahre altes Versepos über die Einsamkeit des Individuums in einer zerstörten Welt.

An einem Bauzaun hängt ein blau-gelbes Sternenbanner mit dem Hinweis, die Arbeiten seien vom Entwicklungsfonds der Europäischen Union finanziert. Dahinter nur Schutthaufen, planierte Erde und reglose Bagger, die still herumstehen wie Denkmäler. Ein abgebrochenes Bauprojekt als Symbol für maximale Torheit:

Die Naturlandschaft wurde bereits nachhaltig zerstört, aber nichts geschaffen, was für Menschen einen Sinn erfüllen würde. Der dümmste Kompromiss zwischen Erschließung und In-Ruhe-Lassen liegt in der Mitte dazwischen.

Dann Hebden Bridge, ein zauberhafter Ort aus Kopfsteinpflaster, Schornsteinen und rußig-hellgrauen Natursteinhäusern, an deren Wänden Blumenkübel hängen. Früher wurde hier Baumwolle gesponnen, heute ist es Treffpunkt für Kreative und New-Age-Esoteriker und Geburtsort des Sängers Ed Sheeran. Der in der ganzen Region bekannte »Open Market« findet viermal pro Woche statt, doch leider nicht heute, die Stände sind leer. Die Häuser von Hebden Bridge klammern sich wunderschön an einen Hang, was für mich bedeutet, dass es nun lange bergauf geht. Sollte mich mal jemand fragen, ob ich empfehlen würde, die sieben Kilometer nach Oxenhope bei Nieselregen und Gegenwind mit nur einem funktionierenden Gang zu fahren, meine Antwort würde lauten: nein.

Dafür steht in Oxenhope vor dem Bay Horse Inn ein halb offenes Bierzelt voller Menschen, und eine Liveband spielt »Free Fallin'« von Tom Petty. Ich halte an, um ein Foto zu machen, und werde von Sue und Allen angesprochen. Sie sind Mitte 50, haben biergerötete Wangen und sind begeistert von meinem Fortbewegungsmittel. »Wir sind mal monatelang durch Australien und Neuseeland geradelt, das ist die beste Art zu reisen. Willst du ein Bier?«

Und schon habe ich einen Pint-Plastikbecher glutenfreies Lager in der Hand. »Endlich wieder feiern mit den Nachbarn. Wir hatten seit 18 Monaten kein solches Event«, sagt Sue fröhlich. »Du hast Glück mit dem Wetter«, behauptet sie außerdem, was ich wegen des nach wie vor anhaltenden Niederschlags nicht ganz nachvollziehen kann, aber die britische Small-Talk-Regel lautet, bei Wetterthemen nicht zu widersprechen. Was weiß ich schon, wie es hier sonst aussieht.

Sue fragt, ob ich bei ihnen übernachten will, sie hätten immer gerne Radfahrer zu Gast, aber ich bin schon in Cononley verabredet, noch 20 Kilometer sind es bis dorthin. Es ist schon später Nachmittag, also beeile ich mich mit dem Bier, und da es heute mal wieder wenig zu essen gab, fahre ich einigermaßen angeschickert weiter. Auch das Fahrrad wirkt angeschlagen. Die Halterungen des Gepäckträgers haben sich gelöst, bei jeder Erschütterung fürchte ich, die Hecktasche könnte auf die Straße fallen.

Tipps für draußen

Draußen aufs Klo: *Mindestens 50 Meter vom nächsten Gewässer entfernt ein 15 bis 20 Zentimeter tiefes Loch graben. Als Werkzeug reicht meist ein Zelthering oder Stock, das Gewicht einer Schaufel kann man sich sparen. Nach getaner Arbeit gebrauchtes Toilettenpapier in einer verschließbaren Plastik-Ziplocktüte mitnehmen.*

Nun geht es viel bergab, vorbei an grünen Feldern mit glücklichen Kühen und gleich aussehenden Ortschaften im grauen Naturstein-Look. Hinter Keighley wird es ungemütlich, ein asphaltenes Monster von Schnellstraße, das auf den Namen A 629 hört, fühlt sich an wie eine Autobahn. Als Radfahrer ist man hier geduldet, aber keineswegs erwünscht. Links neben der Spur ist kaum Platz, die Autos rasen mit über 100 Stundenkilometern vorbei, und es wird allmählich dunkel. Ein Sensenmann-Graffiti am Betonsockel einer Unterführung erscheint mir nicht unpassend, zumal *Free Spirit* kein Licht hat. Hinter mir höre ich eine Polizeisirene, und dann noch eine und noch eine, aber die Wagen sind auf der Überholspur unterwegs und haben wichtigere Aufgaben, als mich wegen mangelnder Verkehrssicherheit zu belästigen.

Dann endlich Cononley. In einer gemütlichen Reihenhausstraße wohnt Adam, der mir auf meine Anfrage bei Warmshowers zurückschrieb, meine Reiseidee sei absolut bescheuert, und er würde mich gerne kennenlernen. Er öffnet Haustür und Gartentor, und bald sitzen wir bei Spiegeleiern mit Reis auf seiner Terrasse und philosophieren über das Draußensein. Adam trägt halblange Haare und einen Zehntagebart, ein eher untypischer Look für seinen Job, er arbeitet für das britische Militär. Gerade kam der 32-Jährige von einem zweimonatigen Kenia-Aufenthalt zurück.

Als Multimediaspezialist zeichnet er Trainingsmissionen auf, mit Videos und Animationen auf Google-Earth-Karten, damit die Befehlshaber Feedback geben können, was bei Einsätzen besser laufen könnte. »Nach der Rückkehr musste ich Anfang August ins Quarantänehotel. Zehn Tage lang. Das war die schlimmste Zeit meines Lebens, ich hatte keinen Balkon und nicht einmal ein Fenster, das sich öffnen ließ. Ein paarmal am Tag durfte ich auf dem Parkplatz auf und ab laufen, die restliche Zeit war ich in dem muffigen Zimmer. Ohne gutes Internet hätte ich das nicht ausgehalten.«

»In welchem Hotel warst du?«

»Novotel, an der Bath Road direkt am Flughafen Heathrow.«

Schon verrückt. Das bedeutet, ich bin in ungefähr 50 Metern Entfernung an Adam vorbeigelaufen, als er dort in seinem ungelüfteten Zimmer saß. Und nun, drei Wochen später und 350 Kilometer nördlich vom Londoner Flughafen, sitzen wir zusammen im Garten. Das sollte mal jemand auf einer virtuellen Landkarte visualisieren.

Schon als Teenager wurde Adam Mitglied der »Air Cadets«, der Jugendorganisation der Royal Air Force. Er liebte es, Camps zu bauen, Navigieren zu lernen, die Wochenenden in der Natur zu verbringen. Später folgten vier Jahre Wehrdienst, die Beförderung zum »Captain« und eine Mission in Afghanistan, die jedoch weniger abenteuerlich verlief, als er gehofft hatte. Keine Kampfeinsätze, sondern ein *Eight-to-five*-Bürojob am Computer in der Helmand-Provinz. An den Abenden in Camp Bastion las er E-Books von Alastair Humphreys über Mikroabenteuer und Weltreisen per Fahrrad und träumte von Wagnissen, die sich auch wie Wagnisse anfühlten.

»Und dann habe ich so was Ähnliches gemacht wie du: Im Dezember 2016 bin ich von Warminster bei Bath nach Beverley gelaufen, wo meine Eltern wohnen. 220 Meilen in zehn Tagen, mit einem dicken Armeeschlafsack, der meinen ganzen Rucksack ausfüllte. Das Schwierigste war, am ersten Tag durch die Tür die warme Wohnung zu verlassen.« Dabei sammelte er Geld für eine Wohltätigkeitsorganisation. »Walking home for Christmas« nennt sich die Idee, jeder kann mitmachen, das Geld geht an Kriegsverletzte. »Ich habe über 2300 Pfund rausgeholt, aber eigentlich war das nur ein willkommener Vorwand, um mein Abenteuer nach einer sinnvollen Aufgabe aussehen zu lassen.«

Er schlief in einem Biwaksack in Tarnfarben, übernachtete in Scheunen. »Einmal hielt nachts ein Auto direkt neben meinem Lager, ich hörte zwei Leute aussteigen. Sie flüsterten etwas, ich hörte am Bauernhof nebenan eine Glasscheibe kaputtgehen. Die Kegel ihrer Taschenlampen streiften über den Boden, plötzlich hatte ich das Licht voll im Gesicht. Ich überlegte, wie ich reagieren sollte, wenn sie mich sahen. Ob ich ruhig bleiben oder sie aggressiv ansprechen sollte. Aber dann sind sie wieder abgefahren, ohne mich zu bemerken – ich weiß bis heute nicht, was sie wollten.« Von dort aus schaffte er es ohne weitere Probleme an sein Ziel.

Die Weihnachtswanderung verstärkte seine Sehnsucht nach Abenteuern, zwei Jahre später verreiste er ein Jahr lang mit dem Fahrrad, war in Thailand, Laos, China, Japan und Neuseeland. »Ich glaube, nur an unbequemen Orten können wir herausfinden, wer wir wirklich sind«, sagt er. »Wenn ich vor ein paar Tausend Jahren gelebt hätte, wäre ich einer der Menschen gewesen, die die Dorfgemeinschaft verlassen und über die Berge steigen, um zu sehen, was dahinter ist.«

Adam dokumentiert seine Abenteuer in YouTube-Videos. Manche erreichen 5000 Zuschauer, manche 50 000, am besten lief ein Film namens »Around the World Bike Touring Gear Setup«, für den er 22 Minuten lang seine Ausrüstung abfilmte und erzählte, was wozu gut ist. »Das war viel einfacher gemacht als die Reisevideos, für die ich tagelang Material sammelte und genau überlegte, wie ich die Geschichte am besten erzähle. Aber die Zuschauer mögen eben praktische Tipps.« Das Video kam auf mehr als 200 000 Views und brachte ihm ein paar Hundert Pfund an Werbeeinnahmen.

Adam gibt mir ein paar Reisetipps für die nächsten Tage, empfiehlt Malham Cove und Settle und verspricht, dass nun einige der schönsten Straßen Englands vor mir lägen. Er fragt, ob er sich mein Fahrrad mal ansehen solle, er habe alles Werkzeug da. Mit zwei Kabelbindern befestigen wir den Gepäckträger, während er zur Melodie von »She Drives Me Crazy« die Worte »Free Free

Spi-rit« singt. Die Mäntel der Reifen betrachtet er mit Skepsis, bei der Schaltung kapituliert er, ich muss weiterhin mit einem Gang vorliebnehmen. »Krasse Idee, mit einem solchen Rad diese Tour zu machen. Du solltest es nachher weiterverschenken an jemanden, der auch damit reisen will. ›Free Spirit for free‹«, schlägt er vor.

»Gute Idee«, antworte ich.

Auf dem lang gestreckten, selbstverständlich makellos gemähten Rasen baue ich vor einem Gartenhaus mein Zelt auf. Die Nacht ist so kühl, dass ich alles anziehe, was ich habe. Am Morgen finde ich zwei Schnecken am Außenzelt und einen Regenwurm in einer Zeltstange. Wie er da reingekommen ist und ob es ihm gut geht, weiß ich nicht, aber irgendwie freue ich mich, einen Mitbewohner zu haben.

Das nächste öffentliche Klo ist laut Landkarte sechs Kilometer entfernt, deshalb steht nun ein unerfreulicher Spaziergang zur nebenan gelegenen Schrebergartensiedlung auf dem Programm. In einem kleinen Waldstück suche ich nach einem geeigneten Platz, doch die Sträucher sind dicht, deshalb muss ich nur einen Meter neben dem Spazierweg mein Loch graben. Direkt nach getaner Pflicht kommt ein Mann mit einem beängstigend großen Bernhardiner vorbei, beide beäugen mich argwöhnisch, man kennt sich hier und kennt mich nicht. Ich grüße verkrampft freundlich, laufe dabei fast gegen einen Pfosten mit einem Hundekackverbotsschild und gehe hastig zurück zu den Wohnhäusern.

Grüner als grün

In Skipton erzeugen die vielen Pub-Schilder, Pub-Fenster und Pub-Türen Sehnsucht nach holzigen Innenräumen und schaumgekrönten Getränken. »Real Ale«, »Traditional Ale«, »Home Brew«, wenn ich das schon lese, vergeht mir die Lust am monotonen Gestrampel. Etwa jede vierte Tür führt in einen Pub, aber vielleicht übertreibt da meine Erinnerung ein wenig. Immer diese blöden Türen. Keine der Kneipen hat einen Außenbereich.

Dann muss ich den Rausch eben anderweitig herbeiführen, vielleicht hilft dabei die Landschaft des Nationalparks, der hinter Skipton beginnt. Sagen wir es mal so: Wenn Sie dem Irrglauben anhängen, zu »grün« gebe es weder Komparativ noch Superlativ, dann waren Sie noch nie in den Yorkshire Dales. Yorkshire-Grün im Sonnenlicht, direkt nach einem Regenschauer, zählt eindeutig zu den grünsten Dingen der Welt, grüner geht es kaum. Hier wird der Himmel vom Rasen angeleuchtet und nicht umgekehrt. Mit Absicht haben die Götter nur vereinzelt Bäume auf den Hügeln verteilt, damit das Gras schöner zur Geltung kommt. »Die beste Landschaft«, kommentiert Internetnutzer Adamski und vergibt fünf Sterne, während Internetnutzer Charlie sie als »nicht so gut wie Lancashire« empfindet und nur einen Stern vergibt.

Schafe. Links Schafe, rechts Schafe. Mit weißem Fell und schwarzen Köpfen und spiralförmig gezwirbelten Hörnern. Dazwischen schmucke jahrhundertealte Scheunen, die mit steinerner Entschlossenheit ihre Traumlagen vor Immobilieninvestoren verteidigen. Tierfutterlager mit Panoramablick, aus Denkmalschutzgründen dürfen sie nicht zu Ferienhäusern umgebaut werden. Weine ich als Betrachter bittere Tränen um das verschenkte Renditepotenzial? Ganz sicher nicht.

Viele weitere Radfahrer sind unterwegs, sie riechen nach Lycra und Sportlerdeo, sitzen auf Bikes von Giant oder Specialized und treten energieeffizient in Klickpedale. Wenn ich bei 14 Prozent Steigung mal wieder bergauf schieben muss, spüre ich ihre mitleidigen Blicke. Meine Landkarten-App fungiert nun als eine Art Demotivations-Coach, weil sie Bergaufpassagen zu optimistisch berechnet. Ich schwitze und schiebe und scheine dennoch nicht vorwärtszukommen, denn etwa alle drei Minuten verschiebt sich die errechnete Ankunftszeit um eine weitere Minute nach hinten.

In Malham lasse ich *Free Spirit* stehen, um zur Malham Cove zu laufen, einer 70 Meter hohen und 300 Meter breiten Wand aus Kalkstein, die aus einem eiszeitlichen Wasserfall entstanden ist. Hier verlaufen einige der besten Kletterrouten Englands, mehrere Seilschaften hängen in der Wand. Auf der Felsebene darüber hat 2010 ein bekannter Zauberlehrling übernachtet. In der Kinoversion von »Harry Potter und die Heiligtümer des Todes« schlagen Harry und Hermine hier ihr Zauberzelt auf, um sich wild campend vor dem Schwarzmagier Voldemort zu verstecken. Ein Hochplateau scheint mir eine etwas unkonventionelle Platzwahl zu sein, wenn es darum geht, nicht gesehen zu werden, aber was weiß ich schon von Zauberzelten.

Zurück zum Fahrrad und weiter in Richtung Settle, elf Kilometer sind es bis dorthin. Im Abendlicht fährt die Landschaft noch einmal alles auf, was sie zu bieten hat. Zwischen den Wolken bricht die Sonne hindurch, leuchtende Hügel, leuchtende Sträucher, eine Welt aus Textmarkerfarben, selbst der unmarkierte Asphalt leuchtet, als hätte man Obsidian statt Teer verwendet. Irgendetwas schleift an der Kette, die Bremsen klingen wie Hühner auf dem Schafott, der Gepäckträger löst sich schon wieder, ich bin müde und verschwitzt und weiß nicht, wo ich heute Nacht schlafen werde. Nichts ist perfekt, aber alles ist gut in diesem Moment. Ich denke an die vielen Monate zu Hause, das Gefühl, eingesperrt gewesen zu sein, mein Drinnie-Rentnerleben in der Mietwohnung mit gelegentlichen Ausflügen zu Postamt und Supermarkt. Nun ist das alles ganz weit weg, ich bin entkommen, die Flucht ist geglückt.

Den Rest der Strecke höre ich Musik, ich habe mir ein paar Brit-pop-Playlists mitgenommen. Und bin nun überrascht, wie viele meiner alten Lieblingssongs einen Bezug zu meiner Reise zu haben scheinen. Zum Beispiel »Parklife« von Blur, »More Life in a Tramp's Vest« von den Stereophonics, und »The Tourist« von Radiohead mit dem Appell: »Hey man, slow down, slow down, idiot, slow down, slow down.« Natur und Poesie, an diesem Abend liebe ich dieses England wieder ein bisschen, dieses England, das mich zuletzt so oft enttäuscht hat.

In allerbester Stimmung erreiche ich das Talbot Arms in Settle. Der dazugehörige Biergarten ist von hohen Steinmauern umgeben wie eine Festung, an der Holztür hängen mehrere Aufkleber, auf denen »No entry. Please sign in at the front door« steht. Ich gehe hindurch und gleich nach links zu einer Theke. Bei einer Kellnerin mit zwei Zöpfen entschuldige ich mich dafür, die falsche Tür genommen zu haben, und frage, ob die Küche noch geöffnet sei. Aus einem im Nachhinein schwer rekonstruierbaren Gedankengang heraus spreche ich mit extra starkem deutschem Akzent, vielleicht um zu suggerieren, das Schild wegen mangelnder Sprachkenntnisse nicht verstanden zu haben.

»Wenn du wie alle anderen Gäste die Vordertür genommen hättest, hätte man dir das dort direkt beantworten können«, sagt sie unwirsch.

»Und, ist sie noch offen?«

»Da muss ich drinnen nachfragen.«

Sie schlurft atemberaubend langsam eine Treppe hinunter und beschwert sich bei einer Kollegin darüber, mal wieder so einen Kunden zu haben, der nicht lesen könne und die Hintertür genommen habe. Ich bilde mir ein, bis hierhin das synchrone Augenrollen der beiden hören zu können. Eine Minute später kommt sie mit der Speisekarte zurück.

»Ja, gibt noch was«, brummt sie und sticht mir die laminierte Menüpappe in den Magen.

Bald sitze ich mit einem köstlichen Black Sheep Pale Ale und einem zu heißen Steak Pie unter einem Heineken-Sonnenschirm und proste zwei fröhlichen Mountainbikern am Nebentisch zu.

Die Kellnerin und ich werden keine Freunde mehr, obwohl ich vier Pfund Trinkgeld gebe, mein gesamtes Münzgeld. Aber was sind schon vier Pfund, wenn einer die falsche Tür genommen hat.

Zeltplatzfahndung im Dunkeln. Von hier bis zum nächsten Ort, Horton-in-Ribblesdale, gibt es kein Teilstück der Straße ohne Stacheldrahtzaun oder Mauer an beiden Seiten. Versehentlich gelange ich auf das Lagergelände einer Papierfabrik, dann auf einen schmalen Gehweg, auf dem ich das Rad einen Kilometer weit zurück zur Hauptstraße schieben muss. Stockduster ist es nun und weiterhin auf beiden Seiten maximal zwei Meter Platz bis zum Zaun. So nahe an der Straße würde ich keinen Schlaf finden wegen der Autoscheinwerfer. Jedes Mal, wenn sich von hinten ein Fahrzeug nähert, hebe ich das lichtlose Rad auf den Grasstreifen und warte ab, bis es vorbeigefahren ist. Ich erwäge, über einen Zaun zu klettern und zur Bahntrasse herunterzusteigen, um dort zu zelten, aber bestimmt rattern dann die ganze Nacht Güterzüge vorbei.

Nach einer halben Stunde Auto-Ausweichen erreiche ich Horton-in-Ribblesdale, einen der wenigen Orte weltweit, deren Zentrum aus einem Campingplatz besteht. So macht Stadtplanung Freude, hier stimmen die Prioritäten. Die Rezeption ist nicht mehr besetzt, ich parke trotzdem an einer Mauer und baue mein Zelt auf. Die Duschen haben Münzautomaten und kosten ein Pfund pro zehn Minuten. Dummerweise ist meine letzte Pfundmünze einen sinnlosen Tod in der ledernen Dunkelheit einer Kellnerinnenbörse gestorben, und niemand ist mehr wach, der mir was wechseln könnte.

Ein Nebeneffekt des Asketentums sind Trugbilder und Tagträume, verbunden mit unbändiger Lust auf alltägliche Genussmittel, sagen wir mal: einen Cappuccino. Ich bilde mir ein, Espressobohnen zu riechen und Aufschäumer fauchen zu hören, spüre unsichtbares Schokopulver am Gaumen kitzeln, während ich um halb neun Uhr morgens die Hauptstraße entlanglaufe und kein Frühstück finde. In den beiden Crown-Hotels: nur für Gäste. Das Café an der

Touristeninfo: geschlossen. Die Blindbeck Tea Rooms, die mit »warmen und kalten Snacks rund um die Uhr« werben: ebenfalls zu.

Horton-in-Ribblesdale, ein Ort, der im Sommer dermaßen von Touristen überrannt wird, dass manche Einheimische an Wochenenden die Flucht ergreifen, ist an einem Dienstagmorgen Ende August eine frühstücksfreie Wüste.

Der Grund für den Besucheransturm ist der Pen-y-ghent, ein 694 Meter hoher lang gezogener Kalksteinberg mit grünen Flanken, der von Horton aus an ein behäbiges Riesenkrokodil erinnert. Er ist Teil der »Three Peaks Challenge«, eines 38 Kilometer langen Ausdauertests, der an einem Tag auf drei Gipfel führt.

Ich lasse alle drei aus und fahre stattdessen mit knurrendem Magen zehn Kilometer bis zum Fourth Peak. So heißt eine mobile Snackbude im Hinterteil eines Klein-Lkw, deren Angebot mir heute verlockender erscheint als jeder Berggipfel. Eine grauhaarige Dame in roter Schürze kredenzt Cheeseburger und Eier-Sandwiches. Sie trägt einen Fascinator mit roter Schleife im Haar, was in seiner modischen Verspieltheit keinesfalls zur konzentrierten Ernsthaftigkeit passt, mit der sie die unumgänglich notwendigen Handgriffe ihrer Tätigkeit absolviert. Ich beobachte ihren mürrischen Umgang mit den anderen Kunden, nachdem ich meinen Lunch bekommen habe: kein herzliches Wort, keine Höflichkeitsfloskeln. Man könnte über sie einen Boulevardzeitungsartikel verfassen mit der Überschrift »Die unfreundlichste Verkäuferin Englands«, der für große öffentliche Erheiterung sorgen würde und für Internet-Memes, und beim nächsten Halloween-Fest würden Menschen Fascinator mit roter Schleife tragen.

Man könnte sich aber auch fragen, was in jemandem vorgeht, der täglich in diesem Lkw steht und Bacon & Egg für 3,80 verkauft und Nescafé für 1,20 und möglicherweise andere Pläne hatte im Leben. Oder man könnte sich fragen, ob die Verkäuferin Sachen erlebt hat, die eine gewisse Humorlosigkeit nachvollziehbar machen. Ich bekomme das, was ich bestellt habe, zu einem marktüblichen Preis in anständiger Qualität. Es muss nicht immer auch noch gelächelt werden.

Für eine Videoinstallation namens »Seven Yorkshire Landscapes« filmte der Künstler David Hockney von einem langsam fahrenden Auto Straßen wie die, auf der ich heute unterwegs bin. Auf dem Fahrzeug befestigte er mehrere Kameras, die mit minimal unterschiedlichem Zoomfaktor einen Teil der Landschaft filmten. Am Ende setzte er die Aufnahmen zu einer Art Mosaik zusammen: in der Mitte die Straße, links und rechts Bäume und Sträucher. Eine an sich unspektakuläre Szene, jeder hat schon ähnliche Autofahrten erlebt. Und doch suggerieren die vielen Blickwinkel, dass alle Teile des Gesamtbilds betrachtenswert sind. Details springen ins Auge, die man sonst ignoriert hätte, man beginnt, seine Sehgewohnheiten zu hinterfragen, den Fokus der eigenen Aufmerksamkeit. »Es gibt da so viel zu sehen, dass es nicht langweilig wird«, sagte Hockney. Vielleicht geht man nachher aus dem Museum heraus und blickt mit wacheren Augen auf die Welt ringsum.

Vor dem Board Inn in Hawes steht eine ganz andere Art von Kunstwerk, es gehört einem Genre an, das sich *yarn bombing* oder *guerilla knitting* nennt. Der örtliche Häkelklub hat einen der Holztische verschönert und eine Szene aus »Alice im Wunderland« mit lebensgroßen Figuren nachgestellt: die Teeparty des Hutmachers. Eine gelbblonde Alice mit roter Teetasse, umgeben von Haselmaus, Grinsekatze und Märzhase.

»Geh zurück, wir sind alle verrückt hier«, steht auf einem Schild daneben. Den Teufel werde ich tun. Ein dürrer Kerl in Biker-Lederjacke und Stretchjeans kommt zum Rauchen raus, fragt

mich, was ich in England mache. Ihn scheint der Text auf dem Schild zu inspirieren, denn er diagnostiziert meinen Geisteszustand kurzerhand als »clinically insane«, weil ich ohne Motor von London bis hierher gereist bin (als ob das mit Motor vernünftiger wäre). »You need a check-up from the neck up«, sagt er, nur an seinem wohlwollenden Blick erkenne ich, dass er das als Kompliment meint, eine Art Respektbekundung: Kannst bleiben, wir sind alle verrückt hier.

Am Ortsausgang treffe ich auf Fredi. Sie ist 55 und macht zum ersten Mal eine Mehrtageswanderung, den Pennine Way. Eine ambitionierte Premiere, denn die 430 Kilometer lange Tour gilt als schwierig und besteht aus 16 bis 19 Tagesetappen. Zwölf davon hat sie schon geschafft, nun lehnt sie sich schwer atmend auf ihre Wanderstöcke. »Meine Mutter ist letztes Jahr gestorben. Danach habe ich geschworen, mir noch einmal etwas zu beweisen, was Besonderes zu leisten. Aber die heutige Etappe war ganz schön hart, mein Knie tut weh, und ich freue mich jetzt sehr auf das Bett in der Jugendherberge.«

Fredi stammt ursprünglich aus Indien, lebt aber schon seit Jahrzehnten in Nottingham. »Was das Wandern angeht, fühle ich mich wie ein Kleinkind«, sagt sie. »Ich lerne so viel dazu jeden Tag, obwohl ich über 50 bin.«

Wir verabschieden uns, für mich geht es nun bergauf in eine herrliche Moorlandschaft, durchfurcht von alten Flussbetten, durch die längst kein Wasser mehr fließt. Verschreckte Hasen huschen durchs Grünzeug, Schafe grasen an der Straße, nehmen aber Reißaus, als ich näher komme. Die Angst der Tiere vor Menschen ist nicht unbegründet, wie ein toter Marder am Straßenrand beweist. Ein Auto muss ihn erwischt haben. Das braun-weiße Fell ist unbeschädigt, ohne die Blutlache neben dem Kopf könnte man meinen, er schlafe nur friedlich.

Dem Buttertubs-Pass gibt Internetnutzerin Sue fünf Sterne (»atemberaubende Aussichten, war positiv überrascht, dass die Strecke die ganze Zeit zweispurig verlief«), während Internetnutzer Scott lediglich einen Stern vergibt (»Die Straße war mehr ein Feldweg und nicht geeignet für irgendeine Art von Fahrzeug, speziell Wohnmobile. Das Wetter war schrecklich.«). Vielleicht sollte Scott mal bei Sue ein paar Fahrstunden buchen.

Ein paar Meter hinter dem Pass steht eine Scheune namens Banty Barn. Die war lange ein beliebter Unterschlupf für Landstreicher. Eine Informationstafel erzählt ihre Geschichte und lässt den früheren Farmbesitzer Robert Clarkson zu Wort kommen. Er habe als Kind immer die Straßenseite gewechselt, wenn ihm ein »Tramp« entgegenkam, und eine Todesangst gehabt, wenn er an Winterabenden im Dunkeln herkam, um die Kühe zu füttern. Häufig habe er zwischen den Heuballen schlafende Besucher entdeckt. Erst mit der Zeit habe er erkannt, dass die meisten von ihnen total harmlos seien.

Am Tan Hill Inn, dem höchstgelegenen Pub Englands, treffe ich den Rennradfahrer Arthur. Ende 20, Lycratrikot, Fahrradhelm, Sportler-Sonnenbrille. Er stammt von der Isle of Man und fühlte sich dort zuletzt ein wenig eingeengt. Deshalb entschied er sich, mit der Fähre rüberzukommen und ein paar Tage Rad zu fahren. »Der erste Lockdown dauerte bei uns fast vier Wochen. Ein richtiger Lockdown, nicht so was Halbherziges wie bei euch. Wir durften keinen Schritt aus dem Haus gehen, bekamen unsere Einkäufe vom Tesco-Lieferservice.«

»Was hast du die ganze Zeit gemacht?«

»Viel geschlafen. Und viel im Internet gesurft.«

»Und wie war es, als ihr dann wieder rausdurftet?«

»Erst mal genauso.« Er lacht. »Ich bin einfach noch einen Tag zu Hause geblieben, weil ich nicht wusste, was ich sonst mit mir anfangen sollte.«

Eine bemerkenswerte Aussage, denn Arthur arbeitet als Outdoor-Guide. Mountainbiken, Kajakfahren, Stand-up-Paddling, Klettern. Und ausgerechnet er war am Ende des Lockdowns mit der Draußenwelt überfordert.

Die Kneipe ist populär, der Parkplatz voller Autos, Motorräder und Fahrräder. Ein paar Monate später wird das Tan Hill Inn für einige Tage zum berühmtesten Pub Englands, mit Hunderten Medienberichten auf der ganzen Welt. 61 Gäste, das Thekenpersonal sowie eine Oasis-Coverband namens Noasis werden im Herbststurm »Arwen« eingeschneit und müssen zwangsweise drei

Nächte bleiben. Am Ende sind 15 Fässer Bier und viele Weinflaschen leer, einige neue Freundschaften entstanden und keiner kann mehr »Wonderwall« hören. Wie belastend das Eingesperrtsein ist, hängt eben doch sehr von den Umständen ab.

Mit gemischten Gefühlen fahre ich über einige der schönsten Straßen der Reise. Eine Schotterpiste fordert dem Fahrrad alles ab, jede staubige Minute könnte die letzte für die angeschlagenen Reifen sein. Aber *Free Spirit* hält durch bis Bowes, wo die Straßen wieder geteert sind. Bowes wird mir vor allem wegen eines Aufklebers an einem Laternenpfahl in Erinnerung bleiben: »Stell dir vor, man macht das alles für ein Virus, das so tödlich ist, dass man einen Test braucht, um zu wissen, ob man es hat.« Schwer zu sagen, ob ich die bestürzende Realitätsleugnungsblödheit des Satzes schlimmer finde oder die Tatsache, dass irgendein Dunning-Kruger-Philosoph das für scharfsinnig genug hielt, um es auf einen Aufkleber zu drucken.

Am Abend erreiche ich Middleton-in-Teesdale, auf Kost und Logis hoffend. Die meisten Restaurants sind innenraumexklusiv, nur die Fish and Chips-Bude neben dem Buchladen entspricht meinen Ansprüchen, mit Fensterverkauf und mehreren Holzbänken davor. Mit der üblichen Idee von »Fast Food« hat das hier wenig zu tun, weder in Sachen Wartezeit (25 Minuten) noch in Sachen Qualität (Schellfisch im besten Knusperteig der Welt, Mozzarella-Sticks zum Niederknien und allerkartoffeligste Premium-Pommes). Gut drei Wochen hat es gedauert bis zu diesem Heureka-Moment, um zu verstehen, was die britische Küche sein könnte, wenn sie nur wollte, wenn nur jeder verdammte Fish and Chips-Laden so wäre wie der in Middleton. Vielleicht habe ich einfach nur großen Hunger und bin nicht mehr objektiv? Nein, in diesem Fall hat nicht mal das Internet was zu meckern, von über 300 Trip-Advisor-Bewertungen vergeben alle mindestens drei Sterne, eine echte Seltenheit. Die Tischnachbarn erzählen fröhlich von ihrer Reise auf dem Moselradweg, der Sonnenuntergang taucht die Straßen in gleißendes Licht, ein perfekter Abend nach einer anstrengenden Tagesetappe. Und dann fange ich an zu husten.

Tipps für draußen 🌲 ⛺ 🔥 🪧 🗺 🧭

> **Propaganda durchschauen:** *Die Tourismusindustrie spielt uns vor, dass wir für einen bestimmten Geldbetrag eine bestimmte Menge Entspannung, Glück und Erlebnis erwerben können: Je höher die Ausgaben, desto größer der Ertrag, ähnlich wie beim Kauf von Möbeln oder einem Auto. Das ist Unsinn, zwei Tage im Wald können erheblich glücklicher machen als ein Wochenende im Hotel.*

Früher war Husten eine Atemwegsreizung, heute ist Husten eine Rechenaufgabe. Was habe ich vor zwei bis vier Tagen gemacht? Natürlich: Manchester gegen Arsenal. Einmal für zwei Stunden unvorsichtig gewesen, schon hat es mich erwischt. Was für eine Schnapsidee, dieser Nachmittag mit Zehntausenden singenden Fußballfans. Immerhin bin ich eine geringe Gefahr für andere dank permanenter Quarantäne im eigenen Zelt.

Eineinhalb Kilometer vom Stadtzentrum entfernt finde ich einen Campingplatz. Während ich meine Lage überdenke und diverse Was-wäre-wenn-Szenarien im Kopf durchspiele, hört der Husten auf. Und kommt auch am nächsten Morgen nicht wieder. Falscher Alarm, Sie kennen das.

Neben mir zeltet Brian, Anfang 60, ledrige Gesichtszüge, großes schwarzes BMW-Motorrad. Am Morgen läuft er an mir vorbei, nur in Schwimmshorts und Flipflops gekleidet, was in Anbetracht des bewölkten Himmels und des kühlen Morgenwinds ein wenig überoptimistisch wirkt. »Wo ist die Sonne? Wir brauchen ein bisschen Sonne«, begrüßt er mich, den Arm zum Himmel hebend, ein guter Satz, denn schon haben wir was gemeinsam, sind nicht mehr zwei Fremde, sondern zwei, die Sonne brauchen. Brian ist Kapitän, er arbeitet auf einem Versorgungsschiff. Einen Monat lang schippert er zwischen dem Festland und Ölplattformen in der Nordsee hin und her, dann verbringt er einen Monat zu Hause. »Immer wenn ich weg bin, macht meine Frau schon die nächste To-do-Liste für mich, die wird jede Woche länger.« Zur Bekräftigung hält er seine flachen Hände senkrecht übereinander und zieht sie dann auseinander.

»Was machst du in Middleton?«

»Vier Tage Motorrad fahren und Forellen angeln. Um meiner Frau zu entkommen.«

»Und die To-do-Liste?«

»Weißt du was? Scheiß auf die Liste.«

Dann schlurft er weiter in Richtung Dusche.

Cliffhanger Teil zwei

Ein bis heute praktiziertes Initiationsritual der australischen Aborigines nennt sich »Walkabout«. Um den Sorgen des Alltags zu entkommen, begeben sich junge Männer auf unbestimmte Zeit in die Natur, schlafen im Freien und leben von dem, was sie unterwegs finden können. Sie folgen den »Traumpfaden« ihrer Vorfahren, wandern umher, bis sie sich wiederhergestellt fühlen und gestärkt zurückkehren können in das Leben in der Gemeinschaft. Ob die Auszeit ein paar Tage oder mehrere Monate dauert, ist ihnen selbst überlassen, es gibt dabei kein physisches Ziel. Mir gefällt dieser Brauch, weil er als Rückkehr zu den Wurzeln der eigenen Kultur gesehen wird. Während wir Westeuropäer, nach unserer kulturellen Herkunft gefragt, meist auf die alten Griechen, das Christentum oder das Römische Reich verweisen, auf die letzten 2000 bis 3000 Jahre. Doch Hunderttausende Jahre haben unsere Vorfahren als Jäger und Sammler verbracht und als Nomaden gelebt. Wir kommen von draußen, das ist es, was die Menschheit tatsächlich verbindet.

Anders als bei den Aborigines gibt es bei meiner Tour ein Zeitlimit: In sieben Tagen legt meine Fähre in Newcastle ab. Bis dorthin ist es nicht mehr weit, weil ich zuletzt schnell vorankam. Richtung Nordosten führen mehrere unattraktive Landstraßen ans Ziel. 80 Kilometer Strecke bis zum Schiffsanleger, mit dem Fahrrad könnte ich in zwei Tagen dort sein. Nach Nordwesten verlaufen zwei Etappen des Pennine Way, die als besonders spektakulär gelten. Wasserfälle, Berggipfel, Einsamkeit. Nur zu Fuß machbar, nicht mit dem Fahrrad. Ich wurde im Leben von Online-Algorithmen mit genug Kalendersprüchen versorgt, um zu wissen, was bei einer Entscheidung zwischen Schönheit und Effizienz zu tun ist.

Ein Teil der Wahrheit lautet aber auch: Mir tut der Hintern weh. Das könnte man auch mal auf eine pastellfarbene Instagram-Kachel schreiben, mit Name drunter in kursiv.

Meine Handgelenke fühlten sich auch schon mal besser an als nach fast 400 Kilometern Radfahren mit Rucksack. Es ist Zeit, Abschied zu nehmen, also schreibe ich einen Zettel: »Dies ist ein besonderes Fahrrad, das mir ein wunderbarer Mensch geschenkt hat. Die Gangschaltung funktioniert nicht, und die meisten Teile sind alt, trotzdem konnte ich damit Hunderte Meilen bis hierher reisen. Jetzt möchte ich das Rad weitergeben. Wenn du eins brauchst, nimm es mit. Und schreib mir gerne eine Nachricht, was daraus geworden ist. Instagram: @stephan_orth.«

An einer Brücke am Ortseingang setze ich *Free Spirit* aus. Den Zettel klebe ich an den Rahmen. Kann man wegen eines Gebrauchsgegenstands aus Stahl und Gummi und Schrauben so etwas wie Abschiedsschmerz empfinden? Man kann. Das Ding lag als Sperrmüll am Straßenrand und hat dann noch eine solche Reise geschafft. Re-cycling im Wortsinn. Recycling als Geschichte über den Underdog, der schafft, was ihm niemand zugetraut hätte.

Geschichten über das Wegwerfen dagegen sind grundsätzlich langweilig, eine Tatsache, die mir mehr Hoffnung macht als alle wissenschaftlichen Forschungen zur Müllproblematik zusammen. Von Erzählungen hängt mehr ab, als wir häufig wahrhaben wollen. Menschen sind so.

Ich schreibe Ben in Stratford eine Nachricht und berichte ihm, was ich mit *Free Spirit* erlebt habe. Dazu schicke ich ein Foto von Fahrrad und Zettel. Ben ist begeistert und antwortet, die Sache habe ihn inspiriert, seitdem habe er schon fünf weitere Schrotträder flottgemacht und eines bereits verkauft. Warum las man zuletzt so viel über Fahrradhersteller, die der Nachfrage nicht hinterherkamen, und so wenig über Menschen, die Fahrräder reparieren? Warum werden Fahrradwerkstätten nicht staatlich subventioniert, warum bauen wir keine Denkmäler für Fahrradschrauber? Oder, ein bisschen allgemeiner: Warum eigentlich werden diejenigen, die beschädigte Dinge instand setzen, so viel weniger gefeiert als diejenigen, die Dinge produzieren? Warum fallen mir spontan nur Markennamen von Unternehmen ein, die Neues produzieren, aber keine von solchen, die sich um Erhalt und Wiederverwertung kümmern? Warum kommen mir die Schuhmacher und Schneidereien in meinem Wohnviertel so altmodisch vor, obwohl sie zukunftstaugliche Dienstleistungen anbieten? Und warum tun wir nichts gegen den Wahnsinn, dass Produzenten mehr Profit machen, je unreparierbarer sie ihre Produkte gestalten?

Der Pfad beginnt neben einer Viehmarkthalle und führt am Fluss Tees entlang durch uralt wirkende Wälder und leuchtendes Grün. Ich muss mich erst wieder ans Laufen gewöhnen, der Rucksack kommt mir schwer vor. Am Wegesrand hängt an einem besonders flachen Flussteilstück ein Rettungsring, dessen Platzierung mir ein bisschen übervorsichtig vorkommt, ebenso wie der mehrsprachige Warnhinweis, der auch ins Deutsche übersetzt wurde: »Bitte sich unter keinen Umständen ins Wasser begeben.«

Aber natürlich kann der Wasserspiegel nach ein paar Regentagen steigen, außerdem hat noch niemand die Nichtexistenz einer Hexe namens Peg Powler bewiesen, die hier laut lokaler Folklore ihr Unwesen treibt und Spaziergänger ins Wasser zerrt, die dem Ufer zu nahe kommen.

Bald sind erste Stromschnellen zu sehen, dann ein hoher Wasserfall namens Low Force und ein höherer namens High Force. Von einem Felsvorsprung aus habe ich einen guten Blick auf das Naturschauspiel. Im Becken davor spielen sich dramatische Szenen ab. Zwei Frauen mit weißen Helmen ringen im Wasser, schreien sich an, dann drückt die eine den Kopf der anderen unter Wasser in offensichtlicher Absicht, sie zu töten.

Sollte an der Hexensage doch etwas dran sein? Nicht unbedingt, denn drei Kameraleute filmen die Szene, und ein Tonmann hält eine Stange mit Mikrofonpuschel über die Streitenden. Ein humpelnder Mann stürmt heran, brüllt etwas, und die Behelmte scheint nun so zu tun, als würde sie gerade selbst einen Rettungsversuch unternehmen. Der Mann ergreift die Schultern der Ertrinkenden und hält ihren Kopf wieder über Wasser. Schnitt.

Viermal lässt der Regisseur die Szene wiederholen, Kampf, Herbeihumpeln, Retten. Erst dann scheint er zufrieden zu sein.

Die Dialoge kann ich gegen das Donnern des Wassers nicht verstehen, nur die verzweifelt laut gerufenen Namen »David!« und »Meena!« und die Megafonbefehle »Stop« und »Action«.

Es muss sich um eine große Produktion handeln, das Filmteam besteht aus fast 30 Leuten, samt Schlauchboot und Rettungstauchern. »Cliffhanger Teil zwei«, scherzt ein Mann, der neben mir auf der Klippe steht und das Geschehen schon länger beobachtet. Nicht ganz. Später finde ich heraus, dass es sich um eine Folge von »Emmerdale« handelt, einer der populärsten Seifenopern Großbritanniens.

Genug ferngesehen, weiter geht's. An einem Bauernhof bei Langdon Beck fallen mir ungewöhnliche Schilder auf. Eines steht am Gatter einer Kuhwiese und trägt die Aufschrift »Tor geschlossen halten, egal, was die Kühe dir sagen«, nicht weit davon steht am Geländer einer Holzbrücke »Vorsicht vor den Trollen«. Die Person, die so was aufhängt, würde man gerne kennenlernen. Erfreulicherweise kommt sie gerade auf mich zuspaziert, sie heißt Hayle. Anfang 50, kariertes Hemd, blonde lange Haare, Hornbrille. »Die Schilder habe ich bei Vistaprint bestellt. Wegen der Kinder. Die haben ständig meine Trolle runtergeschmissen. Darum habe ich das aufgehängt, hehe.«

»Was denn für Trolle?«

»Na, so kleine Figuren, die ich hier hingestellt habe.«

»Und? Hilft das Schild?«

»Kein bisschen. Hehe.«

Ob Hayles Eigenart, jeden zweiten Satz mit einem kurzen »hehe« zu beenden, auf Verlegenheit beruht oder einer generellen Freude am Dasein, weiß ich nicht. Vermutlich ist es eine Mischung aus beidem. Sie arbeitet als Bäuerin und Lastwagenfahrerin, ihr rosafarbener Truck steht oben vor der Farm. »Kohle, Schrott, Kies. Aber niemand fährt gerne in England. In Europa wirst du besser behandelt, die Service Points sind gratis, und das Essen ist nicht so furchtbar. Hehe.«

»Was für Service Points?«

»Stellplätze zum Übernachten. Hier kosten die 30 Pfund. Du bist aus Deutschland? Ich war in Koblenz, Duisburg, Köln, Wuppertal. Aber jetzt brauchen die uns hier, zurzeit fahre ich nur in England, hehe.«

»Wie lange machst du das schon?«

»Seit 16 Jahren. Früher waren fast nur Männer in dem Job, aber wir Frauen werden mehr. Hehe. Ich muss mal die Kühe füttern. Viel Glück für deine Wanderung!«

Die Umgebung verändert sich, der Tees wird wilder, ist nun umgeben von lilafarbenen Sandveilchen und grün überwachsenen Tafelbergen, an deren Hängen Schafe kleben wie weiße Pilze. Rechts ein weiterer Wasserfall, darüber ein unschöner Betondamm am Cow Green Reservoir. Ich bin mir absolut sicher, dass jeder Einzelne der jährlich 15 000 Pennine-Way-Wanderer sich hier überlegt, was wäre, wenn ausgerechnet heute die riesige Mauer zusammenbräche. Aber sie hält, schon seit 50 Jahren.

Dann wieder kaum berührte Natur. Na ja, bis auf die Zäune, ohne Zäune geht ja nichts in diesem Land. Einsamkeit, Ruhe, Weite. Ich laufe gleichmäßiger als am Morgen, habe meinen Gehrhythmus gefunden, und dann öffnet sich plötzlich ein Panoramablick auf einen Wahnsinn von einer Schlucht. Ein Blick auf Eden, so heißt der Fluss, der sich durch die Talsenke schlängelt. Wie eine gigantische Zahnreihe wächst Doleritgestein senkrecht aus dem grünen Hang, aus der Vogelperspektive formen die Ränder der Schlucht ein nahezu perfektes U.

High Cup Nick nennt sich diese Riesen-Halfpipe, und ich frage mich, ob die hier grasenden Schafe in einer Fresspause zwischendurch mal die Aussicht genießen können oder ob sie nur die Gefahren sehen, wenn ein falscher Schritt am Abgrund tödlich sein kann.

Internetnutzerin Maureen bewertet den Ort mit fünf Sternen (»Toller Spaziergang, dauert aber ein paar Stunden«), Internetnutzer Christian dagegen vergibt nur einen Stern (»Ein Mangel an öffentlichen Toiletten machte dies zu einem kurzen, stressigen Ausflug«).

An der östlichen Klippe führt der Weg hinab nach Dufton, nach 34 Tageskilometern erreiche ich den dortigen Campingplatz. Der Betreiber fragt nach meinem Herkunftsland und findet »Deutschland« sehr exotisch, ich sei erst der dritte ausländische Gast in diesem Jahr. Nur ein kleiner Streifen Rasen ist noch frei für mein Zelt, sonst ist alles voll, weil am nächsten Tag ein »Fell Run« stattfindet, ein Lauf-Event mit Hunderten Teilnehmern, das laut der dazugehörigen Webseite einem wohltätigen Zweck dient: Alle Einnahmen sollen für die einzige öffentliche Toilette in Dufton verwendet werden, für Reinigung, Klopapier, Elektrizität. Das alles koste Geld, und man wolle nicht, dass die Besucher künftig zahlen müssen. Vor ein paar Wochen hätte ich diese Fundraising-Idee noch skurril gefunden und auf andere Spendenbedürftige verwiesen, heute finde ich sie fantastisch.

In strengen Reihen stehen Wohnwagen namens Challenger und Senator, Charisma und Laser, Corona und Delta. Wer denkt sich nur diese Namen aus?

Die üblichen Abendessensnöte: Vor dem Stag Inn stehen zwar Tische, doch ordern soll man drinnen an der Bar. Ich öffne die Tür und rufe und winke von der Schwelle nach der Kellnerin, erzähle das Märchen von der vergessenen Maske und dass ich nicht gerne in Restaurants gehe, und tatsächlich lässt sie mich bestellen. Fish Balls und Rumpsteak und Pennine Pale Ale, das wird ein bisschen teurer, aber nach der heutigen Neun-Stunden-Etappe habe ich mir das verdient. Nun, Luxus ist relativ, es folgt ein Gourmet-Dinner bei 13 Grad Celsius unter einer Wolke von Stechmücken, die pausenlos Luftangriffe auf meinen Hals starten. Aber das Steak ist ausgezeichnet.

»Thx for the bike«, schreibt mir ein Mensch namens Jack auf Instagram. Auf seinem Profilfoto fährt er einen Traktor. Dazu schickt er ein verwackeltes Video, wie er im Dunkeln mein Fahrrad davonschiebt. Schön, dass er sich meldet, aber hätte er nicht wenigstens »Thanks« ausschreiben können, ein Ausrufezeichen oder einen Smiley mitschicken können?

Selbstverständlich hatte ich nicht erwartet, nun jeden Tag Fotos geschickt zu bekommen, *Free Spirit* beim Shopping, *Free Spirit* im Wald, *Free Spirit* vor dem Hühnerstall, *Free Spirit* zwischen glücklichen spielenden Kindern. Okay, irgendwie hatte ich es doch erwartet. Aber dazu kommt es nicht. »Thx for the bike« bleibt die einzige Nachricht von Jack.

Tipps für draußen

Prepper werden: *Eine Kiste mit der Ausrüstung für zwei bis drei Tage in der Natur steht bei mir immer bereit, dann geht das Packen ganz schnell. Noch nie habe ich einen spontanen Kurzausflug bereut.*

Angriff aufs Zelt

»In mancher Hinsicht ist der Pennine Way ein sinnloses Unter-fangen«, schrieb der Dichter Simon Armitage, und dem stimme ich zu. Andererseits: Auf alles zu verzichten, was »in mancher Hinsicht« sinnlos ist, wäre ebenfalls in mancher Hinsicht sinn-los, also auf zur nächsten Etappe. Die führt auf ein Hochplateau, das den Gipfel eines knapp 900 Meter hohen Bergs namens Cross Fell bildet, und gilt als anspruchsvollste der ganzen Tour. Viel Ne-bel und häufige Stürme, der hiesige »Helm Wind« ist so berüch-tigt, dass er als einziger Wind Englands einen eigenen Namen be-kam.

Jetzt nur noch kurz Proviant kaufen und los. Schön wär's, das einzige Geschäft namens Post Box Pantry öffnet erst um zehn. Und ob sie mir draußen was verkaufen würden, ist nicht garan-tiert. Würde ich so lange warten, hätte ich es danach richtig eilig mit der Etappe, weil 30 Kilometer Strecke auf mich warten. Nur mit ein paar Sonnenblumenkernen im Gepäck gehe ich los, was eher unvernünftig ist, wenn für die nächsten 25 Kilometer keine Ortschaft auf der Landkarte steht, aber was soll man machen.

Das Internet setzt mich darüber in Kenntnis, dass ein Mensch zwei bis drei Monate ohne Nahrung überleben kann, wenn er ge-sund ist und genug trinkt. Dann wird mir ein E-Book angeboten, das über die Überlebenschancen für Schiffbrüchige auf einer Ret-tungsinsel informiert, sowie »Extreme Food – What to Eat When Your Life Depends on It« von Survival-Spezialist Bear Grylls. Darin geht es um Insekten, Pilze, um Jagen und Fischen, und in der Le-seprobe steht der berechtigte Hinweis: »Ist der Unterschied wirk-lich so groß, ob man eine Schnecke oder ein Hühnchen isst? Ob es Froschfleisch ist oder Schweinespeck? Es ist nur eine Frage der

Gewohnheit.« Der Autor berichtet von einem US-Air-Force-Piloten namens Scott O'Grady, der 1995 über Bosnien abgeschossen wurde und dann fast eine Woche lang im Wald von Gras, Blättern und Insekten lebte.

Ich probiere ein bisschen Gras vom Wegesrand, aber Geschmack und Sättigungseffekt sind bescheiden. Ich klopfe an der Tür eines Bauernhofs, die könnten mir doch sicher was verkaufen, aber keiner öffnet. Die Idee, eine der Kühe auf dem daneben liegenden Feld zu melken, verwerfe ich mangels entsprechender Fähigkeiten. Und weil es mir unangenehm wäre, vom Kuhbesitzer dabei erwischt zu werden.

Eigentlich bin ich zu zweit unterwegs, Autor und Reisender. Der Autor reibt sich die Hände bei der Aussicht auf Hunger und Entbehrungen, da kann man später was Schönes draus machen. Der Reisende dagegen hätte es am liebsten so bequem wie möglich und tagträumt vom Rumpsteak des Vorabends.

Das Wunder geschieht in Form eines Kirschpflaumenbaums am Wegesrand. Köstliche sonnengelbe Früchte, etwas kleiner als Tischtennisbälle. Ich esse mindestens 30 und packe weitere 30 in eine Plastiktüte. Von Beduinen in der Wüste ist bekannt, dass sie stundenlang Dattelkerne kauen, um den Hunger zu bekämpfen. Ich probiere nun das Gleiche mit einem Kirschpflaumenkern.

Während des Aufstiegs kommt mir ein Spaziergänger mit Hund entgegen, »Lovely weather, isn't it?«, fragt er, und ich versuche, einen Hauch von Ironie in seinem Tonfall zu entdecken, da

der Himmel doch sehr trüb ist, aber er meint es ernst. Ein starker Wind bläst, Nebelschwaden ziehen heran.

Ich treffe auf den nächsten Wanderer, der sagt: »Immerhin ein bisschen Aussicht, nicht schlecht.« Wieder: Keine Spur des so geschätzten britischen Sarkasmus. Die Sichtweite reicht gerade, um die Häuser im Tal noch erahnen zu können. Wie schlimm müssen die Bedingungen hier normalerweise sein, wenn das schon für ein Wetterlob reicht?

Ich hätte nicht fragen sollen. Zwei Stunden später kann ich am Gipfel des Cross Fell noch ungefähr zehn Meter weit sehen und verstehe nun, warum hier so viele *cairns* aufgeschichtet sind, hüfthohe Steinhaufen am Wegesrand. Da im Boden kein Pfad erkennbar ist, sollen diese bei der Navigation helfen, und das tun sie tatsächlich: Wenn man länger als drei Minuten auf keinen Steinhaufen stößt, ist man höchstwahrscheinlich falsch.

Das Cross Fell ist der höchste Punkt Englands außerhalb des Lake District. 893 Meter, ein bisschen höher als der Kahle Asten, aber im Gegensatz dazu auffallend unbebaut, ohne Straßen, Parkplätze oder Gipfelrestaurant. Die Erschließung war in der Vergangenheit mehr auf das Innere des Bergs fokussiert: Im 19. Jahrhundert förderte man hier Tausende Tonnen Erz aus Bleiminen.

Der Boden wird schlammig, federndes Moos, manchmal sinkt auch der ganze Fuß mit einem lüsternen Schmatzen ein. Der Vorteil an Goretex-Schuhen ist die wasserdichte Membran. Ihr Nachteil ist, dass die in beide Richtungen wirkt – wenn einmal Wasser drin ist, bleibt es auch dort.

Der Reisende in mir flucht, der Autor frohlockt: Ich komme ein paarmal vom Weg ab, mir ist schwindlig vor Hunger trotz regelmäßiger Kirschpflaumenzufuhr, und die Füße sind so nass, dass jeder Schritt klingt wie der Wringaufsatz eines Putzeimers. Zwei Menschenschatten kommen mir entgegen, ich kann sie hören, bevor ich sie sehe. Wir sprechen kurz, und als ich von meiner Reiseidee erzähle, fragt einer von ihnen, ob das so eine Art Studentenurlaub sei. Nein, Mann, das ist eine wissenschaftliche Expedition, um die Zukunft des Tourismus zu erforschen, würde ich gerne antworten. »Haha, nein«, lautet meine tatsächliche Antwort.

Erst nach ein paar Hundert Metern bergab wird die Sicht besser. An einer einfachen Berghütte namens Greg's Hut liegt im Eingangsbereich eine ungeöffnete Packung Instantnudeln mit »Beef Flavour«. Das mit »Serviervorschlag« bezeichnete Foto zeigt frische Lauchzwiebeln und gebratene Rindfleischscheiben, unten rechts im Bild lacht die Illustration einer heiteren Kuh.

Kann man das Zeug auch ungekocht essen? Man kann. Relativ knusprig, aber ansonsten so fad, dass ich, vom Hungergefühl schon nicht mehr ganz zurechnungsfähig, die Würzmischung dazugebe. Der Mix aus Mononatriumglutamat, Dinatrium-5'-ribonucleotid, Siliziumdioxid, Palmöl, Ammoniak-Zuckerkulör, hydrolysiertem Gemüseprotein, »künstlichem Rindgeschmack« und diversen weiteren Würzstoffen kratzt fürchterlich im Hals und löst einen Hustenreiz aus, die Nudeln sind nun völlig versalzen und kaum noch genießbar. Lehre des Tages: Wir sollten mehr Dinge essen, die auch schon unsere Großmütter als Lebensmittel erkannt hätten.

Die nächste Ortschaft Garrigill erreiche ich am späten Nachmittag. In meiner Fantasie hatte ich mir dort einen herrlichen Biergarten vorgestellt, aber der existiert nicht. »Das nächste Restaurant ist in Alston«, sagt eine Passantin auf meine entsprechende Frage. Alston liegt sechs Kilometer entfernt. Erst morgen komme ich dorthin, weil ich heute mit einer Gastgeberin verabredet bin, die südlich der Stadt lebt.

Maxines Wohnwagen steht zwischen einem Fluss namens Black Burn, dem Wohnhaus ihres Vaters und dem Eingang einer stillgelegten Bleimine. Außerdem befinden sich auf dem Gelände zwei Traktoren, eine Walze, ein Bagger, 20 Schafe, das Wrack eines Kleinflugzeugs, diverse Garagen und Werkstätten, ein paar funktionierende und ein paar schrottreife Kleinwagen sowie eine selbst gebaute Wasserkraftturbine für die Stromversorgung.

Gleich nach der Begrüßung sagt Maxine den wunderbarsten aller Sätze: »Ich habe noch Hühnchen mit Gemüse übrig, willst du was essen?«

Sie ist Anfang 30, hat lebendige braune Augen, unzähmbare Chaoshaare und seit ein paar Tagen eine hyperaktive Hündin namens Pickles. Niedliche elf Wochen alt ist die schwarz-weiße Mischung aus Border Collie und Terrier. In der Interaktion mit einem ebenfalls schwarz-weißen Kater namens Frankie scheint noch nicht geklärt zu sein, ob sie Freunde oder Feinde werden wollen. Beide wirken angemessen irritiert wegen ihrer frappierenden Fellähnlichkeit. Würde Maxine die tierischen Blickduelle, Verfolgungsjagden und Imponierspielchen mit einer Videokamera dokumentieren, wären ihr Hunderttausende Instagram-Follower gewiss. Aber noch erfreulicher ist, sich das Schauspiel live anzusehen und nicht auf einem Bildschirm. Nicht alles, was aufmerksamkeitsökonomisch verwertbar ist, muss auch tatsächlich an die Öffentlichkeit. Ich muss bei dem Thema an einen wundervollen Cartoon aus dem *New Yorker* denken: Drei Restaurantgäste sitzen an einem Tisch, zwei fotografieren ihre Teller mit dem Handy, der Dritte isst – und prompt fragt ihn der Kellner: »Stimmt etwas mit Ihrem Essen nicht?«

Wir sitzen in einer Art Innenhof zwischen Containern, einem Zaun und der Wohnwagenwand, als improvisierter Esstisch dient ein Standgrill. Seit gut einem Jahr wohnt Maxine im Wohnwagen. »Ich war in einer etwas verzweifelten Situation wegen einer Trennung«, sagt sie. Also entschied sie sich für einen Neustart auf dem Land, um ihr Leben wieder zu ordnen. »Good girl. Yeaaaah«, damit meint sie Pickles. Die Hündin hat fachgerecht einen Tennisball apportiert und sich dafür ein paar Streicheleinheiten verdient.

Maxine beschäftigt sich viel damit, wie Menschen auf der Erde weniger Schaden anrichten könnten. Kurz nach ihrer Ankunft versuchte sie ein Experiment: Ist es möglich, das gesamte Leben auf einen Radius von 15 Meilen zu beschränken? So zu tun, als wäre das Universum nur 30 Meilen groß, in einer selbst auferlegten Provinzialisierung zu leben? Job und Wohnung und Freunde, aber auch alle Nahrung sollte aus diesem kleinen Umkreis kommen, einige Monate hielt sie es durch. »Mit den Lebensmitteln war es schwierig. Gerade bei Käse, ich liebe Käse und konnte nur noch wenige Sorten essen. Und einiges Gemüse fiel weg. Ich habe auf dem Markt eingekauft, viel nachgefragt, wo die Dinge herkommen – und war schockiert, wie wenig lokal hergestellt wird. Immerhin waren Eier und Fleisch kein Problem, dafür gibt es genug Bauernhöfe hier.«

Sie bietet mir einen selbst gemachten Wein an, aus einem Kraut namens Meadowsweet, das sie am Straßenrand aufgesammelt hat. »Zucker dazu, eine Zitrone, drei Wochen warten – fertig. Es ist mein erster Versuch, ich bin nicht beleidigt, wenn du es nicht austrinkst.« Tatsächlich ist das süßsaure Gebräu nicht gerade ein Prädikatswein, es riecht nach Zahnarztpraxis und schmeckt nach fermentiertem Holundersaft. Laut Wikipedia heißt das Kraut auf Deutsch Mädesüß, wurde aber im Volksmund auch »Stopparsch« genannt, weil es gegen Durchfall helfen soll. Als sie mir ein zweites Glas anbietet, lehne ich dankend ab.

Mit Botanik kennt sich Maxine aus, sie arbeitet in einem Aufforstungsprojekt und würde auch neben dem Wohnwagen gerne Gemüse pflanzen. »Aber noch ist dafür der Boden zu stark kontaminiert von der Mine. Es dauert Jahre, das zu reparieren. Hanf soll gut dafür sein. Und Beinwell, eine tolle Pflanze, die den Boden verbessert. Aber erst mal können wir nur mit Hydrokulturen arbeiten.«

Während wir sprechen, rattert wenige Meter entfernt gleichmäßig das Wasserrad in der Turbine. Das versorgt Haus und Wohnwagen mit Strom, meistens reicht es, nur manchmal nicht, wenn der Fluss kaum Wasser hat. »Aber immerhin läuft es 24 Stunden. Anders als zum Beispiel Solarenergie: Davon ist leider immer am meisten verfügbar, wenn man am wenigsten Strom braucht. Yeaaah, good doggie, get the ball, get it! Schade, dass ein Hundeschwanz keine Energie erzeugen kann, der ist ja wirklich immer in Bewegung.«

Maxine macht Feuer in einer rostigen Metalltonne, um die in großer Zahl angreifenden Stechmücken zu verjagen, und zeigt mir Zeichnungen der alten Mine, der Rotherhope Fell Mine. Einige der Gebäude wurden längst abgerissen, von anderen sind noch einzelne Mauern übrig. Bis zu 160 Menschen schufteten hier im 19. Jahrhundert, ein gefährlicher Job in der Dunkelheit des Bergs, bei dem man zehn Stunden am Tag giftigen Metallstaub einatmete. Größer könnte der Gegensatz zu dem, was ich seit ein paar Wochen mache, kaum sein.

»Diese ganzen Mühen, der Dreck, der Schweiß«, sagt Maxine. »Und damit wurde die industrielle Revolution angekurbelt, die uns so viel Scheiße hinterlassen hat, die wir jetzt aufräumen müssen.« Je mehr ich ihr zuhöre, desto trauriger finde ich es, dass selten über Menschen wie sie in Zeitungen oder im Fernsehen berichtet wird. Ist halt alles zu wenig sensationell, und sie ist weder prominent noch reich.

»Nooo, Pickles, not the bee, do not kill the bee!«, ruft sie plötzlich.

Als bräuchte es noch mehr Symbolik, krabbelt eine träge Biene vor uns über den Boden. Sie müht sich in Zeitlupe, lässt die Hinterbeine schleifen, scheint keine Kraft mehr zu haben, um die Flügel zu bewegen. »Seltsam, ich habe das schon ein paarmal beobachtet. Ein langsamer, schrecklicher Tod. Ich weiß nicht, was der Grund ist«, sagt Maxine.

Wir sitzen also neben den Ruinen der Industrialisierung und schauen einer Biene beim Sterben zu, während ein aufgekratzter Hund hinter seinem Ball herspringt und im Hintergrund gleichmäßig das Wasserrad rattert. Was für ein Zeltplatz.

Auf einem Rasenstück neben dem Traktor baue ich meine Unterkunft auf, richte alles wohnlich ein, putze mir die Zähne und höre noch ein paar Kapitel meines Thailand-Hörbuchs. Dort zeigt das Dschungelparadies nun seine Schattenseiten, die Gemeinschaft stellt sich als weniger harmonisch heraus, als es erst den Anschein hatte. Anführerin Sal herrscht mit harter Hand, und Richard gerät in Bedrängnis, weil er vor seiner Anreise Informationen über den Superstrand an zwei Amerikaner weitergegeben hat, die nun versuchen, auf die Insel zu gelangen. Zwei Katastrophen bringen das friedliche Zusammenleben vollends aus dem Gleichgewicht, eine kollektive Lebensmittelvergiftung und ein Hai-Angriff auf drei Schweden vom Fischfangteam. Einige Kommunenmitglieder sterben, und die Überlebenden beginnen mehr und mehr zu verrohen: wegen des Lagerkollers und der Angst, entdeckt zu werden und ihren geheimen Garten Eden zu verlieren. Aus fröhlichen Backpackerhippies werden blutrünstige Wilde, die alles Zivilisierte hinter sich lassen. Beinahe kommt es am Ende im Haschisch- und Kokosschnapsrausch zum Gemetzel mit Speeren und Küchenmessern zwischen nun verfeindeten Lagern. Richard bleibt nur die Flucht, mit vielen Stichwunden am ganzen Körper kann er sich mithilfe eines Floßes aus dem Insel-Lockdown befreien und ans Festland retten.

Plötzlich wird mein Zelt von einem Schlag erschüttert, und ein paar Sekunden später noch einmal. Ein kampflustiges Fauchen ist zu hören. Im Licht der Handytaschenlampe sehe ich ein schwarz-weißes Etwas mit Krallen auf die Polyethylenwand zufliegen, es ist Frankie, der Kater, der mein geliebtes Heim für eine Art Kratzbaum zu halten scheint. Die Halterungen der Spannleinen bewegen sich im Wind wie kleine Lebewesen, die es zu jagen gilt, und das gitterartige Mesh-Gewebe am Innenzelt eignet sich anscheinend bestens, um sich daran die Krallen zu schärfen. Einmal schafft es Frankie sogar in den Innenraum, er rollt sich zusammen und scheint schlafen zu wollen, aber ich schmeiße ihn raus. Nun fällt er noch wütender über das Zelt her, mit einer Aggressivität, die ich ihm niemals zugetraut hätte. Ich steige nach draußen, wehre wie ein Fußballtorwart eine der Attacken ab, mache mich groß und renne nun hinter dem Kater her, Angriff ist die beste Verteidigung. Das denkt sich leider auch eine Wolke Stechmücken, die sich über meinen Kopf hermacht. Innerhalb einer Minute bin ich völlig zerstochen, aber als ich mich kurz ins Zelt zurückziehe, gehen sofort die Katzenattacken wieder los. Im Grunde bin ich Pazifist, aber anders, als manchmal angenommen wird, bedeutet das nicht, sich unfairen Überfällen kampflos zu ergeben. Also wieder raus und die Fliegen ertragen, Zelthaut ist wichtiger als Menschenhaut.

Nach endlos scheinenden 20 Minuten wird Frankie müde und zieht sich zurück. Wie durch ein Wunder ist das Außenzelt mit wenigen Kratzern davongekommen, dafür sind im Netzmaterial des Innenzelts ein paar Löcher. Ich habe die Belagerung überstanden.

Die Blessuren am Zelt sind nicht die einzigen Schäden an meiner Ausrüstung. Die Wände einiger Luftkammern in meiner Matratze sind undicht geworden, dadurch bildet sich in der Mitte eine Ausbuchtung wie ein Geschwür, das jede Nacht größer wird. Am Tragesystem des Rucksacks hat sich eine Aluminiumstange gelöst, sie steht durch ein Loch in der Hülle nach oben wie eine Antenne. Das weiße Innenmaterial der Regenüberhose löst sich zunehmend in feines Pulver auf, der linke Wanderschuh hat ein Loch an einer Naht, und ein Teil des Handy-Touchscreens funktioniert weiterhin nur nach mehreren Versuchen. Ganz schön viel Verschleiß nach gerade mal vier Wochen unterwegs.

Umso mehr schätze ich Dinge, die halten. Die Wanderhose, die Goretex-Jacke, das Außenzelt. Doch meine Lieblingsgegenstände sind das aufblasbare Kopfkissen, die Schlafmaske und das Schlauchtuch. Das Kissen erhöht den Schlafkomfort ganz erheblich im Vergleich zu gestapelten Klamotten, die Maske lässt mich morgens länger schlummern, und das Schlauchtuch taugt als Schal, Bandana, Staubschutzmaske, Brillenputztuch, Schweißband, Handybildschirmreiniger, Ohrwärmer und Handtuch für frisch gewaschene Haare. Ich liebe das Schlauchtuch.

Wer also glaubt, auf einer Outdoor-Reise zum Extrem-Minimalisten zu werden, der die dingliche Welt für größtenteils unnötig hält, liegt falsch: Man lernt vielmehr, zuverlässige Ausrüstung inbrünstig zu lieben. Die Welt der Dinge ist nicht per se böse. Nein, die Welt der schnell kaputtgehenden oder ihren Zweck nur mangelhaft erfüllenden Dinge ist böse. Und alles, was man nicht mindestens jeden zweiten oder dritten Tag braucht. Denn das bedeutet nur überflüssiges Gewicht und zusätzliche Mühen. Eine daraus abgeleitete Konsumphilosophie würde nicht zwangsweise bedeuten, weniger Geld für Dinge auszugeben. Sondern nur die Hälfte oder ein Drittel der Dinge zu kaufen, aber das dabei Ersparte zu verwenden, um beim tatsächlich Notwendigen nie die Billigprodukte auszuwählen.

Laut einer Studie von Greenpeace kaufen die Deutschen in Nichtpandemiezeiten im Schnitt 60 Kleidungsstücke pro Jahr. Bestimmt würde die Hälfte auch reichen, ohne daraufhin wie eine Vogelscheuche herumlaufen zu müssen – und schon hätte man genug Geld, um bei den 30 Teilen auf Qualität und eine einigermaßen faire und nachhaltige Herstellung zu achten.

Am nächsten Morgen verabschiede ich mich von Maxine und erreiche in Alston den Startbahnhof der South Tynedale Railway, einer historischen Schmalspurbahn, deren Waggons an den Seiten offen sind, ohne Scheiben.

Die Route umfasst nur acht Kilometer durch einen Wald bis Slaggyford, aber immerhin: endlich mal eine Möglichkeit, ohne Eigenanstrengung vorwärtszukommen. Internetnutzerin Ana bewertet die Fahrt mit fünf Sternen (»Mein Achtjähriger war sehr zufrieden. Unser Hund schaute auf Schafe und Fasane und bekam auch Snacks vom Personal«), während Internetnutzerin Carol einen Stern für angemessen hält (»War nicht geöffnet, kann es also nicht bewerten. Das Café war ausgezeichnet«). Eigentlich sind nur Return-Tickets im Angebot. Dass jemand am Zielort bleiben will, scheint nicht vorgesehen zu sein. Aber für mich machen sie eine Ausnahme. Im Waggon sitzen Rentner mit Hut und Familien mit Kindern, die nach frisch gewaschenem Polohemd und Shampoo und Wochenendausflug riechen. Ich setze mich ein wenig abseits, in der wohl korrekten Annahme, selbst nicht nach Waschmittel und Shampoo zu duften.

Auf Werbepostern der Zuglinie ist eine altmodische Dampflok zu sehen, in der Realität kommen meist relativ moderne schwarz-grüne Elektrotriebzüge zum Einsatz. Um Punkt 13 Uhr geht es los, trotz eines Tempos von 15 Stundenkilometern rattert und wackelt es ganz schön, bei jeder Gleisschwelle wird der Waggon durchgeschüttelt. Normalerweise würde ich das vermutlich nicht wahrnehmen, aber nach Wochen ohne Fahrzeug kann ich mich auf kaum etwas anderes konzentrieren als auf die Erschütterungen.

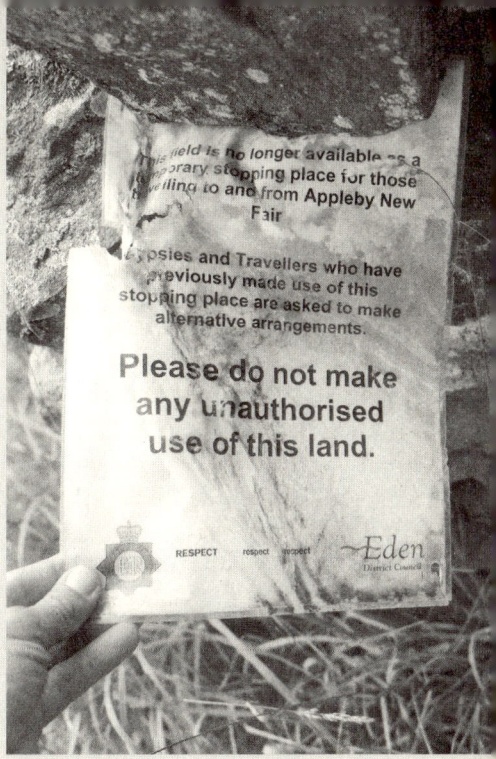

Vom Sitzen werden die Beine schwer, nach 35 Minuten Geruckel steige ich aus und bin so müde wie seit Tagen nicht. Als hätte die kurze Fahrt meine ganze Energie gefressen.

Für mich geht es nun weiter nach Norden, für die anderen Fahrgäste nach 20 Minuten Aufenthalt zurück nach Alston. 35 weitere Minuten Geruckel mit der gleichen Aussicht wie auf der Hinfahrt. Warum bloß machen die Leute so was?

Wandern kann die Sinne anregen, den Kreislauf in Schwung bringen, den Geist zu Höhenflügen verleiten. Aber Wandern kann auch eine Dumpfheit und Eintönigkeit erzeugen, in der man wie durch ein trübes Gesichtsvisier auf die Umgebung blickt. Speziell auf einer Langzeittour. Ab dem Ausstieg aus der Bimmelbahn langweilt mich alles: der Wetter-Small-Talk im Biergarten mit einem Radfahrer, die Schafe und Kühe, die Landstraßen, die Autos, die Ortsschilder, die Schotterwege. Waldstücke namens Towsbank Wood, Lingyclose Wood, Ashholme Wood, Hag Wood, Herdley Wood, Throneyhole Wood, Park Wood und North Wood. Sogar ein Schild am Gatter einer nicht besonders schönen Wiese, das »Zigeuner und Reisende« darauf hinweist, hier nicht länger willkommen zu sein, löst keinerlei Gemütsregung aus. Graue Straße, grauer Himmel, graues Hirn.

Aus irgendeinem Grund hat sich in meinem Kopf ein Zitat aus »Pulp Fiction« eingenistet, wie ein Refrain, wie ein Mantra läuft es in Endlosschleife: »Nein, Jules, du hast dich entschlossen, ein Penner zu werden, genau wie all die anderen Stinker da draußen, die dich um Geld anbetteln. Hängen in Mülltonnen, fressen, was ich wegwerfe. Es gibt 'ne Bezeichnung dafür, Jules, und so was nennt man einen Penner.« Ununterbrochen wiederholt mein Hirn diese Sätze, im Ton der übertrieben nasalen deutschen Synchronstimme von John Travolta. Selbstgeißelung mit fremden Worten, wo doch so viel von Worten abhängt: Hätte ich einen besseren Tag erwischt, würde ich die heutige Etappe mit dem »Draußen zu Hause«-Vokabular der Outdoor-Klamotten-Werbung beschreiben, aber gerade fühle ich mich nicht danach.

Hinter Häuserfenstern sehe ich saubere Küchen, Sofas vor Fernsehern, bunt dekorierte Kinderzimmer, Esstische mit Blumendeko. Irgendwas davon fehlt mir doch, zumindest heute. Viel zu oft schaue ich aufs Handy, wie weit es noch ist bis zum Zielpunkt. Eine Stunde 30. Eine Stunde 27. Eine Stunde 22. Eine Stunde 19.

Abends am Campingplatz in Haltwhistle bestelle ich mir mangels kulinarischer Alternativen eine Pizza Vier Jahreszeiten und einen Feta-Salat beim Bringdienst. Ein Auto muss drei Kilometer vom Restaurant bis zu mir und drei Kilometer wieder zurück fahren, um mir die einwegverpackte Ware in einer Plastiktüte zusammen mit einem Plastikmesser, einer Plastikgabel und einem Plastiklöffel (das Besteck samt Papierserviette befindet sich aus Hygienegründen in einer Plastikverpackung) zu überreichen. Ich bezahle zwölf Pfund für die Dienstleistung und merke erst jetzt, wie wenig Müll ich auf meiner bisherigen Reise produziert habe: Nach vier Wochen bekomme ich zum ersten Mal eine Plastiktüte, nur vereinzelt hatte ich verpackte Take-away-Speisen. Seit der Tageszeitung und der Corona-Test-Anleitung in London hatte ich kein Blatt Papier in der Hand, das bedruckt wurde, um nach einmaligem Lesen weggeworfen zu werden. Ich musste seit vier Wochen keinen Getränkebehälter entsorgen, weil ich nur Wasser aus meinem Schlauch und Flüssigkeiten aus Gläsern oder Tassen konsumiere. Okay, ganz so famos ist meine Abfallbilanz in Wahrheit doch nicht: Wie viel Müll in den Restaurantküchen oder bei Mahlzeiten mit meinen Gastgebern anfällt, bekomme ich ja nicht mit.

Geschäftsidee: Ein Reiseunternehmen gründen, das Urlaub vom Menschen für den Planeten anbietet. Mit Errechnung des CO_2-

und Müll-Fußabdrucks im Alltag und dann diversen Vorschlägen, wie eine Reise mit der Hälfte, einem Drittel oder einem Zehntel dieses Ausstoßes aussehen könnte.

Begegnung am Busdepot

Der Hadrianswall reißt mich aus der Lethargie. Nicht nur, weil es nun so viel bergauf und bergab geht. Nicht nur, weil plötzlich ein Schuss fällt, unten auf den Feldern. »Die Schotten greifen an«, scherzt ein Wanderer, korrigiert sich aber gleich und teilt den Umstehenden mit, es handle sich bestimmt um einen Schreckschuss, um Vögel zu verjagen.

Nein, vor allem, weil dieses Bauwerk inspiriert, aufweckt, den Geist anregt. Sie denken jetzt sicher an so was wie, wow, diese Teufelskerlrömer, 117 Kilometer Mauer, 1 615 625 Kubikmeter Stein, und das mit den damaligen einfachen Werkzeugen, Hochkultur vor 1900 Jahren, wow, wow, wow. Und wie sie die Hügelkette eingebunden haben, schon clever. Dazu Vorstellungen von stolzen Kriegern, die glänzende Helme und fesche Ledersandalen tragen und korrekte Ablative verwenden. Standarten. Schwerter. »Asterix bei den Briten«.

Aber nein, mein Lieblingsdetail am Hadrianswall, bei allem Respekt für die Baukunst, ist die Tatsache, dass es sich um eine Ruine handelt. Ein Symbol dafür, wie unbeständig Grenzen auf lange Sicht sind, die jemand aus damals rational klingenden Gründen gezogen hat: Schutz vor den Barbaren im Norden, Einnahmen durch Grenzzölle, Abschottung (*no pun intended*) vor unerwünschter Einwanderung. Das wirklich Interessante am Hadrianswall ist, dass er zeigt, wie vergänglich Mauern sind. Gerade in einem Moment, in dem Großbritannien seine Freude an der Abgrenzung neu entdeckt.

Ich laufe an den Mauerresten entlang und versuche, mir links Barbaren und rechts die Zivilisation vorzustellen. Doch die Unterschiede sind gering, auf beiden Seiten Schafherden und Felder.

Leichte optische Vorteile für die linke Seite, weil weniger geteerte Straßen und Häuser die wilde Naturlandschaft unterbrechen. Vielleicht wäre eine historische Neubewertung des Themenkomplexes »Barbarentum« angebracht.

Aus dem Hadrianswall wurde eine Touristenattraktion und ein Wanderweg, aus vielen seiner Steinbrocken wurden Viehscheunen, Kirchen und Wohnhäuser. Ein hoffnungsvoller Ort, auch die Schafe am Hang wirken nicht unzufrieden.

Im Housesteads-Fort, einer der wichtigsten archäologischen Stätten Englands, lebten in Baracken einst 1000 Soldaten. Die Grundmauern der Anlage sind bestens erhalten, auf Schildern erklärt ein kleiner Cartoonsoldat namens Felix die einzelnen Gebäude. Wenig neidisch werde ich bei der Beschreibung der Unterkünfte: »Kannst du dir vorstellen, einen Raum mit sieben Menschen zu teilen? Ich esse, schlafe und relaxe hier, es ist also sehr eng«, steht in der Sprechblase.

Die Versorgungslage ist wieder einmal desolat, entsprechend euphorisch feiere ich einen Parkplatzteeverkäufer, der »Troy« von Stephen Fry liest und aus dem Kofferraum eines Vans Schokoladenmuffins verkauft. »Du brauchst wohl einen Zuckerschock zum Frühstück?«, fragt er, als ich drei davon bestelle. »Nein, ich brauche nur *irgendein* Frühstück«, antworte ich.

Leider bringt Zucker nur kurzzeitig Energie, die nächsten Stunden kämpfe ich gegen die Trägheit und blicke in immer größerer Versuchung auf die Bahngleise der Newcastle and Carlisle

Railway. Im Halbstundentakt fahren Schnellzüge nach Newcastle, in weniger als einer Stunde wäre ich damit am Ziel.

Außer zwei sauren Brombeeren finde ich keine Nahrung bis zum Boatside Inn vor Hexham. An einem Biergartentisch sitzt ein älteres Paar und trinkt Guinness aus Pint-Gläsern. Aber was für eine Enttäuschung: »Montags geschlossen« steht auf einem Schild, und das ist heute.

»Du siehst aus, als hättest du einen weiten Weg hinter dir«, sagt der Mann.

»Ja, von London bis hierher«, antworte ich, sie bewundern das angemessen, und ich frage in weniger gönnerhaftem Tonfall als beabsichtigt, wo sie ihr Bier herhaben.

»Selbst mitgebracht. Wir wohnen in einem Ferienhaus gleich nebenan«, ist die Erklärung, gefolgt von dem unnötigen, aber dennoch wahren Satz: »Jetzt bist du so weit gelaufen und hättest gern ein Pint gehabt.« Ich glaube, er meint das empathisch, verzichtet aber auf konstruktive Vorschläge, was man da tun könnte. Ich verabschiede mich und entdecke am Ausgang einen Korb mit Ketchup und Mayo in 20-Milliliter-Packungen. Ein kurzer Blick nach hinten, die beiden sind in ihr Gespräch vertieft, eine schnelle Entscheidung, und schon habe ich drei Ketchup-Portionen eingesteckt. Ein Meilenstein, das fehlte noch, endlich habe ich mal was geklaut. Die Beute verzehre ich pur.

Vor einem Busdepot am Ortseingang von Hexham spricht mich ein Fremder mit lückenhaften Schneidezähnen und grauem Trainingsanzug an. »Du siehst aus, als hättest du einen weiten Weg hinter dir«, sagt er. Schon wieder dieser Satz, exakt derselbe Wortlaut. In den ersten zwei Wochen der Reise hat das niemand zu mir gesagt. Ich frage mich, ob das an der notorisch größeren Gesprächigkeit der Nordengländer liegt oder an meiner abgerockten Verfassung. Der Mann stellt sich als Alan vor und berichtet, ebenfalls ein »Draußenmensch« zu sein. »Von Februar bis Dezember lebe ich im Zelt, unten am River Tyne. Zahle keine Miete. Und kann den halben Tag angeln. Und abends arbeite ich hier am Depot, Busse reparieren. Bist du aus Holland?«

»Nein, Deutschland.«

»Auch gut. Wenn du willst, kannst du bei mir dein Zelt aufstellen. An der Hexham Bridge abbiegen, die Straße runter. Nach dem Shop links, wenn du ein weißes Schild siehst. Dann über die Gleise, noch weiter nach links, über den Barbecue-Platz. Ich wohne direkt am Fluss.«

Alan nuschelt in breitem Geordie-Slang. Als er den Weg beschreibt, geht sein Blick in die Ferne, als müsse er sich die Route bildhaft vorstellen. Mechanisch rattert er die einzelnen Punkte herunter. Er nennt auch den Namen der Straße, auf die ich an der Brücke abbiegen soll, aber schon Sekunden später habe ich den vergessen.

»Klingt gut, ich komme morgen vorbei«, verspreche ich.

Zunächst aber gehe ich Richtung Stadtzentrum und freue mich dort über einen winzigen Markt, der aus drei Ständen besteht: einem für Spielzeug, einem für Blumen, einem für Käse. Zum ersten Mal seit vier Wochen Käse! Ich kaufe 400 Gramm Farmhouse Wensleydale und esse die Hälfte sofort.

Die Werbung eines Reisebüros namens Hays Travel fällt mir auf. Südafrika, Australien, Phuket, Las Vegas. Auf den ersten Blick wahnsinnig günstig, weil aus irgendeinem Grund in elf Monatsraten gezahlt werden soll und immer nur der Preis einer Rate angezeigt wird. Die Fotos sind so verlockend wie die Slogans: *It's time to make memories again. It's time to relax. It's time to smile again. Free PCR test included.*

Ich bin mit einem Gastgeber namens Richard verabredet, einem drahtigen Mann um die 50, der einen Platz im Garten für mich hat. Wir reden über die üblichen Themen (Corona nervt, Brexit war dumm, Klimakatastrophe steht bevor), und er kredenzt mir eine köstliche Riesenportion Spaghetti mit Tomatensoße. Richard warnt mich vor dem *berrybug*, einer angriffslustigen Milbe, die hier ihr Unwesen treibe. Man könne leider wenig dagegen machen, aber schon nach drei Tagen sei es mit dem Juckreiz vorbei.

Tatsächlich: Am nächsten Morgen, als mich der Rasenmäher des Nachbarn um acht Uhr weckt, jucken meine Oberschenkel und Achselhöhlen. Laut Internet ist die 0,4 Millimeter große *Trombicu-*

lidae-Milbe mit Zecken verwandt. Sie beißt demnach nicht, sondern treibt mithilfe von Verdauungsenzymen ein Loch in die Haut, um dann Stücke der Innenhaut zu verspeisen. Guten Appetit.

Ich packe mein Zelt zusammen, verabschiede mich von Richard und laufe zur Hexham Bridge, wo eine viel befahrene Straße über den Tyne führt. Dort beginnt die Suche. Leider hat Alan nicht gesagt, in welche Richtung ich von hier abbiegen soll. Also erst mal nach links am Ufer entlang. Ein großer Park mit Picknickern, Ruderklub und Grillstelle sieht vielversprechend aus, aber nirgends wäre genug Privatsphäre für einen Dauercamper. Dahinter folgt ein Golfplatz, da zeltet bestimmt niemand.

Rechts von der Brücke finde ich mehr Unterholz und einen Steinstrand, der nach totem Fisch riecht, aber bald so viel Gestrüpp, dass es nicht mehr weitergeht. Ein Haufen leerer Strongbow-Dosen neben Walkers-Chipstüten beweist, dass ich dennoch nicht der erste Besucher bin.

Je länger die Suche andauert, desto überzeugter bin ich, dass diese Begegnung wichtig sein könnte, das entscheidende Puzzlestück der Reise. Ein Treffen mit einem Meister, dem König der Vagabunden, Diogenes im Zelt. Einem, der ernst macht mit dem, was für mich nur ein fünfwöchiger Ausflug ist.

Ich fühle mich wie auf einer Schatzsuche, aber ich suche nicht nach einer Kiste mit Gold und Diamanten, sondern nach dem Wohnort eines Menschen, der am Rande der Gesellschaft lebt. Nach einem geheimen Paradies am Wasser, wie in meinem Hörbuch. Alan erinnert sogar optisch ein bisschen an den Schauspieler, der in Danny Boyles Verfilmung von »The Beach« die Landkarte weitergibt.

Der thailändische Strand, an dem die Dreharbeiten stattfanden, wurde zu einem Pilgerziel für Rucksacktouristen und musste mehrfach gesperrt werden, weil die Menschenmassen die Natur zerstörten. In den schlimmsten Zeiten der Pandemie war er ebenfalls lange geschlossen, bis er im Januar 2022 wieder geöffnet wurde: von sieben bis 18 Uhr täglich, mit einem Limit von 4125 Besuchern pro Tag.

Ich wechsle auf die andere Flussseite. Doch dort sind nur Firmengelände, die keinen Zugang zum Wasser frei lassen, ein Elektromarkt, ein Autoteilehändler, eine Holzverarbeitung, eine Chemiefabrik. Am gegenüberliegenden Ufer rattert einer der Züge in Richtung Newcastle vorbei. Richtig, die Schienen hatte Alan erwähnt, und die gibt es nur einmal. Sein Camp kann also nur auf der anderen Flussseite sein. Ich gehe zurück. Einfach der Trasse folgen geht leider nicht, sie ist mit Zäunen abgesperrt, kein Weg führt direkt daran entlang.

Ein zweiter Versuch auf der Seite mit dem Golfplatz, diesmal laufe ich ein Stück weiter, komme jedoch bald in eine Wohnsiedlung. Noch zwei Kilometer, dann würde ich laut der Handylandkarte auf die Constantius Bridge stoßen, vielleicht habe ich mich verhört und er sagte gar nicht »Hexham Bridge«? Aber das wären zwei Kilometer, die mich von Newcastle weg, in die falsche Richtung führen würden. Ich entscheide mich dagegen. Das Busdepot ist nicht weit, ich laufe noch einmal dort vorbei, aber es ist geschlossen und keine Menschenseele zu sehen.

Ich gebe auf. Gegen den Frust kaufe ich mir an einem Foodtruck von Ciccarelli Gelato ein Choc-Fudge-Brownie-Eis. Immerhin habe ich es versucht.

Der Weg in Richtung Newcastle führt am schmalen Rand der unattraktiven Landstraße A 695 entlang. Autohändler, vereinzelte Häuser, viel Verkehr. Nach etwa einer Stunde passiere ich einen Baumarkt, dann folgt links eine Abzweigung mit einem weißen Schild, das einen Privatweg markiert. Und dann ein Bahnübergang, gefolgt von einem Schotterweg nach links. Sollte ich doch noch die beschriebene Stelle gefunden haben? Eigentlich unmöglich, das ist viel zu weit weg.

Nach etwa 800 Metern flussaufwärts erreiche ich eine Angelstelle, nein, einen ganzen Angelklub mit mehreren markierten Plätzen, Beat A, Beat B und Beat C. Kleine Holzhütten, ein paar Sitzbänke, ein Barbecueplatz. Mehrere Uhren wurden gut sichtbar aufgehängt, zusammen mit dem Hinweis, pro Angelplatz seien maximal 30 Minuten Aufenthalt erlaubt. Noch einmal 200 Meter weiter gelange ich in ein Waldstück, in dem unter Bäumen zwei Zelte stehen, ein großes und ein kleines. An einer Wäscheleine hängen eine orangefarbene Warnweste, Socken und eine graue

Trainingshose, auf dem Boden liegen Schuhe und leere Plastik-flaschen. Die Trainingshose sieht exakt so aus wie die, die Alan gestern trug. Ich rufe nach ihm, bekomme aber keine Antwort. Der Obdachlose ist nicht zu Hause.

Direkt nebenan zu campen käme mir zu aufdringlich vor, ich gehe zurück zum Grillplatz. Ein idyllischer Ort am Ufer. »Smile, you're on camera«, steht auf einem gelben Schild mit Smiley, aber die dazugehörige Kamera ist nicht zu sehen. Ich lächle und setze mich auf eine der selbst gezimmerten Holzbänke. Links dampfen ein paar Kilometer entfernt die Schornsteine einer Spanplatten-fabrik, der Rauch spiegelt sich im Fluss. Nach rechts dagegen sind die Ufer grün, nur Sträucher, Bäume, Steine und Wasser.

Stillstand. Eine ungewohnte Situation am frühen Nachmittag, sonst ging es immer weiter, weiter, weiter. Und jetzt warte ich und schaue dem Fluss beim Fließen zu. Ab und zu springt ein Fisch aus dem Wasser, ein Stockentenpaar fliegt vorbei. Alle 20 Minuten rattert eine Regionalbahn hinter mir über die Gleise. 56 Minuten bis Carlisle im Westen, 33 Minuten bis Newcastle im Osten.

Obwohl die Züge hier nicht halten, sind die Uhren der Angel-stelle Bahnhofsuhren, auf einer steht sogar »Paddington Station«. Alle sind korrekt gestellt, keine geht vor oder nach. In einer Hütte lagern Gartenwerkzeug, Plastikflaschen mit Desinfektionsmitteln und eine Kladde, in der tägliche Beobachtungen vermerkt sind. »Water crystal clear, few fish« am 7. September, »Fish showing all over« am 6. September, »Nowt« am 5. September. »Nowt« ist nordenglischer Slang für »nichts« und das Gegenteil von »owt« (»etwas«).

Auf dem Grasboden hat jemand aus Steinen die Worte »Gone Fishing« geformt, erst später bemerke ich direkt daneben einen Namen, »Brian«. Es scheint sich um ein Urnengrab für ein lang-jähriges Angelklubmitglied zu handeln.

Plötzlich nähert sich ein Mann aus dem nahe gelegenen Wald-stück, weiße Shorts, weißes Polohemd, er führt einen Cocker Spa-niel spazieren. Neugierig mustert er meinen Rucksack und mich.

»Bist du hier zum Angeln?«, fragt er.

»Nein, ich warte auf jemanden.«

»Ach, du meinst Alan. Der ist wirklich ein Original, aber er sollte mal zum Zahnarzt.«

Damit dreht er um und geht zurück. Bis Sonnenuntergang treffe ich keinen Menschen mehr, habe die Uferstelle ganz für mich allein. Ich wasche mich ein bisschen im Fluss, esse Käse, beobachte ein Eichhörnchen und einen Otter.

Um Punkt acht Uhr gehen plötzlich auf dem ganzen Grillplatz Lichter an. Bekomme ich Besuch? Nein, es bleibt ruhig. Die am Ufer verteilten solarbetriebenen LEDs wurden offenbar mit einer Zeitschaltung versehen. Eigentlich ganz praktisch, dass ich nicht in völliger Dunkelheit mein Zelt aufbauen muss. Auch die rauchende Fabrik auf der anderen Uferseite hat ihre Nachtbeleuchtung eingeschaltet, rote und weiße Lampen, ansonsten ist es ringsum dunkel. Nach wie vor keine Spur von Alan.

Die Unebenheit in meiner Matratze ist seit gestern weiter gewachsen, ich schlafe auf einem Gymnastikball. Regelmäßig erschüttern vorbeifahrende Züge den Boden.

Am nächsten Morgen weckt mich gegen sechs Uhr der erste Zug, ich döse noch ein bisschen und frühstücke dann ein Stück Käse. Beim nächsten Spaziergang zu Alans Doppelzelt hat sich etwas verändert: Vor dem Eingang liegt ein Fahrrad, ein Mountainbike der Marke Orange in der Farbe Orange, mit Federgabeln vorne und hinten. Kostet im Laden 4000 Euro, das dürfte etwa hundert-mal so viel sein wie der Wert des Zelts. Billig wohnen, teuer fahren, machen ja viele so. Das Zweirad erklärt, warum mir Alans Wegbe-schreibung so seltsam vorkam. Er hatte sich die Route mit dem Rad vorgestellt und deshalb nicht erwähnt, dass es ganz schön lange dauert zu Fuß.

Ich rufe einen Gruß in Richtung Zelt, und jemand scheint sich dort zu bewegen, aber es kommt keine Antwort. Also zurück zu meinem Platz am Grill, die Geduldsprobe geht weiter. Nun stehen an Beat A zwei Fischer im Wasser und werfen ihre Ruten aus, sie scheinen mich nicht zu bemerken.

Bevor ich Alan sehe, höre ich ihn. »Fuckin' hell«, ruft er. Als ich den Kopf in die Fluchrichtung drehe, liegt er da neben seinem 4000-Euro-Fahrrad, er ist mit zu viel Schwung in eine Mulde ge-fahren. Er rappelt sich auf, fährt im niedrigsten Gang mit rotieren-den Füßen in meine Richtung und hält neben mir. Die vielen Uh-ren zeigen 11:25 Uhr an.

»Guter Platz zum Chillen, *innit*?«, fragt er, während er zwei schwarze EarPods aus den Ohren nimmt. Heute trägt er keinen grauen Trainingsanzug, sondern ein neongelbes Fahrradtrikot mit Werbung für »Monster«-Energydrinks, eine Radlerhose und eine verspiegelte Sportsonnenbrille auf der Stirn. Der Typ lebt seit Ewigkeiten im Zelt und sieht gepflegter aus als ich.

»Vor neuneinhalb Jahren kam ich her. Ich kann Wohnungen nicht ausstehen«, plaudert er. »Rechts und links andere Men-schen, oben und unten auch. Man lebt eingezwängt. Ich mag of-fene Räume, und hier zahle ich keinen Penny Miete und keine Grundsteuer.«

»Kriegst du keinen Ärger, wenn du hier dauerhaft zeltest?«

»Ich arbeite hier. Als Aufseher im Angelklub, als Babysitter für die Fischer. Für den Besitzer ist das in Ordnung, wenn ich hier auch wohne. Dann bin ich immer in der Nähe. Aber was für ein Irrsinn ist das, wenn Menschen sagen, ihnen ›gehöre‹ ein Stück Land? Wer bestimmt so was? Der Planet sollte doch allen gehören. Ich besitze keinen Quadratmeter, und gleichzeitig besitze ich die ganze Welt.« Er macht eine ausladende Handbewegung in Richtung Wald und Fluss, wie ein Herrscher, der seine Ländereien herzeigt. »Hier ist es friedlich und ruhig. Ich arbeite tagsüber als Aufseher und abends im Busdepot. Sieben Tage die Woche bekomme ich 18 Stunden Arbeit pro Tag bezahlt, ohne viel zu machen. Ein bisschen Rasenmähen, ein bisschen Angeln, ein bisschen Herumschrauben an den Bussen.«

Das wäre mal ein Titel für ein Motivationsbuch: »Die 126-Stunden-Woche – dein Weg zu mehr Zufriedenheit im Job«. Würde bestimmt ein Bestseller.

Alan klingt beim Sprechen immer ein wenig atemlos, er macht dort, wo Punkte und Kommata sein sollen, kürzere Pausen als andere, muss nie über den nächsten Satz nachdenken. Als er von seinem Werdegang berichtet, klingt das, als habe er die Sätze auswendig gelernt, eine Aneinanderreihung von Lifehack-Mantras, die er schon Dutzende Male im gleichen Wortlaut wiedergegeben hat: ein paar Semester Jura, dann Jobs als Türsteher, Reiki-Meister, Hypnosetherapeut, Tierschutzaktivist, Tai-Chi-Trainer, Masseur und Hospiz-Altenpfleger. Er spricht angeblich Japanisch, Chinesisch und Bulgarisch, bewundert den Unternehmer Richard Branson und den Alternativmediziner Deepak Chopra. Und sorgt sich um den Klimawandel.

»Wir haben jetzt Corona, aber eigentlich ist der Mensch das Virus. Der macht so viel kaputt und vermehrt sich immer weiter. Hier bekomme ich direkt mit, wie sich die Natur verändert. Der Frühling kommt später, im Sommer haben wir Hitzewellen, es sind weniger Lachse im Wasser. Früher hat es im Winter noch geschneit, sechs Fuß hoch, aber in den letzten Jahren gab es höchstens ein bisschen Frost.« Er bekommt einen Anruf auf dem Handy, sagt sorry, er sei gerade in einem Meeting, und legt auf.

»Immerhin darf hier nichts gebaut werden, keine Häuser, weil es ein geschütztes Naturgebiet ist. Darum habe ich entschieden, hier zu wohnen. Ich liebe die Tiere: Otter, Nerze, Fasane, Rehe, manchmal ein Sperber. Nur die Fabrik da drüben stört. Wobei: Hast du nachts die Beleuchtung gesehen? Sieht aus wie die fucking Startrampe der NASA. Ich habe mal ein Selfie davor auf Facebook gepostet und gesagt, ich sei in den USA, Fort Lauderdale. Die Leute haben mir das geglaubt.«

Er blickt auf eine der Bahnhofsuhren und fragt, wie nun meine Reise weitergehe. Noch drei Tage, dann mit der Fähre nach IJmuiden bei Amsterdam, antworte ich.

»Ach, das Partyboot? Du Glücklicher. Da gibt es einen Nachtklub und Bars. Weil alle Passagiere getestet sein müssen, ist kein *social distancing* nötig, du kannst dir richtig die Kante geben auf der Fahrt. Schickst du mir ein bisschen Weed aus Holland? Ach nein, geht nicht, ich habe ja keine Adresse.«

Er lacht, setzt sich auf sein Fahrrad und sagt, er müsse nun in die Stadt. »Du kannst hierbleiben, so lange du willst. Ich merke schon, dir gefällt das. Bald wirst du auch so leben wie ich.«

Er fährt davon, winkt den Anglern am Wasser und ist bald nur noch ein neonfarbener Punkt im Strauchwerk. Dann ist er nicht mehr zu sehen.

Ich habe längst gepackt und gehe direkt los, es ist schon Mittag. 20 Kilometer liegen vor mir, und ich habe mal wieder großen Hunger. Auf dem Parkplatz außerhalb des Angelklubs stehen zwei glänzende SUVs. Die Straße führt am Fluss entlang bis ins urige Corbridge mit dem urigen Angel Inn, wo zwei urige Seniorinnen am Nebentisch sitzen.

Während ich mich mit der App-Bestellungsregistrierung abmühe, würden sie gerne einen Blick auf die gedruckte Speisekarte werfen, die auf meinem Tisch liegt. Ihre Bitte darum enthält die Phrasen »Terribly sorry to bother you«, »I wonder if you would mind« und »As long as it's no trouble, of course«. In keinem anderen Land der Welt würde man so viel Höflichkeitseinsatz für eine solche Kleinigkeit aufbringen, und irgendwie ist das wundervoll.

Ebenfalls wundervoll ist das Wetter, ein seltener nordenglischer September-Sonnentag, Solarmodul-Galabedingungen bei unfassbaren 27 Grad.

Dennoch bin ich heute erneut schwer für den Weg zu begeistern. Landstraßen, die erheblich bequemer mit dem Fahrrad wären, keine Bürgersteige, den ganzen Tag harter Asphalt. Weil die Straße oft zu schmal ist für zwei Autos, kommen immer wieder mit »Passing Place« markierte Verbreiterungen. Ein Schild hat jemand mit Edding modifiziert, sodass dort »Pissing Place« steht, was vermutlich auch nicht ganz falsch ist.

Meine Füße beginnen mal wieder, mich mit Schmerzen an den ulkigsten Stellen zu überraschen. Ausgerechnet so nahe vor dem Ziel kommen mir die Züge auf der parallel verlaufenden Ost-West-Trasse unglaublich verlockend vor. Niemand würde erfahren, wenn ich kurz einsteige und für zehn oder 20 Kilometer mitfahre. Aber nein, ich bin so weit gekommen, da werde ich nicht auf den letzten Metern das Feld räumen.

Tipps für draußen

Kamillentee Superstar: *Warum bloß sind die Leute so kaffee- und schwarzteefixiert? Kamillentee ist mit Abstand das beste Warmgetränk für unterwegs. Nicht nur, weil er den Magen beruhigt, sondern vor allem, weil der benutzte Teebeutel perfekt geeignet ist, um sich Augen, Gesicht und Hände zu waschen, wenn gerade keine Dusche in der Nähe ist.*

Eine Badestelle am Tyne-Ufer. Fünf Teenager sitzen auf einer Decke und hören Beatles und Springsteen aus einer Bluetooth-Box. Ihre Frisuren ähneln denen von Springsteen und den Beatles. Was sind das nur für Zeitschleifen, in die wir geraten sind. Ich schwimme einmal zum anderen Ufer und zurück in erdbraunem Wasser, die Musik wird leiser und wieder lauter: »These two lanes will take us anywhere. We got one last chance to make it real.«

Recht hat er, der Bruce, also dann: keine Zugfahrt, sondern Endspurt. Das kalte Wasser hat mir neue Energie verliehen, in der nächsten Stunde schlage ich die Zeitrechnung der App um acht Minuten.

An einem Golfplatz steht ein Schild, das vor fliegenden Bällen warnt. Vielleicht sollte ich so einen Wandertag ein wenig dramatischer schildern: Jeden Moment könnte mich ein tödliches weißes Geschoss am Kopf treffen. Und auf der Straße entgehe ich mehrfach nur um Zentimeter einer Kollision mit einem überholenden Auto, ein falscher Schritt zur Seite, und alles wäre vorbei. Die braune Färbung im Flusswasser, möglicherweise hochgiftige Industrieabfälle? Ein Todesgefahr-Warnschild am Hochspannungsleitungsmast, ein metertiefer Abgrund hinter einem Brückengeländer. Und was ist überhaupt mit den weiterhin juckenden Bissen der *berrybugs*? Ich hätte schon zehnmal sterben können heute, bleiben Sie lieber zu Hause in Sicherheit. Lebendig sein ist ganz schön gefährlich.

Nachts auf dem Friedhof

Nach einer ereignislosen Nacht unter Bäumen, nicht weit vom Fluss entfernt, erreiche ich den Rand von Newcastle. Ein typisches Großstadt-Willkommen: dreispurige Zubringerstraßen, Baufirmen, Innenhöfe voller Paletten mit Zeug. Unternehmen, deren Zweck man nicht versteht, mit Namen wie »Responsive Engineering Limited« oder »ADM Pressings«, dann die Autohändler. Volkswagen, Vauxhall, Mercedes, Alfa Romeo. Das erste Fitnessstudio, das erste Restaurant, das erste Café. Fast jede Großstadt offenbart sich in ziemlich genau dieser Reihenfolge, wenn man über die Hauptstraße reinkommt.

Rechts von mir fließt der Tyne nun nicht mehr als verschüchtertes Provinzwässerchen, sondern als selbstbewusster Strom von Rheinformat. Bei Ebbe besteht das Ufer aus einer weitläufigen dunklen Schlammdecke, in der Reiher und Möwen nach Nahrung suchen. Es riecht nach Meer und Wind und Angekommensein.

Newcastle als Schlusspunkt, die Kohlestadt, Baumwollstadt, Schiffbaustadt, Stahlstadt, Waffenstadt. Die weltweit erste Fabrik für Dampfloks stand hier, der Ingenieur Robert Stephenson baute in Newcastle *The Rocket*, das schnellste Fahrzeug seiner Zeit. Eine Rakete, die 47 Stundenkilometer erreichte. Ihre um 1830 gebauten Schwestermodelle nannte Stephenson *Arrow*, *Meteor*, *Dart* und *Comet* – der Mann war ein vielseitig begabter Erfinder, auch, wenn es um werbewirksame Namen für seine Schöpfungen ging.

Erinnerungen an Zugreisen. Transsib, Shinkansen, Bernina Express, quer durch China in Highspeed-Zügen und alten Rumpelbahnen, Schwitzkuren in indischen »Non-AC«-Waggons, im Nachtzug von Bangkok nach Chiang Mai, Zugteilungen in Hamm und verpasste Anschlusszüge in Hannover. Und hier fing das alles an.

Stephenson baute nicht nur Züge, sondern auch die dazugehörigen Brücken. Die gusseiserne High Level Bridge zum Beispiel, ein zweistöckiges sandsteinfarbenes Meisterwerk, über das seit 170 Jahren oben die Züge rattern und darunter die Straßenfahrzeuge, damals Pferdekutschen, heute Autos.

Es folgen Swing Bridge, Tyne Bridge und Millennium Bridge. Die Uferpromenade nennt sich Quayside und bekommt fünf Sterne von Internetnutzer Anthony (»Der schönste Flussspaziergang im Vereinigten Königreich«), aber nur einen Stern von Internetnutzer Lee (»Wo man hinsah, hockten Vögel auf den Brücken und Gebäuden. Man muss die ganze Zeit aufpassen, dass sie einem nicht auf den Kopf scheißen«). Tatsächlich sind ein paar Möwen unterwegs, aber nicht übermäßig viele, denn Newcastles größtes Naturwunder ist schon vorbei: Jeden Sommer kommen Hunderte Dreizehenmöwen und bauen ihre Nester auf Brückenpfeilern und an Hausgiebeln, nirgendwo sonst auf der Welt sind so viele von ihnen so weit im Inland anzutreffen. Den Herbst und Winter verbringen sie auf dem Meer, und gewöhnlich nisten sie nur an der Küste. Aber für Newcastle machen sie eine Ausnahme, vielleicht haben sie einfach Freude daran, auf die vielen Junggesellenabschiede hinabzublicken. Ein halbes Jahr das Spektakel menschlicher Trunkenheit beobachten, gelegentlich ein kleines Scheißebömbchen auf Passanten werfen, dann ein halbes Jahr aufs Meer zum Runterkommen. Klingt doch ganz annehmbar.

Der beste Ort zum Menschenbeobachten ist das Grey's Monument. Auf einer 41 Meter hohen Säule steht die Steinversion von Earl Grey, einem Politiker des 19. Jahrhunderts, der die Sklaverei in den britischen Kolonien abschaffte und allgemein so viel Gutes vollbrachte, dass eine Teesorte nach ihm benannt wurde.

Ich bin mit Rhian verabredet, einer Bibliothekarin und Englischlehrerin, aber da ich zu früh dran bin, kann ich ein bisschen rumsitzen und gucken. Ein schief singendes Straßenmusikerpaar verunstaltet Songs von Sting, Radiohead und Catatonia. Sting stammt aus Newcastle, hoffentlich kommt er heute nicht zufällig vorbei und hört, wie die Sängerin nur einen Bruchteil der Töne von »Every Breath You Take« trifft.

Ein Mann mit Irokesenschnitt und gelbrandiger Sonnenbrille raucht eine Selbstgedrehte. Zwei schwarz gekleidete Vollbartträger mit Hüten und Schläfenlocken spazieren im Takt vorbei. Mädchen in Schuluniform lachen sich über irgendwas tot. Ein Büroanzugträger mit Aktentasche telefoniert. Und in der Banyan Bar gegenüber findet irgendein PR-Event statt, zu dem leicht bekleidete Feuerschluckerinnen mit blauen Perücken die Gäste empfangen.

Es gibt Orte, an denen alles aufeinandertrifft, was die Vielfalt einer Stadt ausmacht. Würde ich Reiseführer schreiben, würde ich darin für jede Stadt einen solchen Ort suchen, an den man sich für eine Weile setzen kann, um die Stadt zu verstehen. Wie den Bonn Square in Oxford oder das Grey's Monument in Newcastle. Ich meine damit nicht die öffentlichen Plätze in Szenevierteln, an denen die Zielgruppe oft homogener ist. Die sind auch interessant, aber ihnen fehlt dieser herrliche Mix aus Herkünften, Altersgruppen, Subkulturen, diese überwältigende Wucht von Leben und Alltag. Nach zwei Stunden an einem solchen Ort hat man möglicherweise mehr über eine Stadt erfahren als bei einer geführten Tour zu den Top-Attraktionen.

Rhian sieht das genauso. Sie ist 29, hat lange rote Haare, hellblaue Augen und eine Schriftstellerinnenbrille und schiebt ein Hollandrad neben sich her. Ihr bester Monument-Moment? Einmal habe ich den Streit eines Straßenmusikers mit einem Zuhörer mitbekommen, der darum bat, sofort den Verstärker leiser zu drehen, die beiden waren kurz davor, mit den Fäusten aufeinander loszugehen. Dann begannen neben mir zehn Leute, lautstark ihre Halluzinationen zu beschreiben, sie hatten offenbar alle gleichzeitig die gleiche Droge genommen. Und vor mir ging ein Kerl vor seiner Freundin auf die Knie und machte ihr einen Heiratsantrag. All das passierte in wenigen Minuten. Sie brach in Tränen aus, war völlig hin und weg und fand das wahnsinnig romantisch, aber ich dachte nur: Warum hier? Was soll das, vor all den fremden Leuten?«

Wir gehen durch eine Fußgängerzone in Richtung Fluss, vor einer Filiale der Bäckereikette Greggs hält sie an und schlägt vor, was zu essen. Sie könne drinnen bestellen für mich. Als ich sie davon in Kenntnis setze, auf der gesamten Reise noch keinen Greggs-Laden besucht zu haben, ist sie ernsthaft schockiert. Denn Greggs ist nicht irgendein Bäcker, sondern eine nationale Institution. Und stammt aus Newcastle, wo 29 Filialen die landesweit beste Versorgung mit den berühmten Sausage Rolls sicherstellen. Ich entscheide mich für ein Steak Bake, eine warme Teigtasche mit Fleischfüllung, Rhian nimmt ein Cheese and Onion Bake. »Das wäre wirklich ein Unding gewesen, wenn du England verlässt, ohne bei Greggs gegessen zu haben«, sagt sie. Glück gehabt, gerade noch geschafft, es schmeckt ganz gut.

Wir setzen uns in den Biergarten der Tyne Bar in Ouseburn, einem verhältnismäßig gemütlichen Ausgehviertel, wo man hingeht, wenn man nicht bis zum völligen Kollaps feiern will. Also nicht so wie die Darsteller in der Reality-TV-Show »Geordie Shore«, die seit zehn Jahren das Image von Newcastle als Exzesshochburg verfestigen. Als ich zugebe, noch keine Folge davon gesehen zu haben, findet das Rhian »erfrischend«. Endlich mal ein Reisender, der nicht deshalb nach Newcastle komme.

Sie selbst bezeichnet sich als reisesüchtig, war vor der Pandemie in Bolivien und Kolumbien unterwegs, flog dann zurück und nahm einen Job als Online-Englischlehrerin für Ausländer an. Um sich wenigstens ein bisschen Reisegefühl zu erhalten und weiterhin mit Leuten aus verschiedenen Kulturen zu tun zu haben. Letztens war sie in Wales und saß jeden Tag vor dem Ferienhaus einfach nur im Garten, um in die Landschaft zu schauen. »Anfangs war das schwer, dann spürte ich Frieden, eine wunderbare Ruhe in mir. Hätte nie gedacht, dass mir so was Langweiliges guttun könnte.«

»Wir sollten alle mehr Zeit draußen verbringen«, sage ich.

Wir verabschieden uns, und sie empfiehlt mir noch zwei Parks, die sich als Zeltplatz eignen könnten. Der erste hat einen unebenen Boden und zu viele Laternen, aber der zweite erscheint gut geeignet, obwohl er sich mitten in der Stadt befindet. Er liegt zwischen einer Altmetalldeponie und einem backsteinroten Schulgebäude, in dem sich heute die Büros des i4 Newcastle Enterprise Centre befinden. Vor dem Haus baue ich meine 1,6 Quadratmeter auf, längst sitzt auch im Dunkeln jeder Handgriff: Boden mit vier Heringen fixieren, Gestänge einspannen, daran das Innenzelt mit Haken festknipsen, Überzelt drüber, fertig. Auf einem Schild lese ich, dass ich mich auf dem Ballast Hills Cemetery befinde, einige der Steine des Gehwegs stellen sich als jahrhundertealte Grabplatten heraus. Eine Nacht auf dem Friedhof, das fehlte bislang noch.

Ich google »Ballast Hills« und bereue es bald: Schon im frühen 17. Jahrhundert wurden hier Opfer der Pest beerdigt, später all diejenigen, die keine Mitglieder der Anglikanischen Kirche waren. Dissidenten, Freikirchler, Abtrünnige. Davon scheint es viele gegeben zu haben, denn laut einer Zeitungsnotiz wurden allein zwischen 1819 und 1824 mehr als 3000 Tote hier begraben, mehr als auf den restlichen Friedhöfen der Stadt zusammen. Von fürchterlichen Szenen auf dem Gelände wird berichtet, weil sich hier Schweine ansiedelten, die den Boden aufwühlten und die Gräber schändeten, erst ein Zaun um den Park konnte das unterbinden. 1856 war nach einem Cholera-Ausbruch kein Platz mehr übrig: Wegen Überfüllung wurde Ballast Hills geschlossen. Mein Zelt steht in der letzten Nacht auf einem Hügel, der aus den Leichen von Dissidenten und Epidemieopfern entstanden ist.

Ich höre die lauten Stimmen betrunkener Männer. Einer prahlt mit alkoholisierten Heldentaten der Vergangenheit, »I was mortal, totally off my tits« und so was. Die wunderbare englische Sprache kennt Hunderte Begriffe für Betrunkensein, wenn nicht sogar

Tausende, weil umgangssprachlich fast jedes Substantiv mit einem angehängten -ed dafür infragekommt (*windowed, carparked, washing machined, xylophoned*). Wer daran interessiert ist, sein Vokabular in dieser Richtung zu erweitern, braucht sich nur ein paar Folgen der bereits genannten Serie »Geordie Shore« anzusehen.

Die Betrunkenen, es sind drei Männer, biegen ab auf den Grabplattenweg, kommen nun in meine Richtung. »So I walk out on the street, completely shit-faced ...«, das Ende des Satzes werde ich leider nie erfahren, denn einer der drei schaltet eine Taschenlampe an, der Lichtkegel streift durch den Park und trifft dann für eine halbe Sekunde mich und mein Zelt. Augenblicklich ist er ruhig, sagt keinen Mucks mehr, alle drei gehen schweigend an mir vorbei. Erst nachdem sie an der anderen Seite des Parks durch ein Tor verschwunden sind, höre ich wieder leise ihre Stimmen.

Ich schlafe nicht gut, weil mehrfach die Sirenen von Polizei oder Notarzt zu hören sind, die Straße ist einfach zu nah. Einmal höre ich Schritte, ein Gegenstand fällt zu Boden, dann entfernen sich die Schritte wieder. Und schon um sechs Uhr beginnen auf der Altmetalldeponie die Bagger mit der Arbeit, es kracht und scheppert so laut, dass an weitere Nachtruhe nicht mehr zu denken ist.

Ich packe zusammen, und meine Selbsterbauung bezüglich meiner Zeltbaufähigkeiten selbst in dunkelster Nacht erhält einen

Dämpfer, als ich ein handgroßes Metallstück unter der Bodenplane entdecke, eine rostige Platte mit riesigen Schrauben. Ein Wunder, dass mein Zelt nicht beschädigt wurde. Dafür ist nun die halbe Luftmatratze ein Ballon, kaum noch benutzbar. Und mein geliebtes Schlauchtuch ist nirgends zu finden, ich muss es auf dem Weg verloren haben. Meine Ausrüstung scheint zu ahnen, dass die Reise fast vorbei ist.

Noch einmal aufbrechen, noch einmal losgehen. Runter zum Fluss, dann nach links, die Sonne scheint mir ins Gesicht, jeder Meter bringt mich näher ans Meer. Rotklinker-Reihenhäuser, Neubauwohnviertel, Asphalt unter den Sohlen, Fußschmerzen. Und auf den Kopfhörern »Something Changed« von Pulp. Wo soll der Weg enden? Braucht ein Weg ein Ziel wie bei einer Pilgertour, oder ist das Ziel die Rückkehr ins Gewohnte als sich schließender Kreis, wie bei einer Bergtour die Rückkehr an den Ausgangspunkt, also in meinem Fall die Rückkehr in schützende vier Wände? Ich weiß die Antwort nicht, aber ich habe noch ein paar Stunden übrig, also beschließe ich, am Fährterminal vorbei noch bis zum nächstgelegenen Strand zu laufen, einmal die geschundenen Füße ins Meer zu halten und dann zum Schiff zu gehen. Mich packt dieser eigenartige menschliche Drang, einen Abschluss finden zu wollen, obwohl doch alles immer noch weitergeht, obwohl dieses diffus-verlockende »Ankommen« gar nicht passiert und weniger erstrebenswert ist als viele denken.

In Tyneside verwandelt sich der Fluss in Meer. Eine erst vor Kurzem aufgestellte Skulptur für die gestorbenen Fischer des Orts wacht über die Bucht. Sie zeigt einen zufrieden rauchenden Mann mit Schiebermütze, der auf einem Hafenpoller sitzt. Mich überrascht der Name des Kunstwerks: »Fiddler's Green«, nach dem mythischen Ort, an den britische Seemänner nach dem Tod zu gelangen hoffen, mit unendlichen Mengen Rum und Tabak, schönen Frauen, Geigenmusik und Tanz, die Ewigkeit als rauschendes Fest. Doch der Mann sitzt einfach da, anstatt sich ins Getümmel zu stürzen, und schaut hinaus aufs Wasser. Genügsamkeit, nicht immer alles wollen, sich an Kleinigkeiten erfreuen. Vielleicht war das die Lektion dieser Pilgerwanderung, wenn am

Ziel diese Skulptur steht. Es braucht gar nicht immer allergrößte Sensationen. Was Interessantes findet sich auch im Alltäglichen.

Ich bin selbst überrascht von dem Freudenausbruch, den die letzten Meter zum Meer bei mir auslösen. Mehr als 750 Kilometer habe ich aus eigener Kraft geschafft (plus acht Kilometer mit der Bahn), auf einem Weg, der in keinem Reiseführer der Welt vorgeschlagen wird. Ich spüre, dass dies für mich der Anfang ist von einem neuen Kapitel, ein Appetizer für viele weitere Touren auf dem Landweg.

Vor 15 Jahren bin ich als Backpacker durch Neuseeland gereist. Und irgendwo zwischen Taupo und Mount Cook begriff ich, was möglich ist: Ich kann einfach in irgendein Land fliegen, ohne große Vorbereitung, mit ein paar Sachen im Rucksack und ohne Begleiter, und es wird gut werden, ich werde zurechtkommen. Mehr als das musste ich nicht wissen, um danach viele tolle Reisen zu erleben.

Und jetzt habe ich den nächsten Schritt gemacht, da geht noch mehr: Ich kann einen Rucksack mit ein bisschen Campingausrüstung packen und brauche dann keine kommerziellen Unterkünfte mehr, kann völlig frei sein, ein fröhlicher Landstreicher mit Kreditkarte, Regenjacke und Auslandskrankenversicherung. Wenn nichts anderes mehr geht, wegen der nächsten Pandemiewelle, einer Energiekrise oder warum auch immer, das wird immer noch möglich sein, ein beruhigender Gedanke. Und dafür muss ich nicht einmal weit weg, ich kann gleich vor der Haustür starten oder nach einer Stunde Zugfahrt, einfach mal zwei oder drei Tage raus, Outsidern zu Hause.

Ich feiere an einem der Außentische des Dodgin's Yard mit einer gemischten Fischplatte und einem John-Smith's-Bier. Beides verzehre ich in großer Eile, weil um fünf das Schiff ablegt und ich vorher noch einen Corona-Test bestehen muss. Kurz darauf erreiche ich das quaderförmige blau-weiße Fährterminal. Ich zögere vor der Schiebetür, atme noch einmal tief durch und setze eine FFP2-Maske auf.

Der Raum kommt mir vor wie ein Krankenhaus. Sterile Beleuchtung, Gesundheitshinweise an den Wänden, Desinfektionsmittelgeruch selbst durch die Maske. Eine Verbrecherbande namens Racoo Screening verlangt 75 britische Pfund für den zwingend vorgeschriebenen Antigen-Schnelltest. Was für eine Abzocke: Geil, tödliche Pandemie, lasst uns daran mal richtig Kohle verdienen! Mein erstes Innenraumerlebnis nach so langer Zeit ist ein mürrischer Typ in Schutzkleidung, der mit einem Plastikstäbchen in meiner Nase herumstochert, willkommen zurück.

Es kommt mir kalt vor in der Wartehalle, obwohl die gleiche Temperatur herrscht wie draußen. Das elektrische Licht brennt in den Augen. Eine Gruppe von acht Deutschen jammert darüber, dass beim Testcenter ein Smartphone erwartet wird für die Registrierung. Nur zwei von ihnen haben eins, sie müssen alle ihre Daten damit eingeben. Einer von ihnen hustet, ein anderer niest.

Nach 20 Minuten kommt mein Ergebnis per Mail: negativ, ich darf mitfahren. Ein enger Gang führt zum Schiff, ein grau-weißer Tunnel mit halbkugelförmigen Überwachungskameras an der Decke. Dann ein leerer Wartesaal mit Abstandsaufklebern auf dem Boden und Sitzverbotsaufklebern auf der Hälfte der Plastikstühle.

Auf dem Schiff führt eine Treppe zwei Stockwerke nach oben, dann auf Deck sieben ein weiterer Tunnel zu meiner Unterkunft. »Please keep your distance«, heißt es auf einem Schild, die deutsche Übersetzung darunter ist charmant: »Bitte bewahren Sie Ihre Entfernung auf«.

Auf dem Ticket steht »Innenkabine«, aber zu meiner Überraschung hat sie doch ein Fenster nach vorne, das sich aber nicht öffnen lässt. Ich gehe gebückt, ziehe die Schultern zusammen,

obwohl ich locker aufrecht durch die Tür passen würde. Die Umgebung kommt mir röhrenartig und eng vor, als würden Decke und Wände Druckwellen aussenden, um meinen Körper einzuschnüren. Zwei Betten rechts und links, zwei weitere hochgeklappte darüber. Die Klimaanlage rauscht.

Erst mal Sachen ablegen. Als ich den Rucksack öffne, läuft eine Spinne raus auf das weiße Laken, und aus irgendeinem Grund freue ich mich, dass noch jemand mitgekommen ist. Hoffentlich habe ich ansonsten das Zimmer für mich allein, für menschliche Mitbewohner bin ich nach so viel Isolation noch nicht bereit.

Im Fach für Informationsbroschüren befinden sich keine Broschüren, sondern sieben Kotztüten. Klar, so nahe am Bug kann es schon mal ein bisschen wackeln. Im Bad gerate ich in Versuchung, unverzüglich meine ganzen Klamotten zu waschen, aber das hat jetzt auch noch Zeit bis zu Hause.

Ausgiebige Dusche, dann Schiffsrundgang. Ein Duty-free-Shop, zwei Restaurants, draußen an Deck die Sky Bar im direkten Einzugsgebiet des Schornsteinrauchs. Das von meinem Langzeitcamper-Freund Alan versprochene »Partyschiff« stellt sich in seiner Pandemieversion als wenig feierfreudig heraus, der Nachtklub, die Compass Bar und das Seaview Café sind geschlossen. Das Casino ebenfalls, abgesehen von ein paar traurig im Raum herumstehenden Slotmaschinen, die quietschend und klackernd um Aufmerksamkeit betteln und dennoch kaum beachtet werden. Internetnutzer Jan ist von dem Schiff wenig begeistert und vergibt nur einen Stern (»Kauft euch mal einen neuen Autoeinweiser«), Internetnutzer Mario dagegen zeigt sich mit fünf Sternen sehr angetan (»reibungsloser Fährbetrieb«).

Die *King Seaways* hat Platz für 600 Autos und 1325 Passagiere, aber heute sind maximal ein Zehntel davon an Bord. Die Motoren rumpeln, wir legen ab, fahren durch die Mündung des Tyne, vorbei am Steinstrand mit der Fischerskulptur, raus aufs offene Meer, das sich wie schwarze Folie ausbreitet. Ein Dinner im Explorer's Kitchen Restaurant habe ich mitgebucht, doch der Raum voller Menschen bereitet mir keine Freude, kommt mir bedrohlich vor, riecht nach Pommes, Wein und Schweiß, das Licht ist zu hell und die Klimaanlage zu warm eingestellt. Ein Raum voller Menschen, schwere ausgeatmete Luft umgibt mich. Was für eine Schnapsidee, Räume zu bauen, deren Fenster sich nicht zum Lüften öffnen lassen.

Zurück in die Kabine. Keine weiteren Gäste, also beginne ich, meine Sachen auszubreiten. Die Außenzeltplane über das linke hochgeklappte Bett, die Jacke über das rechte, das Innenzelt über die Badezimmertür, weiteres Eigentum verteile ich auf den unteren Pritschen, an Haken an der Wand und auf dem Boden. Alles mal auslüften lassen. Eigentlich ganz praktisch, so ein Zimmer. Dann nehme ich meinen Quilt, gehe durch die Tür, schließe ab und suche mir einen Schlafplatz an Deck.

Dank

Unmöglich wäre diese Reise gewesen ohne die wunderbaren Gastgeber, die mir ein Stück Rasen schenkten und für mich Gespräche und Abendessen nach draußen verlegt haben. Mein allergrößter Dank geht an:

Yong in London, der ein paar Monate später selbst auf seine erste große Wandertour ging.

Michael in Maidenhead, der hoffentlich bald wieder Radrennen fahren kann.

Maureen und Paul in Gagingwell, zwei liebe Menschen mit Ansichten, die ich nicht teile.

Ben in Stratford für das Fahrrad.

Emma und Tom in Kenilworth für das Gefühl, eigentlich ganz normal zu sein.

Amit in Birmingham für die Schnell-Stadttour.

Emma und Steven in Stone für den Sprung ins kalte Wasser.

Francis in Manchester für die Luxusmatratze.

David, Sooze und der Warland-Community für Ideen, die mich noch lange beschäftigen werden.

Adam in Cononley für Radtaschenreparatur und Yorkshire-Tipps.

Maxine in Alston für den Zeltplatz an der Mine.

Richard in Hexham für eine Menge an Spaghetti, die normalerweise eine ganze Familie sättigen könnte.

Alan in Hexham für den Strand.

Außerdem danke ich ganz herzlich allen, ohne die dieses Buch nicht möglich gewesen wäre: Qwert und Odina aus London. Simon aus Oxford. Parisa und Navid aus Oxford. Mitch aus Stratford-upon-Avon. Eugi, Matthew und Stuart aus Manchester. Sandra und Rhian aus Newcastle. Nick für die Fahrradreparatur. Oli für die Fotos. Dem Seinz in Bad Kohlgrub (seinz.de) und dem Dwell Co-Working Space auf den Azoren (dwellazores.com) für die Ruhe zum Schreiben. Dem Malik-Team für sensationelle Verlagsarbeit. Petra fürs Verhandeln. Joanna für unendliche Unterstützung. Nora fürs Gegenlesen. Yulia für die Reisen. Und *Free Spirit*.